XX. INTERNATIONALES FESTIVAL DES DEUTSCHEN FILM-ERBES

ACHTUNG! MUSIK ...
ZWISCHEN FILMKOMÖDIE UND MUSICAL

HAMBURG **KOMMUNALES KINO METROPOLIS**

BERLIN **DEUTSCHES HISTORISCHES MUSEUM, ZEUGHAUSKINO**

KOBLENZ **ODEON-APOLLO-KINOCENTER**

WIESBADEN **MURNAU-FILMTHEATER**

PRAG **NÁRODNÍ FILMOVÝ ARCHIV, KINO PONREPO**

UDINE/GORIZIA **FILMFORUM**

IMPRESSUM

CINEFEST – XX. INTERNATIONALES FESTIVAL DES DEUTSCHEN FILM-ERBES
HAMBURG – BERLIN – PRAG – UDINE – WIEN – WIESBADEN – ZÜRICH

Träger	CineGraph – Hamburgisches Centrum für Filmforschung e. V., Hamburg Bundesarchiv
Festivaldirektion	Hans-Michael Bock
Organisation	Erika Wottrich
Koordination	Justina Bielicke
Konzeption	Hans-Michael Bock, Erika Wottrich
Beratung	Petra Rauschenbach, Geoff Brown, Jan Distelmeyer, Jan-Christopher Horak, Heike Klapdor
Koordination Bundesarchiv	Sabine Lang
Jury	
Reinhold Schünzel-Preis	Heike Klapdor, Berlin Christiane von Wahlert, Wiesbaden Jay Weissberg, Rom
Willy Haas-Preis	Christiane Habich, Kronberg Kay Hoffmann, Stuttgart Anne Jespersen, Kopenhagen Uli Jung, Trier Günter Krenn, Wien
Betreuung	Sarah Topfstädt
Stummfilmmusik	Marie-Luise Bolte, Hamburg
***cinefest* Logo**	bitter grafik, Hamburg / Bertron & Schwarz Gruppe für Gestaltung, Berlin
Grafische Gestaltung	bitter grafik, Hamburg
***cinefest* Trailer/Teaser**	
Konzept, Schnitt, Produktion	Edgar Müller, Darya Maksimenko
Musik Trailer	Werner Richard Heymann Der Trailer entstand im Rahmen des Studiengangs Europäische Medienwissenschaft an der Universität Potsdam und Fachhochschule Potsdam

PARTNER

Berlin	Zeughauskino – Deutsches Historisches Museum
Hamburg	Kinemathek Hamburg – Metropolis Kino
Prag	Národní Filmový Archiv
Udine/Gorizia	FilmForum
Wien	Österreichisches Filmmuseum
Wiesbaden	Friedrich-Wilhelm-Murnau-Stiftung
Zürich	Filmpodium
Lausanne	Cinémathèque Suisse

36. INTERNATIONALER FILMHISTORISCHER KONGRESS
ACHTUNG! MUSIK … ZWISCHEN FILMKOMÖDIE UND MUSICAL

Konzeption, Recherche	Hans-Michael Bock, Erika Wottrich
Organisation	Erika Wottrich, Justina Bielicke
Technische Betreuung	George Riley
Vortragende	Marie-Theres Arnbom, Wien Geoff Brown, London Karl Griep, Berlin Réka Gulyás, Budapest / Berlin Tobias Haupts, Berlin Jan-Christopher Horak, Los Angeles Heike Klapdor, Berlin Daniel Otto, Berlin Christian Rogowski, Amherst Jonathan Schilling, Münster Andreas-Benjamin Seyfert, Los Angeles Wolfgang Trautwein, Salzburg / Berlin Michael Wedel, Potsdam

KATALOG

Herausgeber CineGraph – Hamburgisches Centrum für Filmforschung e.V.
Schillerstr. 43, D-22767 Hamburg
Tel. +49.40.35 21 94
desk@cinegraph.de
www.cinefest.de
Bundesarchiv
Finckensteinallee 63, 12205 Berlin
Tel. +49.30.187770–1151
filmarchiv@bundesarchiv.de
www.bundesarchiv.de

Redaktion Olaf Brill, Jörg Schöning
Übersetzungen Hans-Michael Bock
Recherche Rieke Adrian, Justina Bielicke, Hans-Michael Bock, Olaf Brill, Jan Nehlsen, Lea Prasse, Jörg Schöning, Erika Wottrich
Texte Hans-Michael Bock, Marie-Luise Bolte, Francesco Bono, Olaf Brill, Geoff Brown, Jan-Christopher Horak, Lea Prasse, Andreas-Benjamin Seyfert, Jonathan Schilling, Jörg Schöning, Wolfgang Trautwein
Inhaltsangaben Olaf Brill, Jörg Schöning
Filmografie Hans-Michael Bock
Biografien Rieke Adrian, Hans-Michael Bock, Lea Prasse

Wir danken für die Erlaubnis, historische Texte (auszugweise) nachzudrucken. Copyright der Text-Dokumente bei den Verfassern bzw. ihren Erben

Abbildungen Harald Arends, Berlin
Justina Bielicke, Hamburg
Bundesarchiv
CineGraph, Hamburg
DEFA-Stiftung, Berlin
Deutsche Kinemathek, Berlin
DFF – Deutsches Filminstitut & Filmmuseum, Frankfurt/Main
Filmmuseum München
Friedrich-Wilhelm-Murnau-Stiftung, Wiesbaden
Park Circus, Glasgow
Titelbild Deutsche Kinemathek, Berlin
Layout, Satz bitter grafik, Hamburg
Druck Onlineprinters GmbH, Fürth
Vertrieb edition text + kritik im Richard Boorberg Verlag GmbH & Co KG, München
ISBN: 978-3-96707-956-2

cinefest & Kongress werden veranstaltet von
CineGraph – Hamburgisches Centrum für Filmforschung und Bundesarchiv

in Zusammenarbeit mit
Kinemathek Hamburg – Kommunales Kino Metropolis
Zeughauskino, Deutsches Historisches Museum, Berlin
Friedrich-Wilhelm-Murnau-Stiftung, Wiesbaden
Národní filmový archiv, Prag
FilmForum, Udine/Gorizia
Österreichisches Filmmuseum, Wien
Filmpodium Zürich
Cinémathèque Suisse, Lausanne
Abaton Kino, Hamburg
Lichtmess Kino, Hamburg

mit freundlicher Unterstützung von
Arte, Straßburg
Berufsverband Kinematografie - BVK, München
Creative Europe Desk, Hamburg
DEFA-Stiftung, Berlin
Deutsche Kinemathek – Museum für Film und Fernsehen, Berlin
DFF – Deutsches Filminstitut & Filmmuseum, Frankfurt/Main
Deutsch-Tschechischer Zukunftsfonds, Prag
Deutsches Kulturforum östliches Europa, Potsdam
Filmmuseum München
Filmmuseum Potsdam
Gästehaus der Universität Hamburg
Landeszentrale für politische Bildung, Hamburg
UCM.ONE GmbH, Berlin
Universität Hamburg – Institut für Medien und Kommunikation

CineGraph – Hamburgisches Centrum für Filmforschung e.V. wird gefördert durch die Behörde für Kultur und Medien der Freien und Hansestadt Hamburg

Wir gratulieren cinefest zum 20. Jubiläum!

Foto: Jann Wilken

METROPOLIS KINO

Das kommunale Kino Metropolis ist ein Ort der generationenübergreifenden Begegnung und des Austauschs zwischen Cineast:innen und Filmschaffenden wie Regisseur:innen, Schauspieler:innen und Künstler:innen. Unser Programm beinhaltet Filmkultur aus den unterschiedlichsten Epochen und Genres. Besuchen Sie unseren denkmalgeschützten Saal im Herzen der Hamburger City, direkt neben der Staatsoper, und besuchen Sie uns auch online in unserem virtuellen Kinosaal Metropolis+ und auf www.metropoliskino.de!

Metropolis Kino, Kleine Theaterstraße 10 (direkt neben der Staatsoper), 20354 Hamburg
Bus+U-Bahn: Gänsemarkt oder Stephansplatz / S-Bahn: Dammtor oder Jungfernstieg
Tel.: 040 34 23 53 / Mail: info@kinemathek-hamburg.de / Web: www.metropoliskino.de

INHALT

Impressum · 2
Grußwort · 7
Einleitung / Introduction · · · · · · · · · · · · · · · · · 9
WAS WIR SEHEN, WENN WIR SIE HÖREN · · · · · · · · · · · 14

FILMPROGRAMM

THEMA: VOM OPERETTENFILM ZUR TONFILMOPERETTE · · · 18
Die keusche Susanne · 20
DIE OPERETTE IM ZEITALTER DES STUMMFILMS · · · · · · · 24
The Love Parade (Liebesparade) · · · · · · · · · · · · · 26

THEMA: TENÖRE IM TONFILM · · · · · · · · · · · · 30
Ich glaub' nie mehr an eine Frau · · · · · · · · · · · · 32
Love Waltz · 36
ES WIRD NIEMAND FRAGEN, WO DIE MUSIK HERKOMMT · · 40
EINE NEUE KUNST · 41
WILHELM THIELE · 42

THEMA: FILME MIT MUSIK · · · · · · · · · · · · · · 44
Wien, du Stadt der Lieder · · · · · · · · · · · · · · · · · 46
HANS MAY · 50
Die große Sehnsucht · 52
Der Herr auf Bestellung · · · · · · · · · · · · · · · · · · 56
WILLI FORST · 59
Die Privatsekretärin · 60
FRANZ SCHULZ · 62
Ihre Hoheit befiehlt · 64
Bomben auf Monte Carlo · · · · · · · · · · · · · · · · · 66
WERNER RICHARD HEYMANN · · · · · · · · · · · · · · · · 71
Die schwebende Jungfrau · · · · · · · · · · · · · · · · · 72
Madame hat Ausgang. Ein verliebtes Abenteuer · · · · 74
Die verliebte Firma · 78

THEMA: AMERIKANISMEN · · · · · · · · · · · · · · · 82
Fünf von der Jazzband · · · · · · · · · · · · · · · · · · · 84
Ein blonder Traum · 88
Ein Lied geht um die Welt · · · · · · · · · · · · · · · · · 92

THEMA: DAS LIED GEHT WEITER · · · · · · · · · · · 96
Ball im Savoy / Bál a Savoyban · · · · · · · · · · · · · 98
Top Hat (Ich tanz' mich in dein Herz hinein) · · · · · 100
DIE DREI VON DER UNIVERSAL · · · · · · · · · · · · · · 104
100 Men and a Girl · 106
Andalusische Nächte · · · · · · · · · · · · · · · · · · · 110
Capriccio · 114
DER MUSIKFILM, WIE WIR IHN UNS DENKEN · · · · · · · 118
Bel Ami · 120
BERUFENE STIMMEN ZUM MUSIKFILM · · · · · · · · · · 124
Syncopation · 128
Die große Liebe · 132
TREFFENDE TÖNE · 136
Heidelberger Romanze · · · · · · · · · · · · · · · · · · 138
RUF NACH UNTERHALTUNG · · · · · · · · · · · · · · · · 142
Meine Frau macht Musik · · · · · · · · · · · · · · · · · 144
KLEINES LEXIKON · 148
AUSWAHLBIBLIOGRAFIE · · · · · · · · · · · · · · · · · 156

ANHANG

36. Internationaler Filmhistorischer Kongress · · · · · 160
Cine-Forum · 161
Rückblick: *cinefest*-Preisträger 2022 · · · · · · · · · 162
Adressen · 166
Danke! · 167
Index der Festivalfilme · · · · · · · · · · · · · · · · · · 168

»Bomben auf Monte Carlo« (1931): Heinz Rühmann, Hans Albers

GRUSSWORT

DR. CARSTEN BROSDA
Senator für Kultur und Medien
der Freien und Hansestadt Hamburg

Moin, und herzlichen Glückwunsch an das *cinefest*, das in diesem Jahr zum 20. Mal stattfindet. Das Festival ist ein wichtiger Bestandteil des Hamburger Filmherbstes und bildet jedes Jahr im November einen cineastischen Höhepunkt. Hier wird Filmgeschichte greifbar und Filmerbe wieder lebendig für das Publikum der Gegenwart. Mit dem seit 1988 veranstalteten Internationalen Filmhistorischen Kongress, aus dem das *cinefest* hervorgegangen ist, wird außerdem die filmhistorische Forschung in den Mittelpunkt gerückt. CineGraph und Bundesarchiv, die beiden Träger von *cinefest*, leisten hier ganz wesentliche Arbeit, die weit über Hamburg hinausstrahlt.

Das Publikum kann sich auf zahlreiche analoge 35mm-Kopien und viele neu restaurierte Fassungen freuen. Das Filmprogramm wird zudem erneut in Teilen über Metropolis+, das Streaming-Angebot des Metropolis-Kinos, zugänglich gemacht. Auch der Kongress findet wieder als hybride Veranstaltung statt. Die Vermittlung von Filmgeschichte wird damit zeitgemäß entgrenzt.

2023 richtet das Festival seinen Fokus auf den frühen Musikfilm, die musikalische Komödie und deren Einfluss auf spätere Formen des Musicals bis hin zum aktuellen Musikfilm-Genre. Der regionale Bogen spannt sich von Berlin und Babelsberg über Wien, Budapest und London bis nach Hollywood. Doch so schwungvoll die im diesjährigen *cinefest*-Programm gezeigten Filme als künstlerische Ergebnisse auch sind, für zahlreiche der beteiligten Künstlerinnen und Künstler war die Wirklichkeit nach Produktionsende sehr düster: Viele von ihnen wurden nach dem Machtantritt der Nationalsozialisten ins Exil getrieben oder ermordet.

Das Festival- und Kongressprogramm nimmt hier – wie auch schon in vergangenen Jahren – die Geschichte des Exilfilms und den Einfluss von Exilantinnen und Exilanten auf die Kinematografie ihrer jeweiligen Emigrationsländer in den Blick. *cinefest* und der Kongress leisten damit auch einen wichtigen Beitrag zur Erinnerungskultur. Gerade vor dem Hintergrund der Terrorattacken der Hamas auf Israel und der Angriffe auf jüdisches Leben auch in Deutschland ist eine solche Auseinandersetzung mit unserer Vergangenheit weiterhin essenziell.

Ich wünsche mir daher in diesem Jahr ein besonders sichtbares *cinefest* sowie intensive Gespräche und Diskussionen mit zahlreichen Gästen und Besucherinnen und Besuchern. Gutes Gelingen und Film ab!

Dr. Carsten Brosda

Besetzung der deutschen und französischen Version von »Ihre Hoheit befiehlt« (1931) mit Henri Garat, Lilian Harvey, Käthe von Nagy und Willy Fritsch

WER BRUMMT DENN DA?

VON HANS-MICHAEL BOCK

Wie schon in anderen Jahren kam der Anstoß zum diesjährigen *cinefest* von außen, dieses Mal quasi aus Hollywood. Unser Kollege Chris Horak erzählte, dass er mit Andreas-Benjamin Seyfert und anderen Filmhistorikern an einem Projekt über Wilhelm Thiele arbeite. Ob das nicht auch etwas fürs *cinefest* sei. Ich wies ihn darauf hin, dass wir grundsätzlich interessiert wären, dass wir aber beim *cinefest* keine Personal-Retrospektiven machen. Dann ergab sich jedoch, dass wir für das CineGraph-Lexikon einen ausführlichen bio-filmografischen Artikel zu Thiele recherchiert hatten, eine Materialbasis also schon vorhanden war. Hinzu kam, dass wir für den 125. Geburtstag des Prager Drehbuchautors Franz Schulz eine Veranstaltung planten. Und wie es so kam, hat der fast vergessene Schulz (mit Paul Frank) neben vielen anderen musikalischen Komödien unter anderem das Drehbuch zu DIE DREI VON DER TANKSTELLE geschrieben, den wohl größten Erfolg des Regisseurs Thiele.

Und damit deutete sich ein umfassenderes Thema an, das wir – vor der Erweiterung zum *cinefest* – bereits in zwei unserer Kongresse angerissen hatten. Dies allerdings schon 1997 (»... aus dem Geiste der Operette – Musiktheater und Filmkultur im deutschen Film 1922–37«) und 1998 (»Als die Bilder singen lernten«), also vor 25 bzw. 26 Jahren. Es ist zudem ein Thema, bei dem sich einige unserer zentralen Interessen-Stränge treffen: die Probleme der frühen Tonfilmzeit, die Mehrsprachen-Versionen und das Film-Exil.

Nachdem Operette und Revue, die zu Anfang des 20. Jahrhunderts populären Unterhaltungsmedien, bereits »tonlos« zu Stummfilm-Operetten aufbereitet worden sind – Richard Eichbergs DIE KEUSCHE SUSANNE (1926) nach der Operette des Hamburgers Jean Gilbert ist ein Beispiel – bekommt durch die Einführung des Tonfilms Ende der 1920er Jahre die Musik im Film eine wichtige Rolle. Zunächst war der filmisch aufgezeichnete Ton als Mittel der Produzenten und Verleiher gedacht, ihre Filme auch in kleineren Kinos und der Provinz mit qualitativ besserer Musik zu begleiten, als sie die lokalen Kinopianisten boten. Gesangs- und Sprech-Partien sind noch besondere Attraktionen, ehe im Herbst 1929 mit E. A. Duponts ATLANTIC, der als Mehrsprachen-Version im englischen Elstree gedreht worden ist, der »erste deutsche hundertprozentige Sprechfilm« in die deutschen Kinos kommt. Und auch darin gibt es Gesang: Willi Forst, der uns bei diesem *cinefest* mehrmals begegnet, untermalt den Untergang des Schiffs mit einem sentimentalen Song.

Ehe sich das Hollywood-Musical als beherrschendes Genre durchsetzt, ist die Spannweite des Einsatzes von Musik und Liedern innerhalb einer komischen bzw. dramatischen Handlung sehr weit. In der deutschen Filmindustrie wurde die Handlung betont, die Lieder gezielt in die Story eingebaut.

So entsteht der Effekt, dass mitten in der Handlung die Darsteller zu singen beginnen, begleitet von einem (natürlich unsichtbaren) Orchester. Oft ersetzen die Liedtexte praktisch den Dialog und beeinflussen so auch den Fortgang der Handlung.

Eine Hauptquelle dieser Art der »musikalischen Komödie« ist die Produktionsgruppe von Erich Pommer, der – nach dem künstlerischen und ökonomischen Debakel um METROPOLIS – 1926 von der Ufa entlassen, nach Hollywood auswandert, wo er moderne Produktionsmethoden kennenlernt, und zwei Jahre später von den neuen Besitzern der Ufa zurückgeholt wird. Er produziert im Sommer 1929 mit MELODIE DES HERZENS den ersten tönenden Ufa-Spielfilm. Der Regisseur ist Hanns Schwarz, der seit ein paar Jahren mehrere Unterhaltungsfilme gedreht hat, und dabei auch schon mit Wilhelm Thiele als Autor zusammengearbeitet hat. Beide gehören nun zum festen Mitarbeiterstab Pommers, dazu gesellt sich u. a. auch der aus Prag stammende Drehbuchautor Franz Schulz.

Achtung! Musik ... Zwischen Filmkomödie und Musical | 9

Ein weiterer Strang, den wir verfolgen, ist die Wanderung der Gruppe von Felix Joachimson, Hermann Kosterlitz und Joe Pasternak, die mit anderen und in wechselnder Funktion von der Deutschen Universal in Berlin, dann – nach 1933 – mit der Hunnia-Universal RFT in Budapest, schließlich in Hollywood bei Universal Pictures Company Karriere machen, wobei aus dem Hamburger Joachimson der Kalifornier Jackson, aus dem Autor Hermann Kosterlitz der höchst erfolgreiche Regisseur Henry Koster wird. Von jeder dieser Stationen zeigen wir Beispiele: FÜNF VON DER JAZZBAND (1932), BALL IM SAVOY (1934), 100 MEN AND A GIRL (1937).

Hier erkennt man schon, wie sich die Regie- und Autoren-Karrieren von diversen Filmschaffenden eng verknüpfen. Dazu kommen dann zumeist aus dem Fundus der »Berliner Operette« der 1910er und '20er Jahre und dem Umfeld der Berliner Musikhochschule einige Komponisten und Textdichter, die sich zunehmend auf Musik für Filmkomödien und Tonfilmoperetten spezialisieren. Eine Zentralfigur ist dabei Werner Richard Heymann, der zunächst dafür zuständig ist, beim Drehen von Stummfilmen die Schauspieler in die richtige Stimmung zu bringen. Ab MELODIE DES HERZENS (1929) sorgt er dann dafür, dass die Schauspieler auf der nun tönenden Leinwand den richtigen Ton treffen. Zu den von ihm komponierten Pommer/Schwarz/Thiele/Schulz-Filmen (in wechselnder Zusammensetzung) gehören: MELODIE DES HERZENS, DIE DREI VON DER TANKSTELLE, BOMBEN AUF MONTE CARLO, DER BALL und EIN BLONDER TRAUM, bei dem unter der Regie von Paul Martin auch ein Nachwuchsmann namens Billie Wilder am Drehbuch mitarbeitet.

Doch nach dem Machtantritt der Nazis 1933 wurde ein großer Teil der gerade an diesem Genre beteiligten Regisseure (Thiele u. a.), Autoren (Schulz, Joachimson, Kosterlitz), Komponisten (Heymann, Gilbert, Friedrich Hollaender, Paul Abraham, Mischa Spoliansky) und Stars (Jan Kiepura, Marta Eggerth, Max Hansen) ins Exil vertrieben. Über Wien/Budapest, Paris oder London endeten die meisten schließlich in Hollywood.

Das Festival geht nun den Einflüssen nach, die sich aus der Vermischung von Künstlern mit unterschiedlichen Traditionen für die Weiterentwicklung des Musicals bzw. der musikalischen Komödie ergeben haben.

Ein Seitenblick gilt auch dem Versuch, wie die nazi-deutsche Filmindustrie die aufgerissenen Lücken zu füllen versucht. Ausländische Diven wie Imperio Argentina, Marika Rökk und Zarah Leander werden zu Stars aufgebaut. Selbst der sonst eher auf kriegerische Genres spezialisierte Regisseur Karl Ritter lässt in Revuefilmen »die Puppen tanzen«, im Falle CAPRICCIO (1938) sogar den internationalen Topstar der frühen Ton-Komödien, Lilian Harvey, die vorübergehend aus dem Exil zurückgekehrt ist. In Rolf Hansens Kriegs-Revue DIE GROSSE LIEBE (1941/42) müssen sogar die Mannen der SS-Leibstandarte Adolf Hitler im Kostüm als Revue-Girls auftreten, um neben der hochgewachsenen Leander bestehen zu können. Aber mit doppeldeutigen Liedern wie »Ich weiß, es wird einmal ein Wunder gescheh'n« entwickeln sich auch Unterhaltungs-Komponisten, bei denen swingende Rhythmen aufklingen, wie bei Michael Jary und Theo Mackeben. Dieser untermalt auch BEL AMI (1938/39), bei dem Willi Forst inzwischen auch zum Regisseur aufgestiegen ist und der dann in Wien, also weit weg von der Reichshauptstadt, versucht, eher »unpolitische Unterhaltung« herzustellen.

Neben den vielen schon genannten Akteuren im engmaschigen Netz der komödiantisch-musikalisch Filmschaffenden wird beim *cinefest* auf einige so gut wie vergessene Namen hingewiesen, z. B. auf den Wiener Hans May, der über 150 Titel in seiner Filmografie aufweisen kann, u. a. über 50 im englischen Exil. Entsprechend wird auch unser Londoner Kollege Geoff Brown, der seine anregenden Vorträge oft mit einer Gesangseinlage illustriert, über ihn referieren.

Eine Gesangseinlage von mir wird es aber sicher nicht geben. Denn trotz meines intensiven Interesses für Musik – vor allem für abgelegene Genres wie Cajun, Tex-Mex und Hawaii – ist mir schon in der Schule mit der insistierenden Lehrer-Frage »Wer brummt denn da?« das aktive Singen und Musizieren verleidet worden. Selbst wenn das Jubiläum des XX. *cinefest*s im 35. Jahr der CineGraph-Kongresse Anlass zum Jubilieren gibt.

Ebenso freuen wir uns auf die Premieren neu restaurierter Kopien von musikalischen Komödien. Dass auch immer mehr Unterhaltungsfilme wieder das Licht der Leinwand erblicken, wurde nicht zuletzt durch unsere Kongress- und Festival-Themen mit der Betonung des »Publikumsfilms« angestoßen. Und unserem Mitveranstalter, dem Bundesarchiv, ein besonderer Dank dafür, dass wir aus den Beständen immer noch viele Filme in 35mm-Kopien vorführen können.

Dann freue ich mich auch, dass in diesem Jahr der Reinhold Schünzel-Preis an unseren italienischen Kollegen Leonardo Quaresima geht, der als Professor in Bologna und Udine eine Partnerschaft mit uns pflegte (er ist inzwischen emeritiert). Daraus entstand eine enge Zusammenarbeit zwischen dem von ihm gegründeten Filmforum und der MAGIS International Film and Media Studies Spring School sowie CineGraph und *cinefest*, nun auch schon seit über 20 Jahren Jahren. Leonardo war übrigens einer der Referenten auf dem CineGraph-Kongress 1998 zum Musikfilm.

WHO'S GROWLING?

BY HANS-MICHAEL BOCK

As it has in some other years, the kick-off for this year's *cinefest* topic came from outside, this time from Hollywood. Our colleague Chris Horak told us that he was working with Andreas-Benjamin Seyfert and other film historians on a project about Wilhelm Thiele. Wouldn't that also be a topic for *cinefest*? I pointed out to him that although in principle we were interested, we don't do retrospectives about individual persons at *cinefest*. However, by chance we just had researched a detailed bio-filmographical article on Thiele for the CineGraph encyclopedia, so we already had some basic material. In addition, we were preparing an event for the 125th birthday of the Prague screenwriter Franz Schulz. And coincidentally, the almost forgotten Schulz (with Paul Frank) wrote, among many other musical comedies, the screenplay for Die Drei von der Tankstelle, probably director Thiele's greatest success.

And this trail led us to a more comprehensive topic which we – before the expansion to *cinefest* – had already touched upon in two of our CineGraph conferences. This, however, was in 1997 ("… From the Spirit of the Operetta – Music Theater and Film Culture in German Film 1922–37") and 1998 ("When the Pictures Learned to Sing"), thus 25 and 26 years ago, respectively. It is also a topic where some of our central strands of interest meet: the problems of the early talkie era, multi-language versions, and film exile.

The introduction of sound at the end of the 1920s brought an end to an era in which operetta and revue, the entertainment media popular at the beginning of the early 20th century, had been turned into silent film operettas – Richard Eichberg's Die keusche Susanne (1926) based on the operetta by Jean Gilbert is one example. Initially, the recorded sound was intended as a means for producers and distributors to accompany their films in smaller cinemas and in the provinces with better quality music than that offered by the local cinema pianists. Singing and speaking parts were special attractions before E. A. Dupont's Atlantic, shot as a multilingual version (MLV) in London, was released in autumn 1929, as the "first German 100% speaking film". And there is singing in it too: Willi Forst, who we meet a few times at this *cinefest*, accompanies the big ship's sinking with a sentimental song.

Before the Hollywood musical established itself as the dominant genre, the range of use of music and songs within a comic or dramatic plot was very wide. In the German film industry, music emphasized the plot and the songs were specifically incorporated into the story, allowing the actors to start singing in the middle of the action, accompanied by an orchestra (invisible, of course). Often the song lyrics practically replace the dialogue and thus also influence the progress of the plot.

A major source of this type of "musical comedy" was the production group of Erich Pommer, who was fired by Ufa in 1926 after the commercial and artistic disaster of Metropolis and emigrated to Hollywood (where he learned about modern production methods) only to be brought back two years later by the new owners of Ufa. In the summer of 1929 he produced Melodie des Herzens, the first Ufa sound feature. The director was Hanns Schwarz, who had been making entertainment films for a few years, and had already collaborated with Wilhelm Thiele as a writer. Both became part of Pommer's permanent crew, joined by, among others, Prague-born screenwriter Franz Schulz.

Another strand we follow at *cinefest* is the migration of the group of Felix Joachimson, Hermann Kosterlitz and Joe Pasternak, who in different capacities worked together at Deutsche Universal in Berlin, then – after the Nazis took over in 1933 – in Budapest with Hunnia-Universal, finally in Hollywood at Universal Pictures Company. In the process, Joachimson from Hamburg became the Californian Jackson, and author Hermann Kosterlitz became the highly successful director Henry Koster. We show examples from each of these stages: Fünf von der Jazzband (1932), Ball im Savoy (1934), 100 Men and a Girl (1937).

Here we can see how the directing and writing careers of various filmmakers are closely intertwined. In addition, there are a few composers and lyricists, mostly from the "Berlin Operetta" of the 1910s and '20s and the circle of the Berlin Academy of Music, who increasingly specialise in music for film comedies and sound film operettas. A central figure is Werner Richard Heymann, who was initially responsible for getting the actors in the right mood while shooting silent films. From Melodie des Herzens (1929) onwards he ensures that the actors hit the right note on the now sounding screen. The Pommer/Schwarz/Thiele/Schulz films he composed (in changing combinations) include: Melodie des Herzens, Die Drei von der Tankstelle, Bomben auf Monte

Carlo, Der Ball und Ein blonder Traum which was directed by Paul Martin and also had a youngster named Billie Wilder working on the script.

But after the Nazis came to power in 1933, many of the directors (e. g. Thiele), authors (Schulz, Joachimson, Kosterlitz), composers (Heymann, Gilbert, Friedrich Hollaender, Paul Abraham, Mischa Spoliansky) and star performers (Jan Kiepura, Marta Eggerth, Max Hansen) were driven into exile. Via Vienna/Budapest, Paris or London, most of them finally ended up in Hollywood.

The festival now explores the influences that the mingling of artists with different traditions has had on the further development of the musical or musical comedy.

The festival also takes a sideways look at how the Nazi German film industry tried to fill the gaps that had been torn open. Foreign divas like Imperio Argentina from Spain, Marika Rökk from Hungary and Zarah Leander from Sweden are built up as stars. Even the director Karl Ritter, who otherwise specializes in more martial genres, "makes the puppets dance" in revue films such as Capriccio (1938), starring the international top star of the early sound comedies, Lilian Harvey, who had temporarily returned from exile. In Rolf Hansen's war revue Die grosse Liebe (1941/42), even the men of the SS-Leibstandarte Adolf Hitler appear in costume as revue girls in order to be able to stand up to the tall Leander.

Along with ambiguous songs like "Ich weiß, es wird einmal ein Wunder gescheh'n" (I know a miracle will happen one day), some entertainment composers begin to use swinging rhythms, like Michael Jary and Theo Mackeben. Mackeben also composed for Bel Ami (1938/39), featuring Willi Forst both as actor and director – a director who tries to produce rather "non-political entertainment" in Vienna, far away from the Nazi capital.

In addition to the many names already mentioned in the close-meshed network of comedic-musical filmmakers, the *cinefest* will draw attention to some virtually forgotten names, e. g. the Viennese composer Hans May, who can boast over 150 titles in his filmography, including over 50 in British exile. Accordingly, our London colleague Geoff Brown, who often illustrates his stimulating lectures with a vocal interlude, will also talk about him.

However, there will certainly not be a vocal interlude from me. Because despite my intense interest in music – especially in off-beat genres like Cajun, Tex-Mex and Hawaii – I was already put off singing and making music at school with the teachers' insistent question "Who's growling?". All the more reason, then, for the 20th anniversary of *cinefest* in the 35th year of the CineGraph conferences to be a cause for celebration!

We are equally looking forward to the premieres of some newly restored prints of musical comedies. The fact that more and more "entertainment films" are also seeing the light of the screen again has been triggered not least by our conferences and festival topics with their emphasis on "audience film". And a special thanks to our co-organiser, the Federal Archive, for the fact that we can screen many films from their holdings in 35mm prints.

I am also pleased that this year the Reinhold Schünzel Prize goes to our Italian colleague Leonardo Quaresima, who cultivated a partnership with us as a professor in Bologna and Udine (he is now emeritus). From this arose a close collaboration between the Filmforum he founded and the MAGIS International Film and Media Studies Spring School with CineGraph and *cinefest*, now also for over 20 years. Incidentally, Leonardo was one of the speakers at the 1998 CineGraph conference on music film.

»Die große Liebe« (1941/42): Zarah Leander und Mitglieder der Leibstandarte SS Adolf Hitler

WAS WIR SEHEN, WENN WIR SIE HÖREN.
EINE HISTORISCHE TYPOLOGIE DES MUSIKFILM-GENRES

VON MICHAEL WEDEL

Der Musikfilm als solcher trat in Deutschland erstmals in Form der **Filmoper** auf, die, nach dem Beck-Verfahren synchronisiert, das Genre in den Jahren 1914–1918 ausmachte. In dieser Form wurden kanonisierte Werke des gehobenen Musiktheaters vollständig und so getreu wie möglich verfilmt. [...] Von der Filmoper zu unterscheiden ist der **Opernfilm**, bei dem es sich um eine Spielart des musikalischen Films handelte, die auf Stoffe und Melodien des Bühnenwerkbestands in unterschiedlicher Verbindlichkeit zurückgriff.

Kategorisch zu unterscheiden ist zwischen Filmoperette und Operettenfilm. Bei der **Filmoperette** der Jahre 1918–1926 handelte es sich um nach verschiedenen Verfahren (Beck u. a.) hergestellte Musikfilme, die original für den Film verfasste Werke zur audiovisuell synchronen Aufführung brachten. Demgegenüber fallen in der Stummfilmzeit unter die Bezeichnung **Operettenfilm** Produktionen, die in zumeist unverbindlicher Anlehnung an Stoffe und unter illustrativer Verwendung musikalischer Motive aus Bühnenoperetten in der Regel auf diegetisch verankerten Gesang verzichteten. [...] Innerhalb des Operettenfilms ist wiederum zwischen Produktionen zu unterscheiden die – wie DIE KEUSCHE SUSANNE (1926, Richard Eichberg) – als **Operettenverfilmungen** konkrete Bühnenwerke in toto verarbeiteten, und jenen, die Originalstoffe lediglich mit Darstellungs-Stereotypen und einzelnen szenischen und musikalischen Anspielungen der Operetten-Gattung versahen. Diese Unterscheidung gilt auch für die Operettenfilme der Tonfilmzeit.

Grundsätzlich vom Operettenfilm zu unterscheiden ist die **Tonfilm-Operette**. Sie bildete einen Korpus innerhalb des Musikfilms, der historisch an die frühe Tonfilmzeit (1930 bis 1933) und das Stilkonzept der Ufa gebunden ist. [...] Im Unterschied zur Operettenverfilmung sind Tonfilm-Operetten – wie beispielhaft IHRE HOHEIT BEFIEHLT und BOMBEN AUF MONTE CARLO (beide 1931, →Hanns Schwarz) sowie EIN BLONDER TRAUM (1932, Paul Martin) – keine Adaptionen von Einzelwerken des bestehenden Bühnenrepertoires der Gattung. Vielmehr liegen ihnen – wie der Filmoperette der Stummfilmzeit – in der weit überwiegenden Mehrzahl originale, eigens für sie entwickelte Stoffe und Kompositionen zugrunde. Im Unterschied zum Sängerfilm der frühen Tonfilmzeit oder zum späteren Revuefilm wiederum muss in der Tonfilm-Operette der Übergang von Sprech- und Spielszenen zu Gesangsszenen, von gesprochenem Dialog zum Gesang nicht diegetisch verankert und handlungskausal motiviert werden. [...]

Der **Sängerfilm** schließt in seinen Konventionen an das **Filmsingspiel** bzw. den **Gesangsfilm** der Jahre 1919 bis 1929 an, indem er die Präsentation seiner Sängerdarsteller zum Maßstab von Dramaturgie und Gestaltung macht. Im Unterschied zur Tonfilm-Operette sind die Gesangsszenen hier vom narrativ-gesamtästhetischen Zusammenhang relativ isoliert, indem sie zumeist diegetisch motiviert werden müssen, auf der Bühne oder im Studio angesiedelt sind und bereits existierende Arien oder Schlager beinhalten, die einen deutlichen Rückverweis auf die außerfilmische Persona der Hauptdarsteller bilden. ICH GLAUB' NIE MEHR AN EINE FRAU (1929/30, Max Reichmann) mit Richard Tauber und Richard Oswalds EIN LIED GEHT UM DIE WELT mit Joseph Schmidt (1933) sind einschlägige Beispiele.

Auch der **Revuefilm** der Jahre 1933 bis 1945 ist dadurch gekennzeichnet, dass Gesangsszenen in der Regel kausal motiviert werden. Wie beim Sängerfilm sind seine Sujets daher notwendig im Varieté- oder Bühnenmilieu angesiedelt. Gegenüber dem Sängerfilm legen Revuefilme ihren Schwerpunkt dabei auf das tänzerische Element, und hier insbesondere auf die Choreografie von spektakulären Gruppentänzen – so etwa die ungarisch-österreichische Exil-Produktion BALL IM SAVOY / BÁL A SAVOYBAN (1934, István Székely). [...] Musikalisch und musikdramaturgisch sind Revuefilme nicht zwingend stringent durchgestaltet, vielmehr lässt sich in vielen Beispielen eine Reduktion des musikalischen

---

In seiner grundlegenden, 2007 erschienenen Studie »Der deutsche Musikfilm – Archäologie eines Genres 1914–1945« und in nachfolgenden Aufsätzen entwickelte der Berliner Filmwissenschaftler Michael Wedel eine Typologie der wichtigsten Spielarten des Musikfilms, dessen unterschiedliche Formate auch beim cinefest zum Tragen kommen.

Der Herr auf Bestellung

Materials auf einige wenige Schlager feststellen. Die Emotionalisierung erfolgt nicht selten über das dramaturgische Mittel der romantischen Verwicklung, das viele Revuefilme auch mit melodramatischen Zügen versieht. In ihrem Zusammenspiel fügen sich die genannten Elemente des Revuefilms zu einer auf Pathos abzielenden Wirkungsästhetik, die sich dem politisch-ideologischen Kontext der NS-Zeit auf besondere Weise geöffnet und zur Instrumentalisierung dargeboten hat – exemplarisch gilt dies für DIE GROSSE LIEBE (1941/42, Rolf Hansen).

Weniger eine historische Vorform des Revuefilms als vielmehr ein früheres kinematografisches Transformationsstadium der Bühnen-Revue bezeichnet der **Kabarettfilm** der unmittelbaren Anfangsphase des Tonfilms. Seine Beispiele – etwa das unter der Regie Kurt Gerrons 1931 bei der Ufa entstandene KABARETT-PROGRAMM NR. 1 – orientierten sich historisch an der US-amerikanischen Filmrevue im Anschluss an HOLLYWOOD REVUE OF 1929 sowie ihrem deutschen Nachfolger DIE GROSSE SEHNSUCHT (1930, Stefan Szekely [= István Székely]) und vereinten einzelne, von einem Conférencier in direkter Publikumsansprache lose miteinander verbundene Tanz-, Gesangs- und Sketch-Nummern – wie zuvor auch schon die kurze »Tonfilm-Schlager-Revue« UND NELSON SPIELT ... (1929, Hans Conradi).

Quantitativ in den Jahren 1930 bis 1945 dominierend waren im deutschen Unterhaltungskino Produktionen, die – wie DIE VERLIEBTE FIRMA (1932, Max Ophüls) und DIE SCHWEBENDE JUNGFRAU (1931, Carl Boese) – der **musikalischen Komödie** bzw. dem **musikalischen Schwank** zuzurechnen sind. [...] Generell tendieren die Beiträge zu dieser Spielart des musikalischen Films, die sich allgemein über einen hohen musikalischen Anteil definiert, eher der Komödie zu und variieren zwischen der im Verlauf der Handlung mehrmals wiederholten Präsentation eines einzigen Schlagers (ein bevorzugt in den ersten Tonfilmjahren gewähltes und unter dem Etikett des **Schlagerfilms** vermarktetes Format), der Verwendung mehrerer musikalischer Nummern am Rande des dramatischen Konflikts und einer nahezu durchgehenden Unterlegung der Handlung mit extra-diegetischer Musik und Off-Gesang.

Mit freundlicher Erlaubnis des Verfassers unter Einspielung aktueller cinefest-Filmtitel extrahiert aus: Michael Wedel: Der deutsche Musikfilm. Archäologie eines Genres 1914–1945. München: edition text + kritik 2007; und: Synchronisierung der Sinne – Synchronisierung des Sinns? Tonfilmumstellung, Musikfilmästhetik, NS-Ideologie. In: Christoph Henzel (Hg.): Musik im Unterhaltungskino des Dritten Reichs. Würzburg: Königshausen & Neumann 2011

»Wir sind das Publikum, das große Publikum.
Wir fordern Gaudium für unser Geld«
»Der Herr auf Bestellung« (1930)

WIR SIND DAS PUBLIKUM

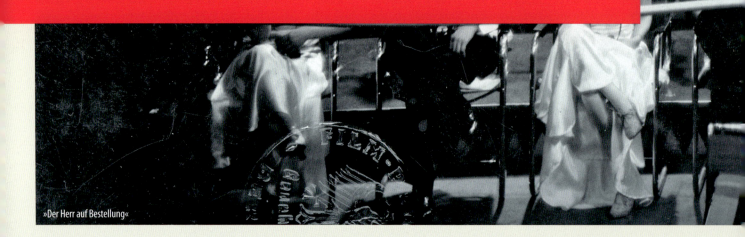

»Der Herr auf Bestellung«

FILMPROGRAMM

THEMA | VOM OPERETTENFILM ZUR TONFILMOPERETTE
VON OLAF BRILL

Dass die bewegte Fotografie mit der Realität verwechselt werden könne, gehört zu den wohlfeilen Legenden der Filmgeschichte. Man denke an die Erzählung, die ersten Filmzuschauer wären vor Entsetzen von ihren Sitzen gesprungen, als die Brüder Lumière ihnen auf der Leinwand zeigten, wie ein Zug in den Bahnhof La Ciotat einfuhr. Der Filmhistoriker Tom Gunning hat schon längst darüber gespottet, dass auch im späten 19. Jahrhundert wohl keiner der Besucher eines Pariser Cafés geglaubt haben konnte, da käme ein wahrhaftiger Zug auf sie zugerast. Die Zuschauer wussten schon, dass der Zug nicht echt war. Der Kern der Legende ist, dass sie sich gerne der Illusion hingeben wollten.

So gewöhnte sich schon das frühe Filmpublikum daran, wie das neue Medium funktionierte: Die Zuschauer nahmen das Geschehen auf der Leinwand als fließende Bewegung wahr, auch wenn es in Wahrheit aus mehreren zusammenmontierten Aufnahmen bestand; sie akzeptierten, dass die Darsteller stumm blieben und ihre Rede durch Schrifttafeln wiedergegeben wurde; und die Musik, die die stummen Filmbilder begleitete, wurde nicht als Fremdkörper im natürlichen Geschehen wahrgenommen, sondern als integraler Bestandteil des Filmerlebnisses.

Als Ende der 1920er Jahre der Tonfilm unaufhaltsam nach Deutschland kam (und den Stummfilm im Jahr 1930 vollständig verdrängte), entstand damit auch ein neues Genre: die Tonfilmoperette. Kritiker fragten, ob das Filmpublikum, das daran gewöhnt war, eine Filmhandlung als realistisch wahrzunehmen, es akzeptieren würde, wenn die Darsteller plötzlich anfingen zu singen? Erfahrene Filmregisseure reagierten mit Gelassenheit auf so eine Frage. So erläuterte Ernst Lubitsch anlässlich seiner ersten Tonfilmoperette THE LOVE PARADE (USA 1929): »Das Publikum muß die Fähigkeit haben, sich in eine Welt zu versetzen, in der Menschen sich z. B. gegenseitig ihre Gefühle durch Gesang vermitteln, ohne daß man annehmen kann, daß diese gleichen Menschen im Leben Sänger wären oder auf diese Weise einen Teil ihres Dialogs führen würden.« (Film-Kurier, Nr. 1–2, 1.1.1930, siehe S. 27). Im Film ließ Lubitsch den französischen Schauspieler und Sänger Maurice Chevalier sogar die »vierte Wand« durchbrechen und direkt in die Kamera Richtung Zuschauer singen.

Schon in den 1910er Jahren, also mitten in der Stummfilmzeit, entstand das Genre des Operettenfilms, der hauptsächlich beliebte, von der Bühne her bekannte Operetten für den Film adaptierte (siehe Michael Wedels Typologie des Musikfilm-Genres, S. 14). Ein Beispiel ist Richard Eichbergs Gilbert-Adaption DIE KEUSCHE SUSANNE (1926), in der erstmals Willy Fritsch und Lilian Harvey gemeinsam auftraten, das spätere »Traumpaar des deutschen Films«. Harvey machte in diesem Film mit ihrem blonden Wuschelkopf die männlichen Zuschauer so wuschig, dass sogar unser hochverehrter Willy Haas aufgekratzt seufzte: »›Möchten‹ ist gar kein Ausdruck.« (Film-Kurier, Nr. 266, 12.11.1926, siehe S. 23).

Doch die Tonfilmoperette sollte mehr werden als einfach nur abgefilmtes Theater mit attraktiven Filmstars: ein genuin filmisches Genre, mit filmgemäßen Handlungen, eigens für den Film komponierter Musik und Liedern, die sich parallel zur Filmaufführung gut als »Schlager« vermarkten ließen. Wie seit den 1910er Jahren üblich, schauten die Produzenten zuerst auf das Vorbild Hollywood: Da hatte Lubitsch bereits seine LOVE PARADE abgeliefert, eine leichtfüßige und schwungvolle Komödie mit Charme, eingängigen Songs und einem Auge für Nebenfiguren.

In der ersten Ufa-Tonfilmoperette, Wilhelm Thieles LIEBESWALZER / LOVE WALTZ (1929/30), spielte die bei Ausbruch des Ersten Weltkriegs in Deutschland hängengebliebene Engländerin Lilian Harvey die Hauptrolle in gleich zwei Versionen in deutscher und englischer Sprache und schaffte damit ihren Durchbruch zum internationalen Star (in französischer Sprache entstand außerdem eine Synchronfassung). In der deutschen Version, die leider verschollen ist, spielte Willy Fritsch erstmals im Tonfilm an Harveys Seite. Die Bilder auf den Seiten 37–39 dieses Buchs zeigen das Traumpaar; auf dem *cinefest* läuft die erhalten gebliebene englische Version mit Harvey und John Batten.

Als die deutschen Kritiker den vorangegangenen amerikanischen Lubitsch-Film erst mit einem Jahr Verspätung sahen, fiel ihnen auf, dass der LIEBESWALZER nur ein »matter deutscher Abklatsch« war (Wolfgang Duncker, Berlin am Morgen, 26.11.1930, vgl. S. 28). Sie bemerkten allerdings auch die Vorzüge des neuen Genres, die sowohl bei Lubitsch als auch bei Thiele zum Tragen kamen: Im Gegensatz zur Bühnenoperette konnte der Film z. B. leichter die Schauplätze wechseln und eine Gesangsnummer mit großem Orchester auch mal während einer Autofahrt spielen lassen (vgl. Kritik von Fritz Olimsky auf S. 36).

In einer Hinsicht kamen die Tonfilmoperetten schwer von ihrem Vorbild, der Bühnenoperette, los: Ständig spielten die Erzählungen in Königshäusern, unter Majestäten, Prinzessinnen und anderem hochwohlgeborenen Personal. Selbst in Wilhelm Thieles im bürgerlichen Milieu spielender Komödie DIE PRIVATSEKRETÄRIN (1930) – dem Film, der Renate Müller zum Star machte – strebte die titelgebende Mitarbeiterin einer Bank vor allem danach, einen reichen Mann zu finden. Das Drehbuch fügte es, dass sie sich in einen vermeintlich kleinen Angestellten verliebt, der sich am Ende ausgerechnet als Direktor der Bank entpuppt. Angeekelt schrieb ein Zeitungskritiker: »Es ist eine Operettenwelt, ohne daß der Film den Charakter der Operette trägt. Ein realistisches Lustspiel, dem der Sinn für Wirklichkeiten fehlt, das die Menschen und Dinge zeichnet, wie sie nicht sind, sondern wie sie erträumt werden. Es bleibt eben beim Typ des bürgerlichen Schwanks, der im Grunde über die sozial tiefer Stehenden ulkt und nur die Arrivierten gelten läßt. Die Reichen und Vornehmen sind das Ideal, die anderen haben keine Existenzberechtigung.« (Der Abend, 17.1.1931, siehe S. 60).

Zeitgenössische Kulturkritiker konnten in den neuen Tonfilmoperetten nichts Positives finden. Für Rudolf Arnheim war das Übel dieser Sorte Film, dass er schlichten Eskapismus bot, statt Auseinandersetzung mit der Wirklichkeit. Der »Konfektionsfilm« sorge dafür, »daß die Unzufriedenheit sich nicht in revolutionäre Tat entlade, sondern in Träumen von einer besseren Welt abklinge. Er serviert das Bekämpfenswerte in Zuckerpastillen.« (Film als Kunst, 1932).

In Hanns Schwarz' BOMBEN AUF MONTE CARLO steuert ein übelgelaunter Kreuzerkapitän (Hans Albers) die Spielerstadt an, verzockt dort den Sold seiner Besatzung und droht daraufhin, das Casino von seinem Kriegsschiff beschießen zu lassen. Am Ende wird er dem Publikum dennoch als Prachtkerl präsentiert. Siegfried Kracauer zeigte wenig Gnade für den Film: »Vertrauensbruch, Defraudation und widerrechtliche Anwendung von Gewalt: ein reizender Tatbestand. Das bietet die Ufa zwischen ein paar harmlosen Gesängen, Liebesszenen und Landschaftsbildern dem Publikum an, das nennt sie wahrhaftig Zerstreuung. Aber diese Zerstreuung zerstreut uns nicht inmitten der Not; sie beweist höchstens, daß die Not viele Hemmungen und Gewissensskrupel zerstreut hat. […] Ein Rückfall ins Mythologische, der vermutlich die weltanschaulichen Bedürfnisse des rechts orientierten Publikums befriedigt.« (Frankfurter Zeitung, 10.9.1931).

Zu Beginn der 1930er Jahre wurde die Tonfilmoperette für eine kurze Zeit das dominierende Genre im deutschen Film. Und was wurde aus dem Traumpaar des deutschen Films? Nach LIEBESWALZER drehten Harvey und Fritsch – unterbrochen nur von einem kurzen Aufenthalt Harveys in Hollywood – noch neun weitere gemeinsame Filme, darunter DIE DREI VON DER TANKSTELLE (1930) und DER KONGRESS TANZT (1931), die beiden wohl bekanntesten deutschen Tonfilmoperetten. Das Publikum war so sehr an das Traumpaar gewöhnt, dass es schimpfte, wenn einer von beiden mal mit einem anderen Partner auftrat, z. B. Fritsch mit Käthe von Nagy in IHRE HOHEIT BEFIEHLT (1931): »Das […] ›klassische‹ Liebespaar ist von rauher Produzentenhand geschieden worden«, klagte Filmkritiker Georg Herzberg (Film-Kurier, Nr. 54, 5.3.1931). Dabei war die sprachbegabte Harvey in dem Film sehr wohl dabei: Sie spielte ebenso wie von Nagy die Rolle der Prinzessin – nur nicht in der deutschen Version an der Seite von Fritsch, sondern in der zeitgleich in Neubabelsberg gedrehten französischen Version mit Henri Garat (siehe Bild auf S. 8).

> »Vertrauensbruch, Defraudation und widerrechtliche Anwendung von Gewalt: ein reizender Tatbestand«
>
> *Siegfried Kracauer über »Bomben auf Monte Carlo«*

1926 | DIE KEUSCHE SUSANNE

Ruth Weyher, Willy Fritsch, Lilian Harvey

1926. DE. Die keusche Susanne
Regie: Richard Eichberg.
Buch: Hans Sturm.
Vorlage: Operette »Die keusche Susanne« (1910) von Jean Gilbert (Musik); Georg Okonkowski, Alfred Schönfeld; nach »Fils à papa« (1906) von Antony Mars, Maurice Desvaillières.
Kamera: Heinrich Gärtner.
Optische Effekte: Eugen Schüfftan (Trick-Verfahren);
Entwurf für Schüfftan-Verfahren: Fritz Maurischat.
Bauten: Jack [= Jacek] Rotmil.
Kostüme: Joe Strassner.
Darsteller: Hans Junkermann (Baron des Aubrais), Lydia Potechina (Delphine, seine Frau), Lilian Harvey (Jacqueline, deren Tocher), Werner Fuetterer (deren Sohn), Willy Fritsch (René Boislurette), Hans Wassmann (Dr. med. Pomarel), Ruth Weyher (Susanne Pomarel, des Doktors Nichte und Braut), Otto Wallburg (Charencey), Sascha Bragowa (Rose, seine Frau), Albert Paulig (Alexis, Aushilfskellner), Ernst Hofmann (Henry, Renés Freund), Wilhelm Bendow, Jean Gilbert.
Produktion: Eichberg-Film GmbH, Berlin.
Produzent: Richard Eichberg.
Drehzeit: Juli – August 1926.
Drehort: Jofa-Ateliers Berlin-Johannisthal.
Länge: 6 Akte, 2439 m.
Format: 35mm, s/w, 1:1.33, stumm.
Zensur: 6.9.1926, B.13633, Jf.
Uraufführung: 11.11.1926, Berlin (Ufa-Palast am Zoo).
— *Zur Restaurierung (DFF – Deutsches Filminstitut & Filmmuseum):* Die

Nach der gleichnamigen Operette von Jean Gilbert: Susanne Pomarel ist die Nichte eines spießigen Landarztes, der sie gerne zur Frau nehmen möchte. Vor aller Welt gilt sie als tugendhaftes und treues Mauerblümchen. Doch immer, wenn sie nach Paris kommt, stürzt sie sich ins flotte Nachtleben und verwandelt sich in den Schwarm aller Männer. Mit voller Leidenschaft macht sie sich an den feschen Herrn René Boislurette heran. Doch der steht gerade im Begriff, sich mit der quirligen Jacqueline zu verloben, der Tochter des Barons des Aubrais. Jacquelines Bruder Hubert wiederum fährt voll auf Susanne ab. Es kommt zu zahlreichen amüsanten Verwechslungen und Versteckspielen, bis alle sich schließlich zum großen Finale im Moulin Rouge treffen.

KRITIKEN

Erst gab es eine schmissige Bühnenschau, die vom Orchester mit der gleichen Verve unterstützt wurde wie der darauffolgende Eichberg-Film. Es nötigt einem Bewunderung ab, welch ein amüsantes und starkes Manuskript Hans Sturm aus dem dünnen Operetten-Libretto der »Keuschen Susanne« herauszuholen imstande war. Es hat dabei auch einige Veränderungen gegeben; vor allem aber hat er an Situationskomik und immer wieder wirkenden Detaileinfällen ein Maximum geleistet, das für den Ideenreichtum und den filmischen Instinkt dieses Autors spricht. Dabei ist Hans Sturm im Dramaturgischen ein absolut sicherer Gestalter; wie er beispielsweise den Verlobungsabend szenisch aufgebaut und von Steigerung zu Steigerung bringt, ist eine nicht alltägliche Leistung. – Zur Verwirklichung eines solchen Drehbuches gehörte ein Regisseur wie Richard Eichberg, der sein Handwerk souverän versteht und frischen Schmiß hat, und gehörte eine Besetzung, die mit natürlichem Charme dieser Komödie die liebenswürdige Atmosphäre schafft. Lilian Harvey ist ein entzückendes, duftiges kleines Geschöpf, dessen persönlicher Reiz den Zuschauer fängt; ihr Partner Willy Fritsch, den man allzu lange nicht gesehen, verbindet die Eleganz seiner jugendlichen Erscheinung mit dezentem, nuancenreichem Spiel.

Hans Wollenberg: Die keusche Susanne
Lichtbild-Bühne, Nr. 270, 12.11.1926

Lilian Harvey, Ruth Weyher, Werner Fuetterer

Dagegen ist nichts zu sagen: wenn man überhaupt Operetten verfilmen soll, so kann man sie nicht anders, nicht besser inszenieren, als es Richard Eichberg tut.

Und warum soll man sie nicht verfilmen? Lieber als den »Faust« (– unter uns gesagt).

Warum ist man glücklich bei solch einem Operettenfilm?

Ich will von mir sprechen – und nehme an, daß das mehr oder weniger auf die paar Hundert, die gestern begeistert applaudiert haben, und auch die vielen Tausend, die es noch tun werden, zutrifft. Also:

Seit sechs Jahren schon möcht' ich gern mal einen Sonntagsausflug machen, auf einem Dampfer, im hellen Sonnenschein, zusammen mit so einem blonden Wuschelkopf, wie ihn die Harvey hat. Komme leider nicht dazu, bin zu beschäftigt. Seit drei Jahren möchte ich gern mal nach Paris fahren und in die Moulin Rouge gehen. Komme nicht dazu. Seit ich geboren bin, möcht' ich gern einmal im Sommer nach Deauville fahren. Immer, wenn ich in einem Magazin ein *bathing girl* photographiert sehe, nehme ich mir's wieder vor. Komme nicht dazu – zu kostspielig. Ferner: ich möchte in einer Welt leben, wo alle fürchterlichen Verwicklungen des Lebens, alles, was sonst zu Katastrophen führt, alles, was manchmal mit Mord und Totschlag endet, nichts als komische Situationen ergibt: Untreue, Heuchelei, vergifteter Ehrgeiz, Hysterie und so fort. Ich möchte in einem Staat leben, in dem die Polizei so gemütlich ist wie in den Operetten, in dem die Richter sich mehr um die Beine der Angeklagten kümmern, als um ihr Vergehen, und in dem der Zustand der Pleite eine vorübergehende komische Episode ist. Und was die Lilian Harvey betrifft, so ist »möchten« schon der gelindeste Ausdruck für das, was die meisten Zuschauer männlichen Geschlechts vermutlich möchten; was, *vice versa*, sicher auch auf Willy Fritsch zutrifft.

Die Griechen nannten so was Elysium. Heute sind die Operetten so eine Art Elysium-Ersatz. Wer gesund, lebensfroh, sinnlich ist, kann nichts

Restaurierung von »Die keusche Susanne« fand in Kooperation mit dem Gosfilmofond in Moskau statt. Eine Positivkopie auf Triazetatzellulose-Träger von 2439 Metern aus dessen Bestand wurde als die früheste verfügbare Generation des Werks identifiziert und gescannt.

Die deutschen Zwischentitel sind in ihrer ursprünglichen typografischen Gestaltung ausschließlich in der Kopie aus Russland erhalten und konnten durch die Restaurierung wieder zugänglich gemacht werden. Zur besseren Lesbarkeit wurden die als Blitztitel vorliegenden Zwischentitel verlängert und die starken Überbelichtungen und Unschärfen der Schrift so weit wie möglich gemildert. Zwei Zwischentitel, die im Vergleich zur Premierenfassung fehlten, wurden in einer neutralen Schriftart hinzugefügt.

Es ist davon auszugehen, dass der Film zur Zeit seiner Uraufführung viragiert vorgeführt wurde. Leider ist das Farbschema dieses Films nicht überliefert, sodass er wie vorgefunden in schwarz-weiß präsentiert wird.

Der Film wurde auf 18 B/S verlangsamt und im Nachhinein für die DCI-konforme Vorführung durch Bilddopplungen mit 24 B/S gemastert.

Kopie: DFF – Deutsches Filminstitut & Filmmuseum (DCP)

Ruth Weyher (Mitte)

gegen Operetten haben. Wer will nicht glücklich sein? Alle wollen es; und fast alle im Wesentlichen auf die gleiche Art. Wer es nicht will, kann auch nichts von Kunst verstehen. Ich habe gegen Operettenfeinde schwerwiegenden Verdachte. Es sind meist Bildungsheuchler, vertrocknete Exaltados, Expressionisten, Pen-Club-Mitglieder, mit einem Wort: Gerippe ohne Fleisch.

Es kommt also nur auf eines an: ob so eine Operette Lebensfreude verbreitet. Andere »Werte« gibt es hier nicht. Es ist ganz egal, ob das, was diese Lebensfreude verbreitet, ein Leierkasten oder eine hübsche Frau oder ein alberner Witz sechsten Ranges ist. Völlig wurst und egal.

Richard Eichberg weiß, was eine Operette ist; er ist ein ausgezeichneter Operettenregisseur. Er

DIE KEUSCHE SUSANNE

macht alles, was ihm einfällt, und eine ganze Masse, was ihm nicht einfällt; Ben Akiba hat sicherlich mal irgendwo einen Eichberg-Film gesehen, bevor er ein Philosoph wurde. Aber er macht es mit einer unverwüstlichen guten Laune. Kennen Sie den Zustand, wenn man sehr gut gegessen, einen sehr guten Wein getrunken hat und jetzt, nachher, eine Havanna raucht – ein Zustand, wo der andere den größten Kohl reden kann und man findet es doch nett, lustig, anregend? Das ist der Zustand »Richard Eichberg«. Kurz, er kann Operetten inszenieren.

Was nun die künstlerischen Leistungen betrifft, so glaube ich schon erwähnt zu haben, daß Lilian Harvey entzückende Beine und einen süßen Wuschelkopf hat. Ernster werdend, möchte ich noch hinzufügen, daß der Bubikopf der Ruth Weyher auch nicht übel ist. Was die rhythmische Dynamik des Ethos der Film-Metaphysik betrifft, so muß erwähnt werden, dass das dritte Girl von rechts, Akt IV, Szene 224 ff. auch sehr hübsche Beine hat. (Warum wird ihr Name nicht im Programm genannt???!) Man wird entschuldigen und aus dem Vorhergehenden verstehen, wenn ich mich mit Bezug auf die männlichen Darsteller für völlig inkompetent erkläre. Doch scheint mir, daß die Figur von Willy Fritsch nicht ohne ist. […]

Gott segne Sie, Richard Eichberg, machen Sie weiter ihr Pi-pa-po. Sie machen die Menschen glücklich damit. Sie haben mir zwei sorg- und gedankenlose Stunden bereitet. Alle in dem Riesenraum waren Ihnen dankbar; auch ich.

Und als der Vorhang sich hob, und auf dem Bartisch einer aufgebauten Bar die wirkliche Lilian Harvey in kurzem Röckchen mit Wuschelkopf tanzte, jubelten alle Anwesenden.

»Möchten« ist gar kein Ausdruck.

Willy Haas: Die keusche Susanne
Film-Kurier, Nr. 266, 12.11.1926

Der deutsche Film
1895 bis Heute

Hrsg.: Weltkulturerbe Völklinger Hütte
erscheint im Februar 2024
54 €

40 € Subskription Bis 31.1.2024

Großes Kino
Filmplakate aller Zeiten

Hrsg.: Kunstbibliothek, Staatliche Museen zu Berlin
48 €

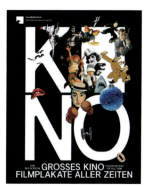

Phantome der Nacht
100 Jahre Nosferatu

Hrsg.: Nationalgalerie, Staatliche Museen zu Berlin
48 €

SANDSTEIN www.sandstein-verlag.de

DIE OPERETTE IM ZEITALTER DES STUMMFILMS

VON MARIE-LUISE BOLTE

Haben wir in ein paar Jahren keine Musik-Stars mehr, sondern nur noch KI-Produkte verschiedener Marken? Der Effekt des Mediums Film auf die Musikwelt muss vor hundert Jahren ähnlich gewesen sein: irritierend, verstörend, berauschend.

→*Jean Gilbert*, der große Operettenkomponist und Star in Berlin zwischen 1910 und 1933, wurde 1879 in Hamburg geboren. Seine Operette »Die keusche Susanne« erschien 1910 und katapultierte ihn mit der 1911 uraufgeführten Operette »Polnische Wirtschaft« in die Liga der meistgespielten Operettenkomponisten.

Die Operette ist eine musikalische Komödie, die es zum Ziel hat, das Publikum zu amüsieren. Großartige Stimmen werden gebraucht, ebenso wie ein spritziges Orchester und ein humorbegabter Dirigent. Gilbert wächst in eine Zeit hinein, die Bedarf an Operetten hat. Es gibt noch keinen Tonfilm und die technischen Mittel, Musik zu reproduzieren, sind noch so unzulänglich, dass Musik live gemacht und live konsumiert wird. Es ist eine Zeit, in der noch (fast) alle Menschen singen!

Die Operette als Genre ist der Vorläufer des Musicals. Was heute Andrew Lloyd Webber ist, war damals Jean Gilbert. Gleichwohl gibt es andere Größen um ihn herum: Jacques Offenbach, Franz Lehár, Paul Lincke, Robert Stolz, Eduard Künneke, Carl Millöcker, Johann Strauß, Franz von Suppé, Nico Dostal, Carl Zeller, Leo Fall, →*Paul Abraham*, Ralph Benatzky, Emmerich Kálmán. Keine Vollständigkeit gewährleistet – aber allein über ein Dutzend bekannte Namen sind Zeugnis genug für die Beliebtheit des Genres Operette.

Was macht eine gute Operette aus? Hier eine Auflistung: Eine Story, die kitzelt. Ein Erlebnis wie in der Oper, aber lustiger. Melodien, die Ohrwürmer bleiben. Man trifft sich in großer Garderobe, wird gesehen. Man spricht darüber. Man spielt mit der Doppelbödigkeit der gesellschaftlichen Moral. Die einzelnen Instrumental- und Gesangspartien orientieren sich an klassischer Musik, aber sie nehmen eindeutig die Unterhaltungsschiene mit auf in Form von tanzbaren Nummern. Die Tänze und Lieblingsrhythmen der damaligen Zeit sind: Wiener Walzer, Stimmungswalzer, Langsamer Walzer, Walzerlied, Marsch, Polka und Cancan, Polonaise. Es kommen peu à peu hinzu: Tango, Foxtrott, Pasodoble, Onestep, Valse boston, Shimmy, Charleston, Blues (der nichts oder sehr wenig mit dem Musikgenre Blues zu tun hat).

»Die keusche Susanne« ist eine Operette in drei Akten nach dem Theaterstück »Fils à Papa« (1906) von Antony Mars und Maurice Dessoallières. Der 1. und der 3. Akt der Operette spielen in der Wohnung des Barons des Aubrais, der zweite im Moulin Rouge in Paris. Im 2. Akt gibt es zwei Kompositionen, die es geschafft haben, noch in heutigen Evergreen- und Schlager-Ausgaben abgedruckt zu werden. Diese sind das Lied von René (mit Chor) »Wenn die Füßchen sich heben« und das Ensemblestück »Wenn der Vater mit dem Sohne«, gesungen von Susanne (Sopran), Jacqueline (Sopran), Rose (Sopran), René (Tenor), Hubert (Tenorbuffo), Aubrais (Bariton).

Für Richard Eichbergs Film 🎞 Die keusche Susanne ist die Operette vom Drehbuchautor Hans Sturm um viele neue Einfälle und Ideen bereichert worden, sie wächst dadurch zu einem ganz eigenen Artefakt aus. Doch die Besetzung der Rollen ist von der charakterlichen Ausführung an die der stimmlichen nicht zu übersehen: eine Sopran- und eine Tenorstimme auf der Bühne wird immer mit Jugendlichkeit und Lebendigkeit verbunden, der Bariton ist eine etwas ältere Person, die aber zum Hauptpersonal der Rollen gehört. So erscheinen auch die Protagonisten im Film.

Es gibt im Film eine Steigerung bis zum letzten Viertel, dem Zusammentreffen der Protagonisten im Moulin Rouge. Hier tritt auch Jean Gilbert selbst als Dirigent im großen Saal auf. Das Orchester ist ein typisches Operettenorchester, basierend auf Streichern (Violinen, Bratschen, Violoncelli, Kontrabass) und Holz- und Blechbläsern. Gespielt werden zwei Titel der Operette: die Polka »Susann, Susann, Du hast mir's angetan« aus dem 3. Akt der Operette und das Lied »Wenn die Füßchen sich heben und schweben so durch den Saal«, Vortragsbezeichnung: sehr langsamer Walzer. Andere Tanzstücke werden aufgenommen, die offensichtlich nicht zur Operette gehören und moderner sind. Es wird Charleston und Foxtrott getanzt, ein absoluter Hingucker ist der Tanz von Jacqueline (Lilian Harvey) in Zeitlupe, begleitet von einem kleinen Jazz-Orchester in der Bar. Das Lied »Wenn der Vater mit dem Sohne« könnte am Schluss gespielt worden sein, denn Aubrais zitiert aus dem Prolog vor diesem Lebemann-Marsch: »Nichts der Mama sagen!«

Bei der Uraufführung im Ufa-Palast am Zoo gilt Giuseppe Becce als Arrangeur der Kino-Musik unter Verwendung der Motive aus der gleichnamigen Operette. Fast gleichaltrig (geboren 1877)

Marie-Luise Bolte begleitet seit 1990 als Pianistin, Organistin und Komponistin Stummfilme bei den Internationalen Filmhistorischen Kongressen und dem *cinefest*. Beim *cinefest* 2023 begleitet sie in Hamburg den Film »Die keusche Susanne« (1926).

wie Gilbert, debütierte Becce mit einer Operette (»Das Bett der Pompadour«, 1910), versuchte sich auch im Genre Oper (»Tullia«, 1912), doch in der Bekanntschaft mit Oskar Messter fand Becce schon sehr bald zum Film. Er wurde Hauptdarsteller im Film RICHARD WAGNER (1913, William Wauer, Carl Froelich) und schrieb – wegen eines Urheberstreits mit den Wagner-Erben – eine Originalkomposition eng am Wagner-Klang vorbei.

Becce spezialisierte sich auf das Arrangieren von Stummfilmmusik. Die vielen neuen Kinos brauchten Musik, aber das musikalische Umfeld war darauf nicht eingestellt. Die Werke der wertgeschätzten Musikgenies Beethoven, Wagner und Mahler, die die Sinfonieorchester spielten, die Operetten, Opern, die Tanzmusik mit klaren abgezählten Takteinheiten, die Schlager, die Musik der neu aufkommenden Revuen – alles tolle Musik, aber im Timing unbrauchbar für den Film. Da erfand Becce die Lösung. Schon 1919 erschien die »Kinothek« mit gesammelten Musikstücken zur Filmillustration. Bis 1929 erschienen davon sechs Doppelausgaben, eine für Klavier, eine für Orchester. Hier wurden Musikmotive des klassisch-romantischen Repertoires einer emotionalen Stimmungslage zugeordnet. Da die originalen Kompositionen selbst aber bedeutend länger waren, schnitt Becce einzelne Takte, Passagen aus diesen Musikstücken heraus. Um zwischen diesen Passagen zu vermitteln, auch harmonisch, komponierte er Übergänge und Modulationen.

Wie die von Becce zur Uraufführung arrangierte Musik geklungen haben mag, bleibt ungewiss und es ist möglicherweise auch nicht unbedingt lohnenswert, dem nachzugehen. Schon in einem anderen Kino wird die Musik zum Film ganz anders kompiliert gewesen sein. Es war Gebrauchsmusik je nach finanzieller Ausstattung des Kinos. Ästhetisch fragwürdig ist diese Technik, da sie stark auf den illustrativen Charakter der Begleitmusik abhebt. Illustrativ heißt, bestimmte Stimmungsmuster zu einer Szene zu bedienen. So könnte dieselbe Musik bei einem anderen Film dann genauso wieder ablaufen, da nicht die einzelne Filmszene zählt, sondern rein die vom Regisseur mutmaßliche Stimmung der Szene.

Eine andere Herangehensweise ist es, auf den Spannungsbogen zu achten und eine Einheitlichkeit in der musikalischen Sprache zu erzeugen, wie es meine Herangehensweise an Stummfilmbegleitung ist.

1929 — THE LOVE PARADE (LIEBESPARADE)

1929. US. The Love Parade.
(Liebesparade)
Regie: Ernst Lubitsch.
Dialog-Regie: Perry Ivins.
Buch: Ernest [= Ernö] Vajda (Film Story); Guy Bolton (Libretto).
Vorlage: Bühnenstück »Le Prince consort« (1903) von Léon Xanrof, Jules Chancel.
Kamera: Victor Milner.
Kamera-Führung: Lucien Ballard, Osmond Borradaile, Loyal Griggs.
Art Direction: Hans Dreier.
Schnitt: Merrill White.
Ton: Franklin Hansen.
Lieder: Victor Schertzinger.
Liedtexte: Clifford Grey.
Gesang: Lupino Lane, Maurice Chevalier, Jeanette MacDonald, Lillian Roth.
Musik-Titel: »Dream Lover«, »My Love Parade«, »Paris, Stay the Same«, »Let's Be Common«, »March of the Grenadiers«, »Nobody's Using It Now«, »Gossip«, »Anything to Please the Queen«, »Ooh, La La«, »The Queen Is Always Right« (Schertzinger / Grey).
Darsteller: Maurice Chevalier (Count Alfred Renard), Jeanette MacDonald (Queen Louise), Lupino Lane (Jacques), Lillian Roth (Lulu), Edgar Norton (Master of Ceremonies), Lionel Belmore (Prime Minister), Albert Roccardi (Foreign Minister), Carlton [= Carl] Stockdale (Admiral), Eugene Pallette (Minister of War), Russ Powell (Afghan Ambassador), E. H. Calvert (Sylvanian Ambassador), André Chéron (Le Mari, Paulette's Husband), Yola D'Avril (Paulette), Winter Hall (Priest), Ben Turpin (Cross-Eyed Lackey), Antonin Vaverka, Albert De

Maurice Chevalier, Jeanette MacDonald

Nach dem Bühnenstück »Le Prince consort« von Léon Xanrof und Jules Chancel: Der charmante Graf Alfred Renard führt als Militärattaché des Königreichs Sylvania ein angenehmes Leben in Paris, bei dem er sich vor allem als Schürzenjäger hervortut. Zu seinem Bedauern wird er wegen dieses unmoralischen Lebenswandels von seinem Posten abgezogen und nach Sylvania zurückbeordert. Seinen französischen Diener Jacques nimmt er mit. Als die Königin Louise I. von Alfreds zahlreichen erotischen Eskapaden in Paris erfährt, ist sie von ihm so angetan, dass sie sich für ihn eine besondere Strafe ausdenkt. Es wird geheiratet. Alfred wird jedoch nicht König, sondern Prinzgemahl ohne besondere Pflichten, außer der Königin zu gefallen. Alfred muss Louise gehorchen und darf nicht in die Staatsgeschäfte eingreifen. Schnell ist er gelangweilt und beschließt, Louise zu verlassen und nach Paris zurückzugehen. Da merkt die Königin, dass sie sich ein Leben ohne ihren Prinzgemahl nicht mehr vorstellen kann. Und auch der Diener Jacques findet sein Glück mit der Kammerzofe Lulu.

ERNST LUBITSCH ÜBER SEINE ERSTE FILM-OPERETTE

Hollywood, 15. Dezember 1929.

Man hat das Problem Operette als Film bisher in der Hauptsache auf zwei Weisen zu lösen versucht. Entweder man hat im wesentlichen ein Bühnenstück Akt für Akt photographiert und damit durch die Erinnerung an die Bühne die Kunstform, das Singen der handelnden Personen im Film legitimiert.

Oder man hat das Bühnen- beziehungsweise Varietémilieu zum Schauplatz der Handlung gewählt, wodurch dem Singen der Personen eine natürliche Begründung gegeben werden konnte.

Auf den Wunsch nach dieser natürlichen Begründung ist die Überschwemmung des Filmmarktes mit Musikfilmen, welche das Kulissenmilieu für die Handlung benützen, zurückzuführen.

Der letzten Lösung steht heute entgegen, daß das Publikum in Amerika durch die fortwährende Wiederholung des gleichen Milieus ermüdet wurde. Es dürfte sich empfehlen, zumindest eine Pause in der Herstellung dieser Filmgattung eintreten zu lassen, falls man nicht mit einer vollständig neuen Idee, einer originellen Behandlung aufwarten kann.

Der Wunsch nach der natürlichen Erklärung des Singens wird verständlich, wenn man sich vergegenwärtigt, daß das amerikanische Filmpublikum sich von jeher gegen die Kunstform im Film gewandt hat, daß es vorzieht, auf der Leinwand das Leben zu sehen, oder was als Erscheinungsform des Lebens der Gegenwart oder der Vergangenheit angesehen werden kann, den naturalistischen Film also.

In meinem Operettenfilm THE LOVE PARADE (»Der Prinzgemahl«) habe ich, trotzdem mir dieses bewußt war, auf den Wunsch nach Naturalismus in der Form keine Rücksicht genommen, d. h. ich habe insbesondere nicht das Singen der Königin, des Prinzgemahls, der anderen Personen der Handlung oder des Chors begründet.

Ich habe von Anfang an den Gedanken an eine naturalistische Einkleidung zurückgewiesen, ohne erst der Frage näher zu treten, ob sie in irgendeiner Weise möglich gewesen wäre. [...]

Die Form der Operette stellt gewisse Forderungen an die Phantasie des Publikums des Operettentheaters. Das Publikum muß die Fähigkeit haben, sich in eine Welt zu versetzen, in der Menschen sich z. B. gegenseitig ihre Gefühle durch Gesang vermitteln, ohne daß man annehmen kann, daß diese gleichen Menschen im Leben Sänger wären oder auf diese Weise einen Teil ihres Dialogs führen würden.

Es ist meine Überzeugung, daß man das Publikum der Filmtheater nicht ganz richtig ein-

Jeanette MacDonald

Winton, William von Hardenburg (Cabinet Ministers), Margaret Fealy (First Lady in Waiting), Virginia Bruce, Josephine Hall, Rosalind Charles, Helene Friend (Ladies in Waiting). — *Jean Harlow (Extra), Jiggs (Dog).*
Produktion: Famous Players-Lasky Corp. (Paramount Studios), Hollywood;
für: Paramount Famous Lasky Corp., New York.
Produzent: Ernst Lubitsch.
Presented by: Jesse L. Lasky, Adolph Zukor.
Produktionsleitung: B. P. Schulberg [General Manager West Coast Productions].
Drehzeit: ab 15.6.1929.
Drehort: Paramount Studios Hollywood.

1929 | THE LOVE PARADE (LIEBESPARADE)

Länge: 12 reels, 10022 ft = 3055 m (Ton) / 7094 ft = 2162 m (stumm) / DF: 8 Akte, 2254 m / DP: 12 Akte, 3012 m.
Format: 35mm, s/w, 1:1.19, Movietone / stumm.
Copyright: 16.01.1930, (c) LP1014.
Deutsche Zensur: 11.4.1930, B.25618, Jv. / DP: 30.6.1930, B.26256, Jv.
Uraufführung: 19.11.1929, New York (Criterion); 18.1.1930, Release.
Deutsche Erstaufführung: 24.11.1930, Berlin (Ufa-Palast am Zoo).
— *Mehrsprachen-Version (MLV).*
— *Französische Version: »Parade d'amour«, 1929, US, R: Ernst Lubitsch.*
— *Auch stumme Fassung.*
— *Academy Awards 1930:*
Oscar Nominations: Best Picture, Best Director an Ernst Lubitsch, Best Actor an Maurice Chevalier, Best Cinematography an Victor Milner, Best Art Direction an Hans Dreier, Best Sound an Franklin Hansen.

Kopie: Bundesarchiv (35mm).

Jeanette MacDonald, Maurice Chevalier

schätzt, wenn man glaubt, ihm diese Anspannung der Phantasie nicht ebenfalls zumuten zu können. Schließlich darf man nicht vergessen, daß dieses gleiche Filmpublikum bereit war, einen gedruckten Titel in der Phantasie zum gesprochenen Wort zu gestalten.

Die Film-Operette – ein schönes Märchen
(Gespräch mit Ernst Lubitsch)
Film-Kurier, Nr. 1–2, 1.1.1930

KRITIKEN

The director, [Ernst] Lubitsch, does his first operetta in THE LOVE PARADE. His Job clearly shows that he has been keenly appreciative of the production values a costume talker of this kind must have. In the handling of the many song numbers he has worked them into the action with the least obtrusiveness yet noticed in pictures requiring as much music. The thread of the story is maintained at all times, and as far as it is possible to inject the musical numbers without dropping the illusion of the narrative, just so far has Lubitsch been able to go.

In the shooting of the ballet number in the royal theatre, the Teutonic director has taken his camera to the top of the proscenium and shot the dancers from on high. As a result, he has actually produced the effect of more of a close-up than contemporaries have, with the entire ballet caught in action.

Lubitsch and probably [Guy] Bolton have thrown over all the studio inhibitions about off screen musical accompaniments. Camera is never idle during an entire number, and it can be said that this is the first true screen musical. It will educate and reap accordingly.

Char.: The Love Parade
Variety, 27.11.1929

Die LIEBESPARADE ist lange vor ihrem matten deutschen Abklatsch, dem LIEBESWALZER [siehe S. 36] gedreht worden. Denn ehe uns die nationale Produktion mit der Quantität ihrer Singfilme und Gesangspossen überschüttete, brachte Lubitsch die Qualität auf den Markt. Mit dem Erfolg, daß man sein Werk nicht eher nach Deutschland hereinließ, als die marktgängige Ware von dem Publikum mit Abkehr und demzufolge von den Theaterbesitzern mit Protestschreien aufgenommen wurde.

Jetzt ist die LIEBESPARADE da! Zwei Jahre alt – und immer noch die beste Tonfilm-Operette, die wir kennen. Lubitschs Zauberland des Schmunzelns liegt zwar nur einige Schritte vom Tauber-LAND DES LÄCHELNS im Capitol, aber von Ernst Lubitsch bis Max Reichmann ist ein ebenso langer Weg wie von Maurice Chevalier zu Richard Tauber, und dieser Weg reicht weiter als von Hollywood bis Neubabelsberg. Lubitsch hat, als einer der wenigen, Witz, Phantasie, Parodie und Geschmack, kurz, seinen Stil über die Grenze ins Tonfilmland geschmuggelt, ohne sie den geschäftstüchtigen Zöllnern der Industrie freiwillig zu überlassen. Es gibt in seinem Tonfilm keine Szene, die sich vollkommen in Ope-

Jeanette MacDonald, Ernst Lubitsch

retten-Gefühlen entladen dürfte. Ein Abschiedslied an das schöne Paris wird nicht nur von der Stimme seines Herrn kreiert, sondern auch von Hundchen, das das Chanson und jede etwa aufkommende sentimentale Abschiedstimmung einzigartig herunterbellt; Liebesszenen der Königin werden von dem lauschenden und heimlich beobachtenden Hof lächerlich apostrophiert; und in die Hochzeitsnacht hinein böllern Kanonenschüsse. Diese Einfälle, diese Grazie, dieser Witz, taktvoll selbst im Erotischen, das ist der ganze Lubitsch. Aber auch in der Führung der Schauspieler erweist er sich als Meister. Keine Staralllüren, die das Gesamtbild durchbrechen, vielmehr ein Ensemble von Maurice Chevalier, der wunderschönen Königin Jeanette MacDonald und dem Dienerpaar Lupino Lane und Lillian Roth, die sämtlich ihr Bestes geben.

Der Film wird in Deutschland in englischer Sprache mit deutschen Untertexten gespielt. Die Übersetzung der Dialoge ist vielleicht störend, aber in diesem Fall für die der Sprache nicht mächtige deutsche Zuhörerschaft notwendig; was man von den albernen Übersetzungen der englischen Schlager (die sich durch die ausgezeichneten Kompositionen von Victor Schertzinger eine längere Lebensdauer erhalten dürften) nicht gerade behaupten kann.

Mersus [= Wolfgang Duncker]:
Die beste Tonfilm-Operette – Lubitsch-Chevaliers Liebesparade
Berlin am Morgen, 26.11.1930

THEMA | TENÖRE IM TONFILM
VON JONATHAN SCHILLING

Im Januar 1929 hatte Robert Lands Film Ich küsse Ihre Hand, Madame in Berlin Premiere – oder besser: Er feierte Premiere, denn das Publikum war hellauf begeistert. Zum Feiern gab es auch allen Grund: Nichts Geringeres als ein neues Zeitalter der deutschen Filmgeschichte brach in jenen Tagen an, und dieser Film war in diesem Umschwung mittendrin. Eine dreiviertel Stunde lang war es ein Stummfilm mit Zwischentiteln, wie gehabt, und übrigens eine der ersten ganz großen Rollen von Marlene Dietrich. Doch dann sang plötzlich Richard Tauber seinen beliebten Schlager »Ich küsse Ihre Hand, Madame«. Unerhört im wahrsten Sinne des Wortes! Zum ersten Mal war das Tobis-Verfahren vorgeführt worden, das den deutschen Film revolutionieren sollte.

Dieser vielleicht bekannteste Film am Übergang vom Stumm- zum Tonfilm war also in gewisser Weise ein »Tenorfilm«, auch wenn Richard Tauber noch nicht selbst im Film zu sehen war, sondern seine Stimme nur Harry Liedtke lieh. Doch im Anschluss an diesen Film wurden in den nächsten drei Jahrzehnten zahlreiche Filme gedreht, in denen klassisch ausgebildete Sänger die Hauptrolle übernahmen. Filme, die speziell auf Darsteller zugeschnitten waren, die auch auf großen Opernbühnen zuhause waren. Der Tenorfilm wurde ein eigenes Subgenre, das nirgendwo so populär war wie im deutschen Sprachraum. In anderen Ländern wurden vor allem noch der Italiener Beniamino Gigli und der italienischstämmige Amerikaner Mario Lanza in derartigen Rollen bekannt, aber auch sie spielten teilweise in deutschen Produktionen.

Auch einige Opernsopranistinnen (international zum Beispiel Lily Pons und →*Gitta Alpár*) durften auf der Leinwand singen und spielen. Aber interessanterweise konnte sich ein »Sopranfilm« nicht in dem Maße etablieren wie der Tenorfilm – ganz zu schweigen von einem Alt- oder Bassfilm, von dem es höchstens einzelne gibt, denn Altistinnen und Bässe zogen im Starkult von jeher den Kürzeren. Der Wagner-Bariton Franz Egénieff trat in einigen Stummfilmen auf, doch im Tonfilm fragte niemand mehr nach ihm. In vielen Filmen übernahm der beliebte Opernstar Michael Bohnen die Hauptrolle, allerdings durfte er in den meisten Fällen nur sprechen und nicht singen – er war eben ein Bass.

Besonders fünf deutschsprachige Tenöre wurden als singende Hauptdarsteller populär: Richard Tauber, Joseph Schmidt, Jan Kiepura, Leo Slezak und Rudolf Schock. Fast dreißig Tenorfilme wurden zwischen 1929 und 1959 gedreht – danach hörte das einst so populäre Subgenre plötzlich auf zu existieren. Der Neue deutsche Film hatte für Opernsänger keine Verwendung mehr.

Von Anfang an gab es stereotype Bilder und Handlungsmuster im Tenorfilm. Da ist zum Beispiel der Sänger als Kinderfreund, umringt von einer Schar Schulkinder, für die und mit denen er singt. Oder das Bild des Sängers, der bei offenem Fenster singt und dabei wie zufällig von der Nachbarschaft andächtig belauscht wird. Und da ist vor allem der Sänger, der eigentlich gar kein Sänger sein will, ein Naturbursche, der unwillkürlich auf der Opernbühne landet, aber feststellt, dass er eigentlich nicht für die große Welt gemacht ist.

Dies ist auch der Ausgangspunkt des neuerdings aufwändig rekonstruierten Films Ich glaub' nie mehr an eine Frau (1929/30, Max Reichmann), in dem ein Sänger desillusioniert in seine Heimat zurückkehrt. Man erfährt nicht viel über die Umstände seiner Resignation und Bitterkeit, aber offensichtlich konnte ihm die Bühnenwelt und die damit verbundene Frau nicht geben, was er suchte. Er hat keinerlei Ambitionen, wieder ein Star zu werden und auf die große Bühne zurückzukehren; die Bretter, die die Welt bedeuten, vertauscht er mit Schiffsplanken und geht zur See. Umgekehrt wird die Geschichte in Ein Lied geht um die Welt (1933, Richard Oswald) erzählt. Hier findet der Protagonist im Bühnenerfolg den Ersatz für die Liebe, die ihm versagt bleibt. »Da gehörst du hin, dahin gehört deine ganze Liebe«, rät ihm sein bester Freund. Tauber und Schmidt erfüllten beide optisch nicht unbedingt die Erwartungen, die das Publikum an einen Filmliebling zu stellen gewohnt war – die Handlung von Ein Lied geht um die Welt baut sogar maßgeblich auf der kleinen Statur der Hauptfigur auf. Aber die »herrliche Stimme«, wie es in vielen Filmen stereotyp heißt, gleicht alles andere aus.

Ungefähr um 1939 kam die Produktion von Tenorfilmen im deutschen Sprachraum vorerst ganz zum Erliegen: Richard Tauber, Joseph Schmidt und Jan Kiepura waren aufgrund ihrer jüdischen Herkunft zur Emigration gezwungen worden, Leo Slezak war für viele Rollen längst zu alt. Ein kleines und ziemlich erstaunliches Revival erlebte der Tenorfilm aber in den Fünfzigerjahren: Rudolf

Joseph Schmidt in »Ein Lied geht um die Welt«

Deutsche Kinemathek

Schock wurde der neue Leinwandstar in Tenorlage. In vielerlei Hinsicht knüpfte er an die älteren Vorbilder an: Die Hits, die Joseph Schmidt (»Ein Lied geht um die Welt«), Richard Tauber (»Ich glaub' nie mehr an eine Frau«, »Das alte Lied«) und Jan Kiepura (»Ob blond, ob braun, ich liebe alle Frau'n«) berühmt gemacht hatten, sang er auf Schallplatte ein. Auch in Filmen sang er viele Titel, die seine Vorgänger bereits auf der Leinwand gesungen hatten. 1953 spielte er in DU BIST DIE WELT FÜR MICH (Ernst Marischka) sogar Richard Tauber; ein Biopic über Joseph Schmidt entstand 1958 – und Mario Lanza drehte einen Film über Enrico Caruso. Caruso, dessen Name sinnbildlich für den Startenor steht, hatte übrigens selbst in zwei Filmen mitgespielt, aber seine Stimme hatte er dabei nicht einsetzen können – er starb 1921, als der Tonfilm noch Zukunftsmusik war.

Es ist ein eigenartiges Subgenre, der Tenorfilm. Heute eigentlich undenkbar, dass ein Opernsänger im Kino – Schlager singt. Denn obwohl es in den Tenorfilmen fast immer um die große Welt der Oper geht, geben die Hauptdarsteller meist eher leichtere Musik zum Besten: Schlager, Operette, Evergreens aus dem Opernrepertoire. Aber das Bedürfnis nach einer Verbindung zwischen leichter und ernster Musik, von Operngesang und Schlager, von großer Bühne und kleinem Wohnzimmer gibt es auch noch heute. Nur hat es sich, wie so vieles, von der Leinwand auf die Mattscheibe und vom Spielfilm in die Fernsehshow verlagert. »Klassik«-Stars wie Andrea Bocelli, David Garrett oder Hauser erfreuen sich großer Beliebtheit beim Publikum. Ein erneutes Comeback des Tenorfilms kann man aber mit an Sicherheit grenzender Wahrscheinlichkeit ausschließen.

1929/30 — ICH GLAUB' NIE MEHR AN EINE FRAU

1929/30. DE. Ich glaub' nie mehr an eine Frau
Regie: Max Reichmann.
Buch: Curt J. Braun, Walter Reisch.
Dialoge: Anton Kuh, Werner Scheff.
Kamera: Reimar Kuntze, Charles Métain.
Bauten: Erich Czerwonski.
Maske: Carl Eduard Schulz.
Ton: Karl Brodmerkel, Erich Lange.
Tonleitung: Guido Bagier.
Musik, Musikalische Leitung: Paul Dessau.
Lieder: Walter Jurmann, Richard Tauber, Henry Lowe, Otto Stransky, Hermann Krome.
Liedtexte: Fritz Rotter, Fritz Löhner-Beda, Curt J. Braun, Paul Dessau.
Musik-Titel: »Chor der Matrosen« (Dessau / Dessau); »Das alte Lied« (Lowe / Löhner-Beda); »Das Dirnenlied«, »Deine Mutter bleibt immer bei Dir« (Jurmann / Rotter); »Die Ballade vom Dirnenlied« (Stransky / Braun); »Ich glaub' nie mehr an eine Frau« (Tauber / Rotter); »Über's Meer grüß' ich Dich, Heimatland« (Krome / Rotter); »Wenn Dein Schatz von Dir geht«.
Darsteller: Richard Tauber (Stefan), Maria Solveg [= Matray] (Katja), Werner Fuetterer (Peter), Paul Hörbiger (Joachim), Gustaf Gründgens (Jean), Agnes Schulz-Lichterfeld (Mutter), Edith Karin (rote Finna); Paul Dessau (Pianist im »Grünen Kater«).
Produktion: Münchener Lichtspielkunst AG (Emelka), München / Tonbild-Syndikat AG (Tobis), Berlin.
Produktionsleitung: Manfred Liebenau.
Aufnahmeleitung: Hans Naundorf.
Drehzeit: November – Dezember 1929.

Paul Hörbiger (mit Akkordeon), Richard Tauber (Mitte)

Nach einer enttäuschten Liebe hat der Sänger Stefan Deutschland verlassen. Jetzt heuert er in einem fernen Hafen auf einem Schiff an, das ihn in die Heimat zurückbringen soll. Auf der Fahrt freundet er sich mit den Matrosen Peter und Joachim an. In deren Heimathafen Hamburg verliebt sich Peter in die Prostituierte Katja. Mit Stefans Hilfe gelingt es, das Mädchen aus den Fängen ihres Zuhälters Jean zu befreien. Doch Peters Liebe bleibt unerfüllt – denn tatsächlich erweist sich Katja als Peters verschollen geglaubte Schwester Käthe. Die drei Freunde bringen sie zurück ins Elternhaus und stechen erneut in See.

KRITIKEN

Wenn diese Spielhandlung sich auf die Gesetze der lyrischen Oper stützt, so darf sie es schon mit Rücksicht auf die hochentwickelten technischen Mittel tun […]. Der Komponist, Illustrator und Synchronisator Paul Dessau ist der berufene Künstler für diesen Film und seine Mitschaffenden. Schon die Szene der singenden und musizierenden Besatzung des Schiffes bringt allerlei kleine, feine Intimitäten, deren hauptsächlicher Interpret der Maat Joachim ist. Sein Ziehharmonikaspiel mit den schüchternen Fermaten, den abhorchenden Improvisationen ist ein Kabinettstück. Auch die

Werner Fuetterer, Maria Solveg

Maria Solveg, Richard Tauber

Darstellung des musikalischen Dilettantismus in der Szene der Hafenkneipe wird auch ungeschulten Hörern Spaß machen, verfolgen sie die unmotivierten Wechsel in den Tonarten, die lebensechte Instrumentierung, die drastischen Darstellungen falscher Dynamisierung. Der Eintrittschor zwar ist allzu opernhaft gesetzt, doch geht er logisch in die volksechte Entwicklung dieser Szene über. […]

Der Held des Spiels und der Held des Abends, Richard Tauber; aus seinem Gesang strahlt eine Welt, in der alles stark, leicht, licht und frisch ist, eine Welt, die in ihrer Abtrennung vom Realen, in ihrem Aufgehen in das Phantom des Bildes und des photographierten Tons dieses Phantom wieder lebendig macht. Dessaus Kompositionen und illustrative Mittel treffen den Stil der Handlung, sie sind prächtige Stützen für die Kunst Richard Taubers, dessen von ihm selbst beigesteuerten Lieder textlich und musikalisch hoch über dem Zeitschlager stehen, die Romantik atmen und dennoch lebenswirklich sind. Den Radiohörern des Weltnetzes wurde als Ausklang noch das etwas abseits der logischen Motivierung der Handlung liegende »Dirnenlied« von Richard Tauber dargebracht, und diese eine Probe höchstkultivierter Gesangskunst wird sie veranlassen, nunmehr auch alle die zahl-

Werner Fuetterer

Drehort: Ufa-Ateliers Berlin-Tempelhof, Ufa-Ateliers Neubabelsberg.
Länge: 100 min, 2740 m (2758 m vor Zensur).
Format: 35mm, s/w, 1:1,19, Tobis-Klangfilm.
Zensur: 16.1.1930, M.03460, Jv.
Uraufführung: 3.2.1930, Berlin (Capitol).
— *Prädikat:* Künstlerisch.
— *Zur Digitalisierung* (DFF – Deutsches Filminstitut & Filmmuseum): Der Film galt als verschollen, bis 2012 im Jüdischen Museum Berlin ein Satz Tri-Ergon Schellackplatten (Matrizen TE15–1 bis -11) entdeckt und digitalisiert wurde. Infolge dieses Filmton-Funds wurden fünf erhaltene historische Kinokopien bekannt: in Filmarchiven in Belgien, Österreich, Portugal und den USA. Die digitale Restaurierung erfolgte 2020/2021 in 4K Auflösung. Hauptsächliche Bildquelle war die portugiesische Feinkorn-Kopie. Fehlstellen konnten aus der österreichischen Kinokopie ergänzt werden, die belgische diente als Referenz. Eine kurze Fehlstelle aller Kopien in Akt 6 wurde mit Schellackton komplettiert, die zwei hierfür rekonstruierten Frames sind mit 2021 markiert.
Die restaurierte Fassung entspricht mit 144.232 Einzelbildern der Vertriebslänge nach Zensur-Kürzungen: 2740m, also 104 Minuten bei Tonfilm-Laufgeschwindigkeit 24 fps.

Kopie: DFF – Deutsches Filminstitut & Filmmuseum (DCP)

reichen Kostbarkeiten dieses deutschen Tonfilms zu hören und zu sehen.

p.s. [= Poldi Schmidt]: Tauber-Tonfilm:
Ich glaub' nie mehr an eine Frau
Lichtbild-Bühne, Nr. 30, 4.2.1930

Und es kam, was kommen mußte, ja, was schon längst hatte kommen müssen: Richard Tauber als deutscher Al Jolson. Die mit dem Tonfilm geborene Mode, um einen Sänger eine Geschichte zu erfinden, damit dieser seine Chansons über die Leinewand schmettern kann – diese Mode mußte selbstverständlich auch bei uns kopiert werden. Und zwar schlecht und geschmacklos, dumm und geistlos.

Die Legende behauptet, Richard Tauber selbst habe das Lied »Ich glaub' nie mehr an eine Frau« komponiert. Daraufhin habe man hochbeglückt einen Manuskriptdichter (Curt J. Braun) beauftragt, einen Tonfilm zu erfinden, der Tauber Gelegenheit gibt, dieses Lied vorzutragen. Einen Schlager, dessen Refrain hinlänglich bekannt geworden ist oder der, wie in diesem Falle, eine Sensation darstellt, als Titel für irgendeinen belanglosen Film zu verwenden (der natürlich nichts mit dem Inhalt des Schlagers zu tun hat) – diese nackteste Spekulationssucht auf die Zugkraft einer populär gewordenen Ware ist allerdings eine originaldeutsche Filmmode. WENN DU EINMAL DEIN HERZ VERSCHENKST, IN EINER KLEINEN KONDITOREI – so heißen seit kurzem unsere Filme. Wenn es noch anständig gemacht wäre, man ließe es sich gefallen. […]

Der Film selbst ist auf das primitivste aufgenommen: der Hamburger Hafen eine bemalte Kulisse. Und wenn auch technisch der Ton schon recht gut herauskam (und z. B. Hörbiger lustig war), so wurde dieses Plus doch durch den Mangel an Ästhetik (wenn man Taubers beim Singen weitaufgerissenen Mund in zwanzigfacher Vergrößerung eine Viertelstunde betrachten mußte) mehr als aufgehoben.

Ein wie großer Künstler Al Jolson darstellerisch, gesanglich und in seiner ganzen Persönlichkeit ist, wurde einem eigentlich erst während der Vor-

ICH GLAUB' NIE MEHR AN EINE FRAU | 1929/30

führung dieses Tauber-Filmes klar. Bei Al Jolson natürliche Anmut, hier Effekthascherei.

H. P. [= Heinz Pol]: Ich glaub' nie mehr an eine Frau
Vossische Zeitung, 5.2.1930

Es gibt keine Lüge aus vergangener Literatur, die hier nicht aufersteht. […] Das Publikum kicherte bereits. Das Publikum prustete fast los. Aber es war höflich; und als Taubers Töne höher stiegen – war die Widerstandskraft gebrochen. Das ist die betäubende Wirkung dieses Films. Er macht das Publikum aufnahmefähig für den widerlichsten Gefühlsschwindel.

Die modernste Erfindung wird eingesetzt, um den ältesten Kitsch zu propagieren. Tauber, mit allen sinnlich-betörenden Gaben der Stimme, mit einer stupenden Technik ausgestattet – auch jeder gesprochene Satz kommt im Tonfilm genau –, verschleudert diese Natur und dieses Talent an ein undiskutierbares Machwerk. Tauber, der Sänger, Tauber, der Darsteller – er hat sogar Humor – könnte Wertvolles für den Tonfilm leisten. Aber nein, alles ist erstarrt, alles ist Pose geworden. Fürchterliche Abnutzung der Begabungen, fürchterlicher Mißbrauch der Talente! Diese Biegungen und Schwebungen der Stimme – noch im Summen ist sie musterhaft tonfilmdeutlich –, alles wird für ein Äußerstes an Schund eingesetzt. Mißbrauch der Zartheit, Mißbrauch der Diskretion. […]

ICH GLAUB' NIE MEHR AN EINE FRAU – Tiefstand des Films, Tiefstand des Gefühls, Tiefstand des Geistes.

Herbert Ihering: Richard Tauberfilm
Berliner Börsen-Courier, 4.2.1930

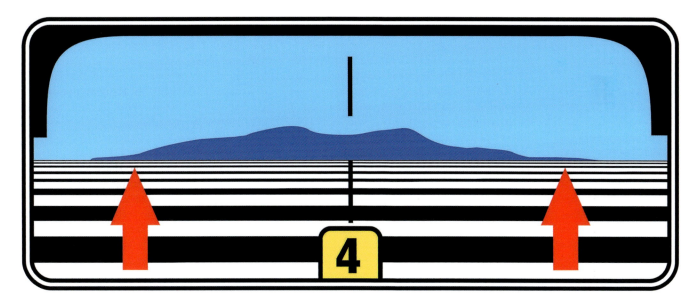

1929/30 — LOVE WALTZ

1929/30. DE. Liebeswalzer / Love Waltz

Regie: Wilhelm Thiele (deutsche + englische Version).
Buch: Hans Müller, Robert Liebmann.
Kamera: Werner Brandes, Konstantin Tschet.
Bauten: Erich Kettelhut.
Kostüme: René Hubert (Harveys Kleider).
Maske: Emil Neumann, Maria Jamitzky.
Regie-Assistenz (engl. V.): Carl Winston.
Ton: Erich Leistner.
Musik, Musikalische Leitung: Werner Richard Heymann.
Liedtexte (dt. V.): Ernst Neubach, Robert Liebmann.
Musik-Titel (dt. V.): »Bobby«, »Du bist das süßeste Mädel der Welt«, »Hurra! Hurra! Hurra!«, »Liebeswalzer: Sag' nicht ja, sag' nicht nein (Seliges Schweigen)«, »Okay, o käme doch...«
Darsteller – Deutsche Version: Lilian Harvey (Prinzessin Eva), Willy Fritsch (Bobby), Julia Serda (Die Regierende Fürstin von Lauenburg, Evas Mutter), Karl Ludwig Diehl (Der Hofmarschall), Lotte Spira (Erzherzogin Melanie), Georg Alexander (Erzherzog Peter Ferdinand, ihr Sohn), Hans Junkermann (Fould, Automobilfabrikant, Bobbys Vater), Victor Schwanneke (Dr. Lemke), Karl Etlinger (Dr. Popper); ferner: Marianne Winkelstern, Rudolf Biebrach, Willi Prager, Emmy von Stetten, Austin Egen, Paul Godwin Band, Weintraubs Syncopators.
– *Englische Version:* Lilian Mowrer (The Duchess of Lauenburg), Lilian Harvey (Princess Eva, her daughter), Hans Junkermann (Fould, Automobile

John Batten, Lilian Harvey

Bobby Fould ist der Sohn eines amerikanischen Automobilfabrikanten. Sein Vater hält ihn für einen Nichtsnutz. Da trifft Bobby den lebenslustigen europäischen Erzherzog Peter Ferdinand, der sich vor allem für hübsche junge Frauen interessiert, und hilft ihm bei einer Autopanne. Prompt engagiert der Erzherzog den Fabrikantensohn als Chauffeur, Privatsekretär und Mädchen für alles. Währenddessen schmieden in Europa die Erzherzogin Melanie – Peter Ferdinands Mutter – und die Regierende Fürstin von Lauenburg – Mutter der entzückenden Prinzessin Eva – den Plan, ihre heiratsunwilligen Kinder miteinander zu verkuppeln. Als Peter Ferdinand davon erfährt, schickt er an seiner Stelle Bobby auf eine Feier in Lauenburg, auf der die Kinder sich nach dem Plan der Mütter kennenlernen und ineinander verlieben sollen. Tatsächlich findet nun Bobby Gefallen an Eva, doch er wagt es wegen des Standesunterschiedes nicht, ihr den Hof zu machen. Bei einem Walzer verliebt sich auch Eva in Bobby. Doch nun hat der echte Erzherzog herausgefunden, wie entzückend die Prinzessin ist, und bittet die Fürstin um die Hand ihrer Tochter.

[Anm. d. Red.: Unsere Texte und Bilder beziehen sich größtenteils auf die deutsche Version, in der Willy Fritsch den Bobby spielt. Da diese Version verschollen ist, zeigen wir beim cinefest die englische Version mit John Batten als Bobby (siehe Abb. links). Die Unterschiede zwischen den beiden Fassungen sind in der Filmografie erfasst.]

KRITIKEN

Die erste deutsche Tonfilmoperette. In Amerika ist dieses Filmgenre, wie man hört, schon längst erfolgreich, u. a. hat Lubitsch damit letzthin neue Filmlorbeeren ernten können [siehe S. 26]. Was der Operettenbühne recht ist, ist dem Tonfilm billig, er erweitert einfach mit seinen Mitteln die bisherigen Operettenmöglichkeiten. *Probatum est.* Da wird z. B. während einer Autofahrt zu den Klängen eines imaginären Orchesters ein Liebeslied gesungen, die filmischen Mittel erlauben es auch, ein paar Szenen in einer großen Autofabrik, andere im Flugzeug spielen zu lassen, wenn man aber im übrigen gehofft hatte, stofflich etwas ganz Neues vorgesetzt zu bekommen, so war man einigermaßen enttäuscht. Man findet da vielmehr Handlungsmotive, wie sie seit dem »Walzertraum« [1907, Oscar Straus] nie von unserer Operettenbühne verschwunden sind. […]

Immerhin sei gern anerkannt, daß die Autoren die eigentliche Liebesgeschichte und das ganze Drum und Dran um den Erzherzog sehr flott und wirksam herausgearbeitet haben. Es liegt viel Schmiß darin und die Pointen zündeten durchweg. Grund genug, an einen durchschlagenden Erfolg zu glauben, der stürmische Premierenapplaus gab schon einen kleinen Vorgeschmack davon.

Schlechthin reizend das Liebespaar Lilian Harvey und Willy Fritsch. Eine Freude, diese frischen natürlichen und vor allem jungen Menschenkinder zusammen spielen zu sehen. Willy Fritsch weiß

Willy Fritsch, Lilian Harvey

fade Süßlichkeiten klug zu meiden und wächst immer mehr in das Format eines Weltstars hinein, nicht zuletzt wirkt auch seine Sprache im Tonfilm sehr sympathisch. Weniger glücklich ist in dieser Beziehung Lilian Harvey dran, man muß schon sagen, daß sie durch das Sprechen ein wenig von ihrem Liebreiz einbüßt, denn für ein so zartes reizendes Geschöpfchen hat sie – wenigstens in der Tonfilmreproduktion – eine etwas zu tiefe Stimme, das stört die Illusion. Dann hat noch Georg Alexander als streikender Erzherzog eine Bombenrolle, man sah ihn seit langem nicht so gut, in ihm lebt echtester Operettengeist.

Fritz Olimsky: Liebeswalzer
Berliner Börsen-Zeitung, 9.2.1930

Wir kennen das Milieu, wir kennen die Typen. Selbst im Metropol-Theater konnte man das schon nicht mehr sehen. Die Tonfilm-Operette holt sie alle wieder vor aus dem Panoptikum, zeigt sie uns als lebendige, in der unmittelbaren Gegenwart lebende Menschen. Man fährt Auto und Flugzeug, trägt die Robe von 1930 – kurz, nichts deutet darauf hin, daß »die regierende Fürstin von Lauenburg« und der »Erzherzog Peter Ferdinand« Figuren sind, die es mindestens seit zwölf Jahren nicht mehr in Deutschland gibt. »Seine Kaiserliche Hoheit geruhen zu erscheinen«, schnarrt der Hofmarschall im reinsten Deutsch durch den Gloria-Palast, und Willy Fritsch, süß anzusehen in seiner schmucken Uniform, bedeckt mit zwanzig Orden,

manufacturer), John Batten (Bobby, his son), Gertrud de Lalsky (Archduchess Melanie), Georg Alexander (Archduke Peter Ferdinand, her son), Karl Ludwig Diehl (Lord Chamberlain), Victor Schwanneke (Dr. Lemke), C. Hooper Trask (Dr. Popper), Mildred Wayne (Dolly), Paul Goodwin Band, Weintraubs Syncopators.
Produktion: Universum-Film AG (Ufa), Berlin [»Erich Pommer-Produktion der Ufa«].
Produzent, Produktionsleitung: Erich Pommer.
Aufnahmeleitung: Arthur Kiekebusch.
Drehzeit: 4.10.1929–9.1.1930.

Achtung! Musik ... Zwischen Filmkomödie und Musical | 37

Willy Fritsch, Lilian Harvey

Drehort: Ufa-Ateliers Neubabelsberg.
Länge – Deutsche Version: 90 min, 2469 m.
– Englische Version: 69 min, 6171 ft = 1889 m.
Format: 35mm, s/w, 1:1.19, Tobis-Klangfilm.
Zensur – Deutsche Version: 1.2.1930, B.24962, Jv.
– Englische Version: 24.7.1930, GB reg.
Uraufführung – Deutsche Version: 7.2.1930, Berlin (Gloria-Palast).
– Englische Version: 27.7.1930, London (Regal Cinema – Trade show); 23.3.1931, Release.
—— *Arbeitstitel:* »Der Chauffeur-Prinz«.
—— *Mehrsprachen-Version (MLV).*
—— *Französische Synchron-Fassung:* »Valse d'amour«, Uraufführung: 30.9.1930, Paris (Marivaux, PC). —— *Tschechische Fassung (dt. + tsch. UT), Uraufführung: 9.5.1930, Prag (Avion).*

Kopie: Bundesarchiv (35mm, engl. Version).

schreitet durch den wunderbar ausgestatteten Thronsaal.

Nachher, wenn man das Theater verläßt, den Kurfürstendamm betritt, die Zeitungshändler ihre Zeitungen ausrufen hört, die Überschriften liest: »Young-Plan« – »Curtius« – »Nationalsozialisten im Sportpalast«, so fassen wir uns an den Kopf. Das gibt's doch alles gar nicht, denken wir; in Wirklichkeit regiert doch die reizende Julia Gerda als Fürstin von Lauenburg, und wie können Gegensätze unter dem Volk sein, wo doch der ebenso elegante wie nonchalante Georg Alexander als Erzherzog anläßlich der Hochzeit der Prinzessin soeben die ganze Bevölkerung mit Freibier und Freiwürstchen traktiert hat! […]

Eine Überraschung: Lilian Harvey. Ihre dunkle, sympathische Stimme eignet sich für dieses Tonfilmgenre. Ich habe sie noch nie so natürlich spielen sehen wie diesmal, mit echtem Temperament und dabei mit einer inneren Beherrschtheit, die man bisher bei ihr vermißte.

H. P. [= Heinz Pol]: »Seine Kaiserliche Hoheit, der Erzherzog«
– Die erste deutsche Tonfilmoperette
Vossische Zeitung, 9.2.1930

Unquestionably the best all-talker produced in Germany todate. Despite its cost of approximately $200,000, it should make a nice profit on the German talking version alone. Will have the English version and the silent as cream. The Gloria Palast, Berlin, is sold out nightly, with speculators in hordes and an extra show added. It looks as though they would get half the production cost out of this run alone.

The story is just the sort of thing that they do well on the Continent, as the success of the silent

LOVE WALTZ | 1929/30

"Waltz Dream" [EIN WALZERTRAUM, 1925] proved in former days. It is a sentimental story with a Graustark motive, playing in an imaginary little German court, and it does not take itself at all seriously.

For continental audiences Georg Alexander as the duke is the favorite. He is a light comedian with a lot of charm and the ability to register. Willy Fritsch loses nothing of his strong fem appeal in a talker, and Lilian Harvey does wonders with a not too sympathetic role. From the rest of the cast Karl Ettlinger and Karl Ludwig Diehl stood out. Under Pommer's very strict supervision Thiele has directed his players competently. Werner R. Heymann has delivered the score, which is always satisfactory and culminates in the charming "Love Waltz" and the fox trot "Where Have You Been All My Life, Little Boy?" which promises international possibilities. All in all, a knockout for the Continent, and one which keeps the audience continually howling.

An English version under the supervision of Carl Winston, who came to Berlin with Sternberg, is ready for distribution. Lilian Harvey, being of English extraction, played her role in both versions, and a young Englishman, John Batton, who has played in Hollywood, handled the Willy Fritsch character. Several of the other roles were played by American and English actors resident in Berlin, and Georg Alexander and the rest of the cast spoke their English with an accent, an alibi usually being found for this. To judge by several reels of a rough cut version which I saw in the projection room, the picture should go big in Great Britain, and should also be pleasing to audiences in the States an a novelty.

"Love Waltz" (All Dialog)
Variety, 12.3.1930

The Regal's programme this week is the Viennese musical comedy, LOVE WALTZ, produced by the U. F. A. Company of Berlin. In this Film there is a combination of clever production, extremely tuneful music and clever acting. It is reminiscent of previous Viennese musical comedy and strikes a note of distinctive appeal, the light touches and catchy songs offering welcome attraction. Erich Pommer in this picture has worked on an entirely different line and given us a most complete picture of the old gay Viennese days. The young hero is played by John Batten, whose performance establishes him with youthful parts. Opposite is Lillian Harvey, who gives a vivacious performance, while the character work of Georg Alexander as the Archduke is a treat.

Love Waltz
The Era (London), 17.9.1930

»ES WIRD NIEMAND FRAGEN, WO DIE MUSIK HERKOMMT ...«
WILHELM THIELE ZU DEN GESETZEN DER TONFILMOPERETTE

Die musikalischen Gesetze einer Operette liegen fest. Man könnte für eine Tonfilm-Operette der Ansicht sein, daß die Gesetze der Bühne einfach auf den Tonfilm übertragen werden können. Das ist aber nicht möglich, weil für jeden Film, und das muß auch der Tonfilm in erster Linie sein, es für die Dauer langweilig wirkt, sogenannte längere Operetteneinlagen ohne Veränderung des optischen Geschehens zu bringen.

Das optische Geschehen muß den Ton oder die Musik unterstreichen und die Musik muß das Visuelle weitertreiben. Es kommt nicht darauf an, hier eine im optischen Sinne folgerichtige Handlung aufzubauen.

Das Wichtigste ist die Zusammenarbeit zwischen dem Komponisten und dem Tonfilm-Regisseur. Ich glaube, daß bei keiner künstlerischen Betätigung das so notwendig ist, wie bei der Tonfilm-Operette.

Alle, die Sprache, die Musik, die Tonunterlage müssen von einem großen optischen und musikalischen Aufbau her geschaffen werden. Man darf natürlich hier in der Fortführung etwa der musikalischen Handlung – so möchte ich die musikalische Seite des Tonfilms nennen – keinerlei optische oder musikalische Pausen entstehen lassen.

Die musikalische Einlage, die einen großen Bestandteil einer Bühnen-Operette bildet, muß ganz und gar organisch gestellt werden. Sie muß genau die optische wie die musikalische Handlung weitertreiben.

Auf all das mußten wir bei dem neuesten Tonfilm der Erich-Pommer-Produktion LIEBESWALZER in viel stärkerem Maße achten als bei einem Tonfilm ernsteren Sujets.

Bei einem ernsten Sujet müssen sich Handlung und Ton aus einer Quelle her ergeben, folgerichtig aufbauen und ausgestattet werden. Bei der Tonfilm-Operette ist das nicht immer der Fall.

Hier kann beispielsweise die Musik plötzlich ein erst später einsetzendes optisches Geschehen vorbereiten, untermalen und in seiner Wirkung steigern. Es wird niemand bei einer Operette fragen, wo die Musik herkommt, wenn zwei Menschen in einem Auto plötzlich zu einer ausgezeichneten Orchestermusik zu singen beginnen.

Ich hätte hier, wenn ich unbedingt bei dem Realistischen hätte bleiben wollen, ein Grammophon zeigen können. Ich habe es nicht getan, denn gerade die Operette muß so leicht und so flüssig in ihrer Handlung und in ihren Melodien sein, daß man zwar bei der handlungsgemäßen Linie nicht nach einem »Warum« und »Weshalb« fragt.

Hier ist die Möglichkeit geboten, den Dialog durch die musikalische Erklärung zu steigern. Diese musikalische Erklärung einer Szene besteht daran, daß wir den Dialog, den die Menschen führen, in der Musik thematisch steigern, um so die optische Situation zu erklären und zu verstärken.

Zu allen diesen Dingen kommt die musikalische und tonliche Freiheit, die sich aus dem Begriff einer Operette ergibt.

Trotzdem muß man so dezent, so unaufdringlich wie irgend möglich im Gebrauch dieser Mittel sein, denn es fallen natürlich bei einer Tonfilm-Operette die Extempores der Schauspieler weg, die oft den Erfolg eines Stückes bedingen.

Die Tonfilm-Operette ist ein weiterer schlagender Beweis für die Notwendigkeit des Tonfilms; ohne jedoch etwa die Bühnenoperette in irgendeiner Weise zurückdrängen zu wollen, gibt natürlich der Tonfilm die Möglichkeit, in weit stärkerem Maße Melodien volkstümlich zu machen und alte Volkslieder zu neuem Leben zu erwecken.

Er wird schon allein durch die Freiheit, die er in der Wahl seiner Schauplätze hat, einen ganz anderen Weg gehen als die Bühnenoperette.

Er wird aber das werden, was uns vorschwebt, ein richtiger Beitrag zur Vertiefung der Ausdrucksmittel des Films überhaupt.

Film-Kurier, Nr. 29, 1.2.1930

»EINE NEUE KUNST«
TON-KURZFILME

»Und Nelson spielt ...«

1929. DE. »Und Nelson spielt ...«.
Eine Tonfilm-Schlager-Revue
(»And Nelson plays ...«)
Regie: Hans Conradi.
Entwurf: Hans H. Zerlett.
Kamera: Paul Holzki.
Bauten: Erich Czerwonski.
Tonkamera: Karl Brodmerkel.
Musik: Rudolf Nelson.
Musikalische Leitung: Marc Roland;
Ausführung: Weintraubs Syncopators.
Musik-Titel: »Wenn du meine Tante siehst, ich laß sie grüßen«, »Little Baby«.
Mitwirkung: Rudolf Nelson (Pianist), Willi Schaeffers, Jenny Steiner (Sängerin), Walter Joseph (Pianist), Mady Christians, Weintraubs Syncopators (Orchester).
Produktion: Tobis-Industrie GmbH (Tiges), Berlin;
für: D.L.S. Deutsches Lichtspiel-Syndikat AG, Berlin.
Länge: 12 min, 338 m.
Format: 35mm, s/w, 1:1.19, Tobis.
Zensur: 26.2.1929, B.21794, Jf.
Uraufführung: 14.3.1929, Berlin (Mozartsaal).
— Kurz-Spielfilm.
Kopie: Friedrich-Wilhelm-Murnau-Stiftung, Wiesbaden (DCP)

Und Nelson spielt ..., eine Schlager-Revue aus [Rudolf] Nelsons gesammeltem Repertoire. Kameramäßig außerordentlich wirksam aufgenommen, im Tonlichen auf sichere Effekte abgestimmt, liebenswürdig, einprägsam – dieser Tonfilm wird in den Kinos seine Freunde finden. Insbesondere in der Provinz, die das großstädtische Kabarettleben nicht aus so intimer Nähe kennt, wird dieser Tonfilm mit seiner erstklassigen Besetzung und mit seiner effektvollen photographischen und akustischen Aufmachung große Wirkung ausüben.
(P. M. [= Paul E. Marcus]: Neue Tobis-Filme, Lichtbild-Bühne, Nr. 63, 15.3.1929).

Hier ist nicht nur der Ton bereits genußreich, sondern es lassen sich auch bereits Ansätze erkennen, daß der Tonfilm als solcher dem stummen Film Einfallsmöglichkeiten und Bildpointen voraus hat.
So hat man in das Spielen einer Jazz-Kapelle für wenige Meter das rhythmische Tippen einer Schreibmaschine hineingeschnitten. Ein paar Szenen weiter wird das Brausen eines Zuges tonlich verwandt.
Ebenso zerlegt man den Textrefrain eines Schlagers in kurze Szenen: Eine grölende verliebte Köchin, ein brüllender Zeitungsjunge, ein pathetischer Richter. Der Eindruck ist: Hier hat man eine neue Kunst vor sich.
(Georg Herzberg: Neue Tobis-Filme, Film-Kurier, Nr. 65, 15.3.1929).

Wer einen wirklich guten und originellen Tonfilm sehen und hören will, besuche in diesen Tagen das Bavaria-Theater am Elisenbrunnen. Die Mängel, die heute zum Teil noch der tonlichen Wiedergabe anhaften, sind bei dem Tonfilm *Und Nelson spielt ...* nahezu gänzlich beseitigt. Dabei ist die Idee so originell, daß man den Film gesehen haben muß. Nelson sitzt am Flügel und eröffnet den Sketch, der revueartig vorüberwirbelt und besonders im Tonlichen außerordentlich vielseitig und gut ist. Die verschiedensten Kapellen mit den verschiedensten Instrumenten (sogar eine Schreibmaschine und ein Eisenbahnzug wirken »musikalisch« mit) übernehmen abwechselnd, fast unmerklich die Melodie, sind natürlich auch im Bilde festgehalten. Daß Gesang und Tanz dabei nicht fehlen, ist selbstverständlich; ein Grotesk-Tanz ruft sogar stürmische Heiterkeit hervor.
(J. H.: Bavaria-Theater am Elisenbrunnen, Aachener Anzeiger, 2.7.1929).

1931. DE. Kabarett-Programm Nr. 1
Regie: Kurt Gerron.
Kamera: Werner Brandes, Karl Puth.
Bauten: Rudi Feld.
Ton: Werner Goldbaum.
Musikalische Leitung: Hans Sommer.
Musik-Titel: »Es muß Abend sein«, »Vielleicht bist Du«.
Darsteller: Willi Schaeffers (Conférencier);
Gesang: Marcel Wittrisch (Berliner Staatsoper).
Tanz: Genia Nikolajewa. —
Sketch »Bitte um Auskunft«: Fritz Beckmann, Hans Wassmann, Otto Wallburg. —
Schlager »Es muß Abend sein«: Siegfried Arno, Trude Berliner. —
Schlager-Novum: Kapelle Dajos Béla.
Produktion: Universum-Film AG (Ufa), Berlin.
Produktionsleitung: Bruno Duday.
Länge: 24 min, 662 m.
Format: 35mm, s/w, 1:1.19, Tobis-Klangfilm.
Zensur: 1.6.1931, B.29121, Jf.
Uraufführung: 5.6.1931, Berlin (U.T. Kurfürstendamm).
— Kurz-Spielfilm.
Kopie: Bundesarchiv (35mm)

Es handelt sich [...] um eine neue Art des Beiprogramms, die im Prinzip nichts anderes ist als ein komprimierter Varietéteil, nur mit dem Unterschied, daß es in dieser Zusammenstellung keinen Versager gibt, sondern nur ausprobierte, erfolgreiche Schlager, die außerdem geschickt auf ein Minimum verkürzt sind.
In dieser ersten Ausgabe hört man eine witzige, liebenswürdige, pointenreiche Conférence von Willy Schaeffers, läßt sich gern von Marcel Wittrisch etwas vorsingen.
Amüsiert sich über das Duett von Siegfried Arno und Trude Berliner und kommt nicht aus dem Lachen bei einem ausgezeichneten Sketch, in dem neben dem vielseitigen immer originellen Otto Wallburg noch Hans Waßmann und Fritz Beckmann glänzen.
Den Abschluß dieses Kabaretts bildet Dajos Réla, der eine fesche, wirksame, gut durchgearbeitete Phantasie über den Paso doble »Laß mich deine Carmen sein« mit all seinem Charm, seiner musikalischen Kombinationskunst und mit seinem Harmonienreichtum hinlegt.
(Kinematograph, Nr. 129, 6.6.1931)

Ein böser Irrtum. Stellen Sie sich ein paar ganz mittelmäßig gemachte, inhaltlich sehr langweilige Gesangs- und Tanzszenen vor, und nehmen Sie weiter an, daß diese Szenen höchst mittelmäßig und langweilig abfotografiert wurden. Dies zusammengenommen das Kabarett der Ufa; die Ufabesucher im Reiche werden einen merkwürdigen Begriff vom Niveau der Berliner Brettlkunst bekommen. Selbst [Otto] Wallburg versagte in einem Sketch, den man weit besser im richtigen Kabarett gesehen hatte. So geht's nicht. Tonfilm ist kein fotografiertes Theater, das haben inzwischen alle begriffen – Tonfilm ist aber auch ebensowenig fotografiertes Kabarett.
(H. P. [= Heinz Pol],
Vossische Zeitung, 7.6.1931)

WILHELM THIELE: PANTOFFELHELDEN UND DIE BEGIERDEN DER FRAUEN

VON JAN-CHRISTOPHER HORAK UND ANDREAS-BENJAMIN SEYFERT

Mit dem Aufkommen des Tonfilms erfasste Wilhelm Thiele das Wesen des Films als ein populäres Massenmedium. Er war der Regisseur drei der kommerziell erfolgreichsten Tonfilme der Weimarer Republik: LIEBESWALZER (Nr. 2 in der Saison 1929–30), DIE DREI VON DER TANKSTELLE (Nr. 1 in der Saison 1930–31) und DIE PRIVATSEKRETÄRIN (Kassenschlager 1930–31). Außerdem inszenierte er eine weitere Reihe Erfolgsfilme, die ihn mindestens zum Miterfinder der europäischen Tonfilmoperette machten.

Unter der Schirmherrschaft von Paul Davidson war Thiele als Dramaturg und Drehbuchautor zur Ufa gestoßen. Zum Ende der 1920er Jahre machte er sich einen Namen als Spezialist für leichte Komödien – Ufa-Filme mit bekannten Stars, die, obwohl sogenannte Mittelfilme, stets Erfolg versprachen. Damit gehörte Thiele Anfang der 1930er Jahre zur ersten Garde der Filmregisseure in Berlin und Paris. Mit einem Langzeitvertrag bei der Ufa brauchte Thiele sich niemals Sorgen um seinen nächsten Film zu machen, auch nicht, nachdem er sich 1931 selbstständig gemacht hatte, d. h. bis Dr. Joseph Goebbels und die Nazis ihm als Jude 1933 Berufsverbot auferlegten. 1934 kam er im Hollywooder Exil an, ohne Kontakte, Vertrag oder Ruf. Nun musste er sich zu einem Hans-Dampf-in-allen-Gassen entwickeln, um überhaupt wirtschaftlich überleben, geschweige denn künstlerisch arbeiten zu können.

Mit LIEBESWALZER, wie Michael Wedel an verschiedenen Stellen ausgeführt hat [siehe S. 14], gelang es Wilhelm Thiele (und dem Ufa-Produktionsteam um Erich Pommer), eine neue ästhetische Form zu entwickeln: die der Tonfilmoperette, welche die rein illustrative Funktion der Musik im Stumm- und frühen Tonfilm erweiterte, um Dialog und Gesang, Musik und Geräusch in einer fließenden, übergangslosen Erzählung zu verflechten. Gerade durch die Musik und den Gesang wird die filmische Handlung vorangetrieben, eben wie in der klassischen Oper bzw. Operette, aber in diesem Fall bereichert um Schlager- und Populärmusik, die synergistisch auch den Schallplattenmarkt animierte. So wurden z. B. die Songs »Du bist das süßeste Mädel der Welt« (aus LIEBESWALZER) und »Ein Freund, ein guter Freund« von →*Werner Richard Heymann* Hits, die im Jahr 1930 auf Schallplatten und in den Tanzcafés allgegenwärtig zu hören waren, interpretiert von den Comedian Harmonists bis zu Harry Jacksons Tanz-Orchester. Dass es sich bei diesen Tonfilmoperetten um etwas ganz Neues handelte, erkannten sogar die Amerikaner; in einer Besprechung von DIE DREI VON DER TANKSTELLE schreibt ein Kritiker: »Music, rhythm and dancing combine to make a graceful, harmonic unity.«

Mit DIE PRIVATSEKRETÄRIN wechselte Thiele von der Ufa zur Greenbaum-Film, womöglich weil er Probleme mit Erich Pommer hatte, wie er später in einem Interview zugab. Der Wechsel bedeutete, dass Thiele nicht mehr die großzügigen finanziellen Mittel zur Verfügung standen, wie noch bei der Ufa. Dennoch überzeugte der Film durch seinen Humor, vor allem Felix Bressarts Spiel und einfallsreiche Kameraführung und Schnitt. Die Komödie um eine Sekretärin, die sich nicht von ihrem Chef verführen lässt, bis er ihr einen Heiratsantrag macht, wurde gleich in vier Sprachen gedreht. Auch die ästhetische Strategie blieb erhalten, da Thiele vier von →*Paul Abraham* und →*Robert Gilbert* verfasste Schlager in die Handlung einfügte, von denen das von Renate Müller gesungene Lied »Ich bin ja heut' so glücklich« zu einem Riesenhit wurde.

Mit Dolly Haas in der deutschen Version und der von Thiele entdeckten 14-jährigen Danielle Darrieux in der französischen Version von DE BALL/LE BAL setzt Thiele erfolgreich auf die sentimentale Sicht der Kindfrau, die sich in ihrer neureichen Umgebung unwohl fühlt und danach trachtet, ihre Familienverhältnisse wieder zurechtzurücken. Auch hierfür komponierte W. R. Heymann Schlager (mit Texten von Robert Gilbert) wie »Puppenlied« und »Einmal sucht jeder die Straße nach dem Glück!«, während Thiele den hauchdünnen Stoff durch Charme, Humor, Tanz und Sinn für Stil zu einem kurzweiligen Kinoerlebnis verarbeitete. Thieles zweite französische Ehekomödie MADAME HAT AUSGANG hatte einen ähnlichen Erfolg, vor allem bei ihrer Premiere in Wien, der Geburtsstadt der Hauptdarstellerin Liane Haid.

Hier lieferten Ralph Erwin und Robert Gilbert den aktuellen Schlager »Mein Herz hat heut' Besuch«, gesungen von Hans Brausewetter.

Wilhelm Thieles zentrale Stellung in der Entwicklung der deutschen Tonfilmoperette, welche er mit Filmen wie LIEBESWALZER, DIE DREI VON DER TANKSTELLE, DER BALL und MADAME HAT AUSGANG etablierte, steht im Gegensatz zu seinem Ruf in den historischen Quellen. Dabei spielt das bis vor kurzem fortwirkende Vorurteil der deutschen Filmkritik gegen die »leichte Muse« bzw. kommerzielle Filmgenres eine Rolle. So bezeichnete Lotte Eisner DIE DREI VON DER TANKSTELLE als »äußerst schwerfällig« und »die Flut von Operetten« als Desaster, das nur noch von dem noch größeren Desaster der »Musikfilme« – Filmbiografien von Musikern und Komponisten – übertroffen wurde. Siegfried Kracauer gab zu, DIE DREI VON DER TANKSTELLE sei »ein neuer Typus Operette«, welche in Europa Massenerfolge feiere, aber das New Yorker Publikum nicht überzeuge; er machte Thiele das zweifelhafte Kompliment, er sei ein »Meister attraktiver Machwerke«. Die Vernachlässigung Thieles durch angloamerikanische Filmhistoriker liegt womöglich daran, dass sie ihn nicht als *Auteur* identifizierten, der einen persönlichen Stil, inhaltliche Obsessionen und eine B-Film-Karriere in Hollywood hatte. Erst mit dem Aufkommen einer feministischen Filmkritik in den letzten Jahren erfuhr Thieles Arbeit eine Aufwertung.

Thieles sentimentale musikalischen Komödien wurden adressiert an und rezipiert von einem weiblichen Publikum, sowohl in Deutschland wie in Amerika, welches sie wegen ihrer Romantik und Familienwerte zu schätzen wusste. Anstatt als Macho-Filmmacher draufgängerische männliche Protagonisten in den Mittelpunkt zu stellen, bevorzugte Thiele eher schwache, verweiblichte Männer, die von tatkräftigen und selbstständigen Frauen vereinnahmt werden. Die lange Reihe junger Frauen, die Thieles Geschichten prägen, begann mit Lillian Harvey in ADIEU MASCOTTE (1928), LIEBESWALZER und DIE DREI VON DER TANKSTELLE und wird fortgesetzt mit Renate Müller in DIE PRIVATSEKRETÄRIN (1931) und MÄDCHEN ZUM HEIRATEN (1932), Dolly Haas und Danielle Darrieux in DER BALL, Liane Haid in MADAME HAT AUSGANG, Dorothy Lamour in THE JUNGLE PRINCESS, Virginia Weidler in BAD LITTLE ANGEL (1939), bis hin zu Christine Kaufmann and Sabine Sinjen in DER LETZTE FUSSGÄNGER (1960) und SABINE UND DIE HUNDERT MÄNNER (1960).

Wilhelm Thiele

Auch wenn das Heiraten oder die Stabilisierung der Ehe das Endziel dieser Protagonistinnen ist, diese Frauen stellen die Agenden, gehen ihren eigenen Ambitionen und Sehnsüchten nach und umschmeicheln und provozieren ihre männlichen Objekte der Begierde, um sie dorthin zu bringen, wo sie sie haben wollen.

Dagegen bleiben die Männer bei Thiele androgyn. Seien es die etwas feminin wirkenden Schauspieler Willy Fritsch, Hermann Thimig, Hans Brausewetter und Lew Ayres, seien es die asexuellen Frank Morgan oder Heinz Erhardt, Thieles Protagonisten sind niemals Machomänner oder tatkräftige Naturburschen, wie sie in männlichen Genres erscheinen. Die Mannsbilder in Thieles deutschen und amerikanischen Filmen sind eher Schwächlinge und Pantoffelhelden, die den aktiven Bemühungen der Frauen passiv gegenüberstehen, oft infantil, den begehrenden Frauen aus dem Weg gehend, während es die Frauen sind, die die Erzählung aktiv vorantreiben. Thieles Filme bleiben also realitätsferne Filmmärchen, die weibliche Begierde zum Ausdruck bringen, deswegen aber von der männlichen Filmkritik verhöhnt wurden. Vom großen Zauber des Kinos fasziniert, hatte Thiele weder Angst vor Sentimentalität, noch vor leichten Komödien mit Musik, die es ihren Rezipierenden erlaubten, in den Traum einer sorglosen Welt einzutauchen, ohne sie vergessen zu lassen, dass sie in einem dunklen Kino saßen, bevor sie in die Alltagsrealität außerhalb des Kinos zurückkehrten.

THEMA | FILME MIT MUSIK – EINFLÜSSE UND AUSPRÄGUNGEN
VON JÖRG SCHÖNING

Auf den Umstand, dass die Tonfilmoperette »schon rein quantitativ die deutsche Produktion der Jahre 1930–1933 beherrscht«, hat vor zwanzig Jahren Thomas Koebner im Sammelband »Diesseits der ›Dämonischen‹ Leinwand« (edition text+kritik, 2003) hingewiesen. Auch in der Filmgeschichtsschreibung ist die Beschäftigung mit ihr dominant – wie im Literaturverzeichnis auf Seite 156 dieses Bands ersichtlich. Üblicherweise werden ihr allerdings auch »Filme mit Musik« zugeschrieben, die sich weniger an Stil und Stoffen der Operette orientierten, sondern ihre Inspiration aus anderen Quellen bezogen.

Der ihr vorauseilende Sängerfilm setzte – nach dem Erfolg des Jazzsängers und Schallplattenstars Al Jolson im frühen US-Tonfilm THE JAZZ SINGER (1927, Alan Crosland) auch in Deutschland – auf die Popularität beliebter »Belcanto«-Sänger. Der Kammersänger Richard Tauber gründete sogar eine eigene Filmgesellschaft, um am Filmgeschäft zu partizipieren. Selbstverständlich sang er seine Partien selbst: im Prostituiertendrama ▫ ICH GLAUB' NIE MEHR AN EINE FRAU (1929/30), in dem er auf den »Neutöner« →Paul Dessau als Musikalischen Leiter traf, ebenso wie in DAS LOCKENDE ZIEL (1930). Nicht anders verhielt es sich mit dem Star-Tenor Jan Kiepura in DIE SINGENDE STADT (GB/DE 1930) und in Joe Mays EIN LIED FÜR DICH (1932/33) – berühmt für Kiepuras Gesangsauftritt in einem Wellenbad. Der Kammersänger Marcel Wittrisch hingegen »lieh« seine Stimme Emil Jannings (in LIEBLING DER GÖTTER, 1930) und späterhin anderen Schauspielern, ehe er 1934 in DIE STIMME DER LIEBE erstmals als Hauptdarsteller selbst vor die Kamera trat.

An seinen Höhepunkt gelangte dieses Sub-Genre mit den von Richard Oswald inszenierten Filmen um den Gesangsstar Joseph Schmidt: in ▫ EIN LIED GEHT UM DIE WELT (1933), in dem die physische Erscheinung des Vortragenden selbst zum Thema wurde, und den anschließend im Exil hergestellten Filmen WENN DU JUNG BIST, GEHÖRT DIR DIE WELT (A 1933), HEUT' IST DER SCHÖNSTE TAG IN MEINEM LEBEN (A 1936) sowie dem englischen Remake MY SONG GOES ROUND THE WORLD (GB 1934). Hier intonierte Joseph Schmidt neben dem jeweils neu geschaffenen Titel-»Schlager« auch Teile seines bewährten Repertoires, darunter Schuberts Kunstlied »Am Brunnen vor dem Tore«, den neapolitanischen Evergreen »Santa Lucia« sowie Arien von Giacomo Meyerbeer und Johann Strauß.

Während der Sängerfilm immer auch dramatisches, wenn nicht gar tragisches Potenzial besaß, konzentrierten sich musikalische Lustspiele in ihren unterschiedlichen Ausprägungen auf leichtgewichtige Unterhaltung. »Wien, Wein, Weib & Gesang« bestimmte Richard Oswalds musikalische Filmposse ▫ WIEN, DU STADT DER LIEDER (1930). Dabei orientierte sie sich unter Beteiligung gleich mehrerer deutschsprachiger Mundartkomiker – unter ihnen der an Berliner Bühnen erfolgreiche Wiener →Paul Morgan – an den Volksstücken des in Berlin zuvor erfolgreich gewesenen österreichischen Stückeschreibers Gustav Kadelburg (1851–1925), der u. a. am Libretto der Wiener Operette »Alt-Wien« (1911, Musik: Joseph Lanner) beteiligt gewesen war.

Aus dieser vergangenen Epoche stammte auch die Drehbuchvorlage für den musikalischen Filmschwank ▫ DIE SCHWEBENDE JUNGFRAU (1931), dem das gleichnamige, 1915 uraufgeführte Bühnenstück der Berliner Lustspiel-Routiniers Arnold und Bach zugrunde lag. Unter der Regie des Berliner Komödienspezialisten Carl Boese konnten Künstler mit k.u.k.-Herkunft wie der Komponist Michael Eisemann und sein Liedtexter →Fritz Löhner-Beda sowie der Kabarett-Komiker Szöke Szakall dem derben Bühnenklamauk auf der Kinoleinwand zu ansprechender Komik verhelfen.

> »Als eine das Sub-Genre verfeinernde Inspirationsquelle erwiesen sich schließlich auch die Mehrsprachenproduktionen«

Als eine das Sub-Genre verfeinernde Inspirationsquelle erwiesen sich schließlich auch die Mehrsprachenproduktionen mit ihren internationalen Drehbuchvorlagen, Darstellern und Adressaten. So überzeugte →Wilhelm Thieles in französischen Ateliers gedrehtes, sozial basiertes und mit Anspielungen auf René Clairs

Ein Lied geht um die Welt (Werkfoto mit Ernst Pistulla, Joseph Schmidt, Richard Oswald, Viktor de Kowa)

durchschlagenden Tonfilmerfolg SOUS LES TOITS DE PARIS (1930) durchsetztes Singspiel ▢ MADAME HAT AUSGANG (1931), dem eine französische Boulevardkomödie, »L'Amoureuse aventure« (1929), zugrunde lag, durch Eleganz und erotische Ausstrahlungskraft.

Anregungen seitens der Avantgarde lassen sich in der Super-Film-Produktion ▢ DER HERR AUF BESTELLUNG (1930) ausmachen, in der das kakanische Dreamteam Geza von Bolvary (Regie), Walter Reisch (Buch), Robert Stolz (Musik) sowie →Willi Forst (Darstellung und Gesang) die Filmburleske unter Einsatz entfesselten Slapsticks ins Groteske steigerte, was den Kritiker Hans Feld zum begeisterten Ausruf animierte: »Damit wird die Auflösung der Film-Operette vollzogen«.

Max Ophüls' Langfilmdebüt▢ DIE VERLIEBTE FIRMA (1931/32) karikierte dann bereits das eigene Metier und Genre, indem die Dreharbeiten zu einer Tonfilmoperette den Hintergrund der Filmhandlung bilden. Wie sehr Ophüls, der anschließend auch mit der Opernverfilmung DIE VERKAUFTE BRAUT (1932, »frei nach Smetana«) reüssierte, in seiner Tonfilmsatire avantgardistischen Strömungen zugetan war, demonstrierte bereits der Filmvorspann, in dem die konsequente Kleinschreibung zur Anwendung kam, wie sie das Bauhaus in Weimar praktizierte und propagierte.

1930 | WIEN, DU STADT DER LIEDER

1930. DE. Wien, du Stadt der Lieder
Regie: Richard Oswald.
Buch: Ernst Neubach;
Mitarbeit: Paul Morgan, Max Ehrlich.
Kamera: Friedl Behn-Grund, Paul Holzki.
Bauten: Franz Schroedter.
Maske: Alfred Lehmann, Adolf Arnold.
Ton: Hermann Stoer.
Tonleitung: Guido Bagier.
Tonkünstlerischer Beirat: Hans Conradi.
Musik: Hans May.
Liedtexte: Ernst Neubach.
Musik-Titel: »Du kannst mir mal für'n Sechser«, »Euch kann keener«, »Ich hab' kein Auto, ich hab' kein Rittergut«, »Ja, dort im Liebhardstal«, »Ohne Dich kann ich nicht leben, herrliches Mädchen«, »Wat denn, wat denn«, »Wien, du Stadt der Lieder«.
Darsteller: Charlotte Ander (Steffi), Paul Morgan (Pokorny, Schneidermeister), Igo Sym (Pepi, sein Sohn), Max Hansen (Burgstaller, Fleischermeister), Siegfried Arno (Ferdinand, Zahlkellner), Paul Graetz (Piefke, Reisender aus Berlin), Max Ehrlich (Cäsar Grün, Zeitungssetzer), Sigi Hofer (Ignaz Korn), Dora Hrach (Emilie, seine Frau), Irene Ambrus (Ilona, Verkäuferin), Grete Natzler (Frau Bock, Cafétiere), Gustl Stark-Gstettenbaur (Gustl, Pikkolo), Luigi Bernauer (Natursänger).
Produktion: Richard Oswald-Produktion GmbH, Berlin.
Produzent, Produktionsleitung: Richard Oswald.
Drehzeit: Ende Januar – Anfang März 1930.
Drehort: Ufa-Ateliers Neubabelsberg.

Steffi, Tochter des Musikalienhändlers Korn, und Pepi, singender Sohn des Schneiders Pokorny, sind heimlich verlobt. Steffis Vater wünscht sich indessen den Metzger Burgstaller zum Gatten seiner Tochter. Im Zuge dieser »Familienplanung« teilen sich Korn und Burgstaller ein Lotterielos. Als der mit Burgstaller verfeindete Schriftsetzer Grün in der Zeitung die Falschmeldung platziert, auf ihre Nummer sei der Hauptgewinn gefallen, stürzen sich die vermeintlichen Glückspilze in hohe Schulden. Beim Heurigen wird der kommende Reichtum in großer Runde gebührend gefeiert. Doch am nächsten Morgen kommt mit dem Kater auch die Wahrheit ans Licht.

DER FILM IM RUNDFUNK ...
Am Freitag nachmittag um 4 Uhr wird der Berliner Rundfunk seinen Hörern erstmalig eine Reportage aus einem Tonfilm-Atelier bringen. Zum Anlaß wird der Richard-Oswald-Tonfilm WIEN, DU STADT DER LIEDER genommen, der in seinem augenblicklichen Szenenstadium am Freitag nachmittag, von Stefan Lorant den Rundfunkhörern konferiert, gesendet wird.

Richard Oswald inszeniert eine akustisch interessante Szene – Wiener Heurigen – auf dem sich sämtliche Dialekte – gesprochen von Paul Graetz, Siegfried Arno, Max Hansen, Sigi Hofer, Paul Morgan und Max Ehrlich – treffen werden.

Film-Atelier per Rundfunk
Film-Kurier, Nr. 45, 20.2.1930

... UND AUF SCHELLACKPLATTE
Max Hansen, der hier zum ersten Male im Tonfilm spielt, singt und spricht, macht im Verlauf der Handlung in Versen von Ernst Neubach, vertont von Hans May, abwechselnd Charlotte Ander und der blauen Donaustadt Wien folgende sehr ernst zu nehmenden Geständnisse:

»Ohne dich kann ich nicht leben, herrliches Mädchen ...«
Mädchen, wenn du ein Herz hast, mach meinem Schmerz ein End!
Mädchen, mir bricht das Herz fast,
wenn ich denk, daß dich ein andrer mir wegholen könnt!
Ohne dich kann ich nicht leben, herrliches Mädchen!
Ohne dich hat dieses Leben gar keinen Zweck!
Komm mit mir nach einem abgelegenen Städtchen.
Pack die Koffer, Schatz, wir fahren heute noch weg.

»Wien, du Stadt der Lieder«
Wien, du Stadt der Lieder
Märchenstadt der Lieder
Wo die Wiege stand von Schubert und Strauß
Wo die Tränen und das Lachen zu Haus.
Wien, du Stadt der Lieder

Luigi Bernauer

Max Hansen, Maria Paudler, Igo Sym

Blüht im Lenz der Flieder
Zieht mein Herz mich immer wieder zu dir hin
du mein Wien, mein liebes Wien.

Max Hansens neueste Tonfilm-Schlager
Film-Kurier, Nr. 65, 13.3.1930; im Vorgriff auf: Max
Hansen mit Paul Godwins's Jazz-Symphonikern: »Wien,
du Stadt der Lieder / Ohne dich kann ich nicht leben«
(H. May/Neubach), Deutsche Grammophon, Katalog-Nr.
B 43104 (Elektrische Aufnahme, 78rpm)

SOUNDCHECK

Das Titellied »Wien, du Stadt der Lieder« läßt Dreivierteltakt und die charakteristischen Terzen- und Sextenführung erwarten. Aber es geht in vier Achteln und fällt auch weiterhin nicht aus dem Rahmen des Zeitschlagers. Der Liebhaber [Igo Sym] verrät seinen Musikerberuf nur durch ein paar Takte, die er auf der singenden Säge spielt, einer Vorrichtung, welche man in Wien mit Recht als Musikinstrument ablehnt. Ansonsten wird in dieser Tonfilmposse sehr viel und sehr gut gesprochen und musiziert […]. Was hier an sprachlichen, vokalen und instrumentalen Kostproben wimmelt, verheißt einen vollen Erfolg beim Publikum.

ps.: Wien, du Stadt der Lieder
Lichtbild-Bühne, Nr. 77, 31.3.1931

KRITIKEN

Es fängt sehr lustig an: Max Ehrlich erscheint im Bild und plaudert von dem kommenden Film, Paul Morgan kommt dazu, es entspinnt sich ein Wortwechsel, der damit endet, daß beide das Personenverzeichnis des Stücks aufsagen. […] Was der Regisseur Richard Oswald hier bringt, ist eine Tonfilmposse. Etwas zum Lachen. Vollgepfropft mit allerlei Situationskomik, erfüllt von ulkigen Einfällen und Späßen. Humoristische Unterhaltung.

Wien, du Stadt der Lieder
Deutsche Allgemeine Zeitung, 5.4.1930

Länge: 101 min, 2752 m.
Format: 35mm, s/w, 1:1.19, Tobis-Klangfilm / Nadelton.
Zensur: 24.3.1930, B.25457, Jf.
Uraufführung: 3.4.1930, Berlin (Universum); 19.4.1930, Wien (Busch-Kino).
— Titel in Österreich: »Donauwellen«.
— Prädikat: Künstlerisch.
— »100% Sprech- und Gesangposse«.
— Am 21.2.1930 sendete die Berliner Funkstunde eine Rundfunk-Reportage von den Dreharbeiten in Babelsberg.

Kopie: Bundesarchiv (35mm)

1930 | WIEN, DU STADT DER LIEDER

Paul Morgan, Siegfried Arno, Gustl Stark-Gstettenbaur (hinten)
Max Ehrlich, Max Hansen, Paul Graetz, Sigi Hofer (vorn)

Einer meint: Der Wiener Humor sei eine Berliner Erfindung.

Der Mann hat nicht so unrecht. Es wird hier weniger Nestroy als Kadelburg gespielt. »Das Fest der Handwerker«, »Das große Los«, »Guten Morgen, Herr Fischer«, »Das weiße Rößl« – das Possenrepertoire der Vorstädte unserer Großväter ist hier für Schauspieler textlich unbedenklich zurechtgelegt; auch dramaturgisch ohne Skrupel – die Enttäuschung der angeblichen Großes-Los-Gewinner wird in einigen Szenen recht linkisch zum eiligen Ende abgebogen.

Aber eine erfreuliche Seite hat Oswalds Film sicher noch: Daß er mit der Posse bei der Posse bleibt, daß er von Bühne und Literatur 1000 Kilometer entfernt steht – obwohl er fast nur mit Bühnensprechern arbeitet.

Die Schau-Sprecher tummeln sich in Possenlaune. Das steckt an.

Durch die Lachstimmung, die durch den Film geht, für manchen Geschmack vielleicht sogar allzu forciert und mit einem Ha-Ha-Ha-Gekitzel um jeden Preis serviert – wird all' die Mühe und jeder Beigeschmack von »Technik« zugedeckt.

So ergibt sich ein Lachfilm.

Mit der Musik hat er viel Glück. Hans May fand endlich das richtige Betätigungsfeld. Er mixte zwei wirkliche Schlager: »Wien, du Stadt der Lieder« und »Ohne dich kann ich nicht leben«.

Wenn Hansen und Luigi Bernauer sie kreieren, gibt es rasenden Beifall. […]

Die Handlungs-Situationen erzählen? Unnötig. Genug gesagt, wenn man feststellt, daß es auf dem Heurigen wie im Fleischerladen, beim Instrumentenhändler wie beim Schneider, im Kaffeehaus wie in der Bar – kurios und tumultuös genug zugeht, um das Publikum zwei Stunden lang zu amüsieren.

E. J. [= Ernst Jäger]: Wien, du Stadt der Lieder
Film-Kurier, Nr. 77, 29.3.1930

»Weanerisches«, durch das Ooge des Berliners gesehen, ist jetzt die neueste Tonfilmmode. Da ist der berühmte Heurige, der Stimmungssänger, die Gemütlichkeit und das patschweiche Herz. Da ist alles, was man sich so in Berlin unter der »alten Kaiserstadt« vorstellt. Mehr weiß man vermutlich von uns nicht, deshalb wird das Wenige immer wieder auf die Leinwand gebracht. In den DONAUWELLEN, die stellenweise recht träge und langweilig dahinplätschern, geschieht das auf die denkbar platteste Art. Einige Szenen ganz auf Wortwitze, auf ältere und jüngere Späße gestellt, wären vielleicht wirklich unterhaltsam, wenn man die Darsteller, wenigstens ab und zu ein Wort, verstehen könnte. Leider ist das niemals der Fall. Eine richtige Handlung gibt es nicht […]. Dazwischen wird viel geküßt und noch mehr gesungen. […] Richard Oswald, der Regisseur, sollte sich (ebenso wie alle anderen Berliner

Siegfried Arno, Gustl Stark-Gstettenbaur, Dora Hrach

Tonfilmproduzenten) doch dazu entschließen, die armen, geplagten Donauwellen endlich einmal ruhig ihres Weges schwimmen zu lassen.

Film vom Tage: Donauwellen
Illustrierte Kronen-Zeitung (Wien), 27.4.1930

RETROPERSPEKTIV

Wie sehr WIEN, DU STADT DER LIEDER in allen seinen Gestaltungselementen auf Musik und Gesang abgestellt ist, teilt sich bereits in der Verteilung der insgesamt sechs Gesangsszenen des Films mit, die aus einer Mischung aus von Hans May neu arrangierten Berliner Schlagern und Wiener Operettenliedern bestehen. Gegenüber der ihrerseits musikalisch reich unterlegten Spielhandlung nehmen sie insgesamt etwa ein Viertel des Films für sich in Anspruch, wobei sie das letzte Drittel nahezu vollständig dominieren. Das große Finale ist daher weniger als dramatisches, denn musikalisch-akustisches Ereignis inszeniert: Als lose Folge von Solo-Gesang (Max Hansen, Igo Sym), rezitativem Streit- (Paul Morgan, Max Ehrlich) und groteskem Tanz-Duett (Hansen, Sigi Arno) bot sich die ausufernde Heurigen-Szene nicht umsonst schon bei ihrer Aufnahme im Studio einer Direktübertragung im Rundfunk an.

Michael Wedel: Der deutsche Musikfilm
München: edition text+kritik 2007

HANS MAY – EIN LIED GEHT UM DIE WELT

VON GEOFF BROWN

Als Hans May 1958 starb, wurde in britischen Nachrufen häufig erwähnt, er sei für die Musik in 147 Filmen verantwortlich gewesen. Dabei hatte er allein in der Tonfilmzeit mindestens 100 geschaffen, dazu Hunderte in seinen früheren Jahren als Kapellmeister in Berliner Kinos.

Unbestritten ist, dass sein letztes Werk in Großbritannien entstanden ist, das Melodram THE GYPSY AND THE GENTLEMAN (1957, Dämon Weib), für das er gegen den Willen des Regisseurs Joseph Losey engagiert wurde. In den 1970er Jahren erinnerte sich Losey in einem Interview: »Als ich mit Komponisten sprach, die ich haben wollte, stellte ich plötzlich fest, dass man bereits einen Mann namens Hans May unter Vertrag genommen hatte, einen Ungarn, der schrecklich sentimentale Schnulzen schrieb.«

Diese Beschreibung ist nicht ganz korrekt. May wurde 1886 als Johannes (oder Johann) Mayer in Wien geboren und wuchs in den letzten Jahrzehnten der k.u.k. Monarchie auf, doch sein Herz und ein Großteil seiner Musik waren schon immer ganz wienerisch. Was die »schrecklich sentimentalen Schnulzen« betrifft, so waren sie sicherlich beliebt, oft sentimental, und wurden in den frühen 1930er Jahren durch Schallplatten, Radio und Filme von Joseph Schmidt, Marta Eggerth und vielen anderen verbreitet. Man kann sich leicht vorstellen, dass sie nicht dem Geschmack von Losey entsprachen, einem Regisseur, dem wahrscheinlich Hanns Eislers schmissige Brecht-Vertonungen vertrauter waren. Angesichts der aufgezwungenen Filmmusik verließ Losey THE GYPSY AND THE GENTLEMAN in der Postproduktionsphase.

Aber es gibt keinen Grund, Hans May abzutun, einen Komponisten, der in seinen Leistungen und Stimmungen vielfältiger ist, als ein flüchtiger Blick vermuten lässt. In einer um 1937 verfassten Werbebroschüre hieß es, er »vereine in seiner Musik den Charme des alten Wien mit dem Rhythmus von heute«. Aber wenn auch häufig Walzermelodien und plätschernde Harfen vorkommen, so sollte man auch die Tangos, Foxtrotts und Märsche erwähnen. Er konnte auch knirschende Dissonanzen, spröde Phrasierungen und ein stark zappelndes Solofagott liefern, um das Filmpublikum in Aufregung zu versetzen.

Zunächst war seine musikalische Ausbildung in Wien ganz konventionell: Klavierstudium bei Anton Door, Kompositionsstudium bei Richard Heuberger. Anschließend sammelte May praktische Erfahrung als Pianist, Komponist und Regisseur in den Bereichen Operette, Varieté, Revue und Kabarett. Die Filmarbeit kam in den 1920er Jahren dazu. Er leistete einen Beitrag zu Giuseppe Becces »Kinotheken« mit Musiken zur Filmuntermalung und gab selbst zwei ähnliche Sammlungen heraus. Ebenso bewies er seine Vielseitigkeit als Kapellmeister in Berliner Kinos. In seiner Partitur zu EIN SOMMERNACHTSTRAUM (1924/25, Hans Neumann) mischte er Wagner-Zitate mit Jazz. In DIE LIEBE DER JEANNE NEY (1927, G. W. Pabst) und DIE STADT OHNE JUDEN (1924, Hans Karl Breslauer) fehlten Walzer ganz.

Auch seine deutschen Tonfilme zeigten Abwechslung. Wienerisches dominierte in seinem Tonfilmdebüt WIEN, DU STADT DER LIEDER (1930, Richard Oswald). Doch in seinen Erfolgsfilmen mit Joseph Schmidt erweiterte sich das Liedrepertoire, während es in seinen Dramen und Thrillern entsprechend schrumpfte. Wie →*Werner Richard Heymann* und →*Friedrich Hollaender* war May – wenn auch mit geringerem Publikumserfolg – an frühen Mehrsprachen-Versionen beteiligt und arbeitete 1929/30 an drei Richard-Eichberg-Filmen mit, die in London von British International Pictures (BIP) produziert wurden.

Die Karrierekrise kam mit seinem ersten Joseph-Schmidt-Vehikel EIN LIED GEHT UM DIE WELT (Oswald), das im Mai 1933 uraufgeführt wurde, einen Monat nachdem die nationalsozialistische Filmpolitik begonnen hatte, das jüdische Personal aus der Filmindustrie zu drängen. Wie bei anderen bestand auch Mays erste Reaktion in einer Seitwärtsbewegung, zunächst nach Wien, dann nach Paris. Da er keinen internationalen Erfolg wie DER BLAUE ENGEL (1929/30, Josef von Sternberg) aufzuweisen hatte, blieb der Ruf nach Hollywood ein unerfüllter Traum. Die praktische Lösung bestand 1934 darin, Chancen in Großbritannien wahrzunehmen.

Zwei Entwicklungen kamen May zugute. Eine davon war der Wunsch britischer Firmen, Remakes deutscher Musikfilm-Erfolge zu drehen, darunter auch seine eigenen. Aus DER FRAUENDIPLOMAT (1932, E. W. Emo) entstand 1934 How's

Chances? (Anthony Kimmins), im selben Jahr, in dem Ein Lied geht um die Welt zu My Song Goes Round the World (Oswald) wurde. 1936 erschien in Wien eine Neuverfilmung von Schmidts Ein Stern fällt vom Himmel (Max Neufeld), während The Student's Romance (1935, Otto Kanturek) auf Fred Raymonds Lied und Singspiel »Ich hab' mein Herz in Heidelberg verloren« aus den 1920er Jahren basierte. Auch die vielen anderen Emigranten, die in Großbritannien arbeiteten, darunter Richard Tauber, Richard Oswald, Paul L. Stein und Otto Kanturek, dürften ihm den Übergang erleichtert haben.

Gleichzeitig bildete die schiere Menge britischer Produkte mit europäischem Einschlag Mitte der 1930er Jahre eine Angriffsfläche für Kritiker, die deren ausländischer Natur überdrüssig waren und verlangten, britische Filme müssten britisch sein. 1932 sagte ein Kommentator dem Musical Good Night Vienna von Herbert Wilcox einen großen Erfolg voraus und hoffte zugleich, »Goodnight« bedeute ein endgültiges »Goodbye«. Das sich eintrübende politische Klima trug seinen Teil dazu bei, dass die Mode nicht mehr so gut ankam. Am Ende des Jahrzehnts verschwanden Mays Filmoperetten vorübergehend, und er wurde mehr für seine sparsamen, aber eindringlichen dramatischen Partituren bekannt. Der entscheidende Film war Carol Reeds Bergbau-Drama The Stars Look Down (1939), ursprünglich ein Projekt von Karl Grune; ein Film, der nur spärlich untermalt war, bei dem aber jeder Einsatz, von versprengten Blechbläser-Dissonanzen bis hin zu einem Marsch in Moll mit einem Hauch von Kurt Weill, ihre Wirkung hinterließ.

Der Kriegsausbruch legte Mays Antrag auf britische Einbürgerung von 1939 auf Eis (das Verfahren wurde 1947 abgeschlossen). Aber er arbeitete weiter und lieferte – unterschiedlich gelungen – die Musik für zwei Kriegsdramen der Boulting Brothers: Pastor Hall (1940) nach dem Bühnenstück von Ernst Toller und Thunder Rock (1942). Ähnliche Mischungen aus Auffälligem und Banalem lieferte er auch zu populären Melodramen über aufreizende Damen und Wegelagerer (The Wicked Lady, 1945, Leslie Arliss, Die Frau ohne Herz), eine Serienvergifterin (Bedelia, 1946, Lance Comfort) und andere Geschichten über gestörte Gemüter. Ein weiterer Höhepunkt war Boultings Gangsterthriller Brighton Rock (1947, Brighton Rock), der eine seiner am besten integrierten und subtilsten dramatischen Partituren enthält.

Wien feierte schließlich ein Comeback in Waltz Time (1945, Paul Ludwig Stein, Hochzeitswalzer), der im Wien des frühen 19. Jahrhunderts spielt, mit einem großen wirbelnden Walzerlied, zwei unbeholfenen Cameos von Tauber und einer Handlung, die dünner ist als der Faden eines Spinnennetzes. Die Produktionsfirma British National warb vehement für den Film als willkommene Abwechslung zu Jazz, Swing und den »nervlichen Aufregungen des Kriegs«, und er erwies sich als so populär, dass er May zu weiteren Eskapismus-Trips anregte, auch zu mehreren Bühnenmusicals. Sein bestes Nachkriegswerk lag jedoch im dramatischen Bereich, wie etwa die knappe, atmosphärische Musik von Rough Shoot (1953, Robert Parrish, Schuss im Dunkel), einem Spionagedrama aus dem Kalten Krieg, in dem niemand Walzer tanzt.

Hans May
Thomas Krebs Archive

Spätere gesundheitliche Probleme reduzierten Mays Produktion, aber 1957 gelang ihm ein letzter Versuch. Nach The Gypsy and the Gentleman kehrte er mit dem »musikalischen Lustspiel« Der Kaiser und das Wäschermädel (Ernst Neubach), das im Wien des Jahres 1910 spielt, ein letztes Mal in seine geistige Heimat zurück, wobei »Das Fenster auf«, einer seiner Hits von 1932, eine wichtige Rolle spielte. Nach seinem Tod in den letzten Minuten des Silvestertags 1958 waren die britischen Nachrufe kurz und begannen meist mit dem, was als das Wesentliche in seinem Leben angesehen wurde: seine Komposition von »Ein Lied geht um die Welt«. Es war in der Tat das Lied, das ihm den größten Ruhm einbrachte, auch wenn Mays Wiener Sprachgewandtheit und lyrische Kraft die Welt letztlich nicht für immer verzaubern konnten.

1930 DIE GROSSE SEHNSUCHT

Camilla Horn, Irma Godau

1930. DE. Die große Sehnsucht
Regie: Stefan Szekely [= István Székely].
Dialog-Regie: Paul Henckels.
Buch: Hans H. Zerlett; Emmerich Pressburger (?).
Vorlage: Idee von Stefan Szekely [= István Székely].
Kamera: Mutz Greenbaum.
Standfotos: Otto Stein.
Bauten: Hans Sohnle, Otto Erdmann.
Kostüme: Tichomar [= Tihamér] Varady.
Maske: Alfred Lehmann, Adolf Arnold.
Regie-Assistenz: Laszlo Benedek.
Schnitt: Willy Zeunert.
Ton: Alfred Norkus.
Leitung der Tonaufnahmen: Victor Behrens.
Musik: Friedrich Hollaender, Joe Alex, Frank Strip.
Musikalische Leitung: Paul Dessau.
Liedtexte: Friedrich Hollaender, Karl Brüll, Rudolf Eisner, Erwin W. Spahn.
Musik-Titel: »Alles, was schön ist, hört einmal auf« (Hollaender); »Bleibe bei mir!« (Hollaender); »Ich wünsch mir was« (Hollaender); »Das Mädel hat Sex Appeal« (Alex/Brüll, Spahn); »Lou-Lou« (Strip/Brüll, Eisner).
Künstlerische Beratung: Kurt Bernhardt.
Rundfunkübertragung: Alfred Braun.
Darsteller: Camilla Horn (Eva von Loe, Komparsin), Theodor Loos (Hall, Regisseur), Harry Frank (Paul Wessel, Komparse), Paul Kemp (Mopp, Regieassistent), Paul Henckels (Klieht, Aufnahmeleiter), Berthe Ostyn (Carla Marventa, Schauspielerin), Irma Godau (Mary, Evas Freundin), Anna Müller-Lincke (Frau Bluhmann, Garderobiere),

Ein Blick hinter die Kulissen des Filmgeschäfts, mit vielen Cameo-Auftritten bekannter Stars: Eva hat eine große Sehnsucht, sie möchte gerne ein richtiger Filmstar werden. Obwohl sie nur eine einfache Komparsin ist, erhascht sie im richtigen Moment den Blick des Regisseurs eines großen Films, der gerade im Atelier gedreht wird. Der ist nämlich gerade auf der Suche nach einer neuen Hauptdarstellerin, nachdem sein bisheriger Star durch schlechte Leistungen und zickige Allüren auffiel. Tatsächlich wird Eva für die Hauptrolle verpflichtet. Aber nun muss sie sich entscheiden zwischen der Liebe zu ihrem Freund Paul und dem Leben im Rampenlicht.

KRITIKEN

Lange Zeit liebte man den Zirkus, die Manege. Immer wieder hat man dieses Milieu geschildert, auf Bühne und Leinwand dargestellt. Komödiantenschicksal, Bajazzo-Thema, das war interessant und beliebt, das war Romantik. Noch eins: damals wie jetzt hat der Laie gern hinter die Kulisse geschaut. Er wollte einmal wissen, wie die andere Seite aussieht, die Seite, die er sonst nicht zu sehen bekommt. Ähnlich wie das Kind, das die Puppe von innen ansehen möchte. Der Mensch hat sich nicht geändert. Nur weiß er schon einigermaßen, was hinter der Bühne und in der Artistengarderobe los ist. Jetzt interessiert ihn das Filmatelier und, da er modern ist, das Tonfilmatelier.

Und schon bemächtigt sich der Film und das Theater dieses Stoffes (»Phaea« [Komödie von Fritz von Unruh], Der Schuss im Tonfilmatelier [Kriminalfilm von Alfred Zeisler, beide 1930]). Sehr begreiflich! Denn auch hier ist eine Welt, bunt und amüsant. Denn auch hier sind Menschen, hier gibt's Kampf und Neid, Glück und Pech. Da ist ein alter Komparse. Viele Jahre spielt er seine unbedeutenden kleinen Rollen, eifrig, ordentlich. Er bleibt stets nur ein Komparse. Da ist eine junge blonde Statistin. Ein Zufall lenkt das Auge des allgewaltigen Regisseurs auf sie. Übermorgen ist sie ein Star. So ist das Leben! Und wär »die große Sehnsucht« wirklich ein Film, so wär dies das Thema.

Hier aber ist das Filmatelier nicht viel mehr als ein Rahmen. Die sonderbare Welt der Jupiterlampen und Mikrophone soll nur skizziert werden. Man braucht vor allem einen Schauplatz, um möglichst viele Filmprominente und Publikumslieblinge auftreten zu lassen. Sie alle passieren Revue, Liane Haid, Lil Dagover, Anny Ondra, Maria Paudler, Olga Tschechowa, Adele Sandrock, Kortner, Veidt, Verebes und viele andere. Ein lebendiges Filmalbum also. Die Hauptsache: es tritt auf, wer einen Namen hat. Mit den meisten hat der Drehbuchverfasser (Hans Zerlett) und Regisseur (Stefan Szekely) nichts anzufangen gewußt. Da sind sie plötzlich und sagen mehr oder weniger deutlich ein paar Verlegenheitsworte. Andere geben eine nette kleine Sondervorstellung (Ondra, Verebes, Paudler, Heidemann).

Das bleibt alles ohne Zusammenhang wie die lose aneinandergereihten Darstellungen prominenter Künstler bei einem Wohltätigkeitsfest. Die größeren Rollen werden vorzüglich gespielt. Camilla Horn ist der entdeckte Star, Theodor Loos ein sympathischer Regisseur, Harry Frank der unglückliche Liebhaber, Paul Kemp ein wirklich spaßiger Hilfsregisseur. Dem amüsanten Durch- und

Paul Kemp

Nebeneinander auf der Leinwand klatschte das Premierenpublikum lebhaft Beifall.

*–ap– [= Else Czapski]: Die große Sehnsucht
Vossische Zeitung, 26.8.1930*

Die Vorspannschlange ist am Verenden. Wieder einmal ein Film, der nach dem Haupttitel sofort anfängt. (Was wäre das für ein Vorspann geworden, bei 36 Stars und ebensovielen technischen Mitarbeitern!)

»Die große Sehnsucht« haben alle die vielen kleinen Komparsinnen und Komparsen – nach der großen Rolle. Nach dem Moment, wo das Regisseur-Auge auf ihnen haften bleibt. Nach der Chance, daß es eines Tages Krach mit dem großen Star gibt und über Nacht eine Lücke ausgefüllt werden muß.

Erwin van Roy (Berg, Regisseur), Karl Platen (Fridericus Rex), Ferdinand Bonn (Cornelius), Walter Steinbeck (Filmdirektor), Otto Fassel, Alfred Braun, Ivan Petrovich, Maria Corda, Victor Varconi [= Michael Varkonyi], Ludwig von Wohl, Paul Dessau, Bruno Arno. — *Gaststars:* Betty Amann, Elga Brink, Lil Dagover, Liane Haid, Anny Ondra, Camilla von Hollay, Maria Paudler, Charlotte Susa, Olga Tschechowa, Adele Sandrock, Wilhelmine Sandrock, Gustav Diessl, Paul Heidemann, Karl Huszar-Puffy, Walter Janssen, Fritz Kortner, Franz Lederer, Harry Liedtke, Fritz Rasp, Walter Rilla, Hans Adalbert Schlettow, Luis Trenker, Jack Trevor, Conrad Veidt, Ernst [=

1930 DIE GROSSE SEHNSUCHT

Hinten: Franz Lederer, Walter Rilla, Theodor Loos, Camilla Horn, Fritz Rasp, Walter Janssen
Vorn: Paul Heidemann, Charlotte Susa, Betty Amann, Olga Tschechowa, Maria Paudler, Jack Trevor

Ernö] Verebes, Hans H. Zerlett; The Four Admirals [Die Vier Admirals] (Sänger).
Produktion: Cicero-Film GmbH, Berlin; *für:* Deutsche Universal-Film AG, Berlin.
Produzent: Eugen Tuscherer.
Produktionsleitung: Joe Pasternak, Eugen Tuscherer.
Aufnahmeleitung: Heinz Landsmann.
Drehzeit: 2.7. – 24.7.1930.
Drehort: EFA-Atelier Berlin-Halensee.
Länge: 88 min, 2400 m (Ton) / 9 Akte 2428 m (stumm).
Format: 35mm, s/w, 1:1,19, Tobis-Klangfilm / Nadelton + stumm.

Dankbares Sujet, denn es bringt allgemein Menschliches in dem bunten flirrenden Milieu des Ateliers. Der Stoff ist in seinen Grundzügen »Phäa« nicht unähnlich, er verzichtet aber auf das mit geteilten Gefühlen aufgenommene philosophische Nebenbei. Dafür wird das Mädel nach und nach seinem Bräutigam, dem braven, unbegabten Jungen, entfremdet. Und es gibt für die beiden kein happy ending wie seinerzeit bei dem Metro-Film mit der charmanten Marion Davies [SHOW PEOPLE, USA 1928].

Damals, in Hollywood, spielten Chaplin und Fairbanks als Komparsen. Diesmal gibt es die große Parade deutscher Stars. Alles, was in Berlin war und Zeit hatte, ist dabei. Von A bis V (Amann bis Verebes). Suche Deinen Liebling, und Du wirst ihn finden.

Hans H. Zerlett, der Autor, hat mit wirklichem Geschick für alle diese »Edel«komparsen ein Plätzchen in dem Film geschaffen. Jeder hat ein charmantes Röllchen gekriegt, keiner steht nur daneben, was die Gefahr einer solchen Idee ist. Auch die zweite Gefahr, daß der Film durch die vielen Einschübe heillos zersplittert wird, ist umgangen worden.

Wer im einzelnen für den Film verantwortlich ist, ist nicht leicht festzustellen. Stefan Szekely, ein neuer Mann, zeichnet als Regisseur, Kurt Bernhardt als künstlerischer Berater, die Herren Tuscherer und Pasternak als Produktionsleiter, und schließlich auch noch Paul Henckels als Leiter der Dialoge.

Die Delikatessen für das Publikum werden natürlich die Auftritte der Stars sein. Da begleitet Liane Haid ihre Schminkzeremonie mit entzückendem Wiener Geplausche, da rasselt Ernst Verebes ein paar tolle Stepschritte runter, da sind Liedtke, Veidt und Kortner zu hören, da liefern Maria Paudler und Paul Heidemann eine Parodie des BLAUEN ENGEL und da muß sich Richard Eichberg eine gelungene Kopie durch Ludwig von Wohl gefallen lassen. […]

Stefan Szekely findet, obwohl der SCHUSS IM TONFILMATELIER manche Wirkung vorweggenommen hat, noch viele Möglichkeiten, dem Zuschauer den Atelierbesuch interessant zu machen.

Phototechnisch ist der Film hervorragend. Mutz Greenbaum kriegt nicht nur das Kunststück fertig, jedem Star seine richtige Beleuchtung zu geben, sondern gefällt auch durch originelle Einstellungen. (Das langsame Abgleiten der Kamera schafft sofort die notwendige Atelier-Atmosphäre.)

Georg Herzberg: Die große Sehnsucht
Film-Kurier, Nr. 201, 26.8.1930

Zensur: 19.8.1930, B.26617, Jf. (Ton) / 16.2.1931, B.28228, Jf. (stumm).
Uraufführung: 25.8.1930, Berlin (Capitol).
— *Arbeitstitel:* »Achtung! Aufnahme!« / *Im weißen Licht«.*
— *Auch stumme Fassung.*

Kopie: Bundesarchiv (35mm)

1930 — DER HERR AUF BESTELLUNG

1930. DE. Der Herr auf Bestellung
Regie: Geza von Bolvary.
Buch: Walter Reisch.
Kamera: Willy Goldberger.
Standfotos: Walter Lichtenstein.
Bauten: Robert Neppach;
Ausführung: Erwin Scharf.
Regie-Assistenz: Josef von Baky.
Schnitt: Andrew Marton.
Ton: Fritz Seeger.
Musik, Musikalische Leitung: Robert Stolz.
Liedtexte: Walter Reisch, Armin L. Robinson.
Ausführung: Lewis Ruth-Band.
Darsteller: Willi Forst (Carry Clips, ein Festredner), Paul Hörbiger (Prof. Emanuel Wielander), Trude Lieske (Frau Baronin Lindenwörth), Else Elster (Lillebil), Elma Bulla (Titi), Wilhelm Bendow (Dr. Cajetan), Henry Bender (Ein Schutzmann), Albert Paulig (Herr Hinzemann), Johanna Ewald (Frau Hinzemann), Franz Rott (Gefängniswärter), Die Vier Admirals [The Four Admirals] (Sänger).
Produktion: Super-Film GmbH, Berlin.
Produzent, Produktionsleitung: Julius Haimann.
Aufnahmeleitung: Fritz Brunn.
Drehzeit: 2.11. – 2.12.1930.
Drehort: Ufa-Ateliers Berlin-Tempelhof.
Länge: 92 min, 2507 m.
Format: 35mm, s/w, 1:1.33 (stumm + Nadelton) / 1:1.19, Tobis-Klangfilm.
Zensur: 18.12.1930, B.27699, Jv.
Uraufführung: 19.12.1930, Berlin (Tauentzien-Palast – Wiedereröffnung).
— *Arbeitstitel:* »Der Frechdachs«.
— *Stumm gedreht (1:1.33). Nachträglich*

Willi Forst

Der agile Carry Clips hat sich als Festredner spezialisiert auf »Hochzeiten, Taufen, Verlobungen, Fahnenweihen, Jubiläen, Trauerfeiern«. Als besondere Herausforderung erweist sich der Auftrag eines sprachgehemmten Professors: Carry soll ihn bei einem Vortrag über das Wesen der Ehe aus dem Hintergrund der Bühne »synchronisieren«. Während des Vortrags verliebt sich die Baronin von Lindenwörth in den Vortragenden – faktisch aber in dessen Stimme. Als Carry ihre Liebe zu erwidern beginnt, werden er und Prof. Wielander zu Rivalen um die Gunst der Baronin. Sehr zum Leidwesen von Carrys Assistentin Lillebil, die ihren Chef schon lange liebt.

KRITIKEN
Super-Film hält, was sie verspricht.

Es ist ein planmäßiger Ausbau in der Gestaltung des Produktionsprogramms zu konstatieren. Ein Wille, der von [dem Produzenten] Julius Haimann ausgeht; und immer wieder die Bemühungen von Walter Reisch, zu neuen Themen, neuer Formung zu gelangen.

Um den Star Willi Forst herum entsteht das Manuskript. Diesmal soll er von einer ganz anderen Seite gezeigt werden: Der Chansonier, der Schauspieler tritt zurück hinter den knock about-Elementen der Handlung.

Damit wird die Auflösung der Film-Operette vollzogen. Das Tänzerische herrscht vor, bewußt unmotiviert – denn als Haupt-Element einer nicht-realistischen Handlung bedarf es keiner Einführung. Die Stilisierung beginnt mit dem witzigen Aperçu einer milieuprägnanten Aufblendung: sie endet mit einem lustigen Trick. Dazwischen liegt Lachen, Heiterkeit, Einfallsfülle.

Gerade weil Reisch entschlossen den Weg der Burleske geht, kann er das Recht auf kleinere Irrtümer für sich beanspruchen. Es kommt auf die Gesamtlinie an.

Der Grundgedanke des Festredners bei allen Gelegenheiten wird assoziationsmäßig fortentwickelt. Nicht das Was der Handlung ist die Hauptsache, sondern das Wie der einzelnen Szene; Wort- und Bild-Pointe werden ausgenutzt, aneinandergereiht.

Schon die Idee vom akustischen Double, der hörbar, doch ohne in Erscheinung zu treten, die Erfolge für einen anderen erzielt, ist Entdeckung von Tonfilm-Neuland. [...]

Dabei ist es eine dankbare Aufgabe, für einen Künstler vom fundierten Können des Willi Forst zu schreiben.

Körpergelenkigkeit, Präzision der Bewegungen und Sprache, Chanson-Diszplin, sind bei ihm Voraussetzung. Dazu kommt die Sicherheit im unterschiedlichen Stil der Darstellung.

Diesmal, als Herr auf Bestellung, zeigt er sich mit allem Willen zur Groteske. Allein schon die Leichtigkeit, mit der auch in den Momenten des Sentiments das Spielerische gewahrt bleibt, besticht durch Delikatesse.

So steht Willi Forst im selbstgewählten Mittelpunkt, liebenswürdig, federnd; singt sein Liebeslied durchs Mikrophon sehr leicht, sehr kultiviert ... und macht dem Hörer Lust auf einen richtigen song.

h. f. [= Hans Feld]: Der Herr auf Bestellung
Film-Kurier, Nr. 300, 20.12.1930

Else Elster

Etwas Neues zeigt sich in einigen Tonfilmen letzter Produktion: das Gefühl für die Entstehung von Musik aus Bewegungsvorgängen. Wie in EINBRECHER [1930, R: Hanns Schwarz] konnte man auch bei diesem Film vielfach beobachten, daß der Regisseur offenbar schon bei den Inszenierungsnotizen im Drehbuch Autor und Musiker miteinander verbunden hat, daß er aber darüber hinaus eine Reihe von Szenen auch ohne Musik durch einen ganz bestimmten Rhythmus musikalisch gestaltete. Die Groteskwirkung etwa eines einexerzierten Publikums bei einem Vortrag oder der Gäste bei einem Bankett wird ganz stark aus dem Geist musikalischer Rhythmik heraus empfunden und durch Geräusche (Händeklatschen im Takt, Gongschläge, Trommelwirbel) schärfstens präzisiert. Der Effekt ist ein doppelter: die Tonbilder sind nicht nur grotesk um ihrer lächerlichen, sondern auch ihrer künstlerisch stilisierten Wirkung wegen.

Dr. K. L. [= Kurt London]: Der Herr auf Bestellung
Der Film, Nr. 52, 24.12.1930

mit Nadelton (1:1.33) sowie optischem Ton (1:1.19) versehen.

— Zur Restaurierung (DFF – Deutsches Filminstitut & Filmmuseum): Der Film »Der Herr auf Bestellung« wurde 1930 im Stummfilmformat 1:1,33 gedreht. Für die Digitalisierung konnte das originale Bildnegativ der Stiftung Deutsche Kinemathek verwendet werden. Der Film wurde zeitgleich mit Schellackplatten für das Nadeltonverfahren sowie als Lichttonfassung in den Kinos vertrieben. Es sind keine Schellackplatten überliefert. Für den Vertrieb der Lichttonfassung wurden die Toninformationen als optische Tonspur auf den Filmstreifen linksseitig auf das Filmbild kopiert. Durch den Beschnitt hatte der Filmstreifen das reduzierte Bildformat 1:1,19. Für die digitale Restaurierung 2022 konnte der zeitgenössische optische Lichtton genutzt werden. Das Bild ist im

1930 | DER HERR AUF BESTELLUNG

Franz Rott, Paul Hörbiger

originalen, unbeschnittenen Aufnahmeformat 1:1,33 zu sehen. Mit einer Filmlänge von 2.507 Metern liegt der Film vollständig vor.

Kopie: DFF – Deutsches Filminstitut & Filmmuseum (DCP)

Die Musik von Robert Stolz trägt viele der burlesken Episoden. Die Lieder, die Geza von Bolvary bei aller Auflösung in Bildwechsel absichtlich als Einlagen zwischen den Dialogen stehen läßt, gehen nicht so zündend beim ersten Hören ins Ohr, dafür bleiben sie auch bei der Wiederholung gefällig melodiös. [...]

Wenn Katz und Vögel und Käuzlein mitsingen, wenn Forst mit seinem Auto ein Tanzduett veranstaltet, wenn Bolvary ihm rücksichtslos mit der Kamera unter das Visier einer japanischen Rüstung nachrückt, ist das Publikum sehr vergnügt. Exzentrische Tanzeinlagen, Diener-Jongleure und Ballettzofen hemmen den Fluß, und das starke Gelächter bei einer kleinen Schutzmannszene des dicken [Henry] Bender und der lebhafte Beifall nach einer Gefängnisszene mit jazzsingenden Gefangenen, gummitanzendem Wärter und foxenden Mäuslein zeigt, was dem großen Publikum am besten gefällt.

pe.: Der Herr auf Bestellung
Lichtbild-Bühne, Nr. 304, 20.12.1930

RETROPERSPEKTIV
Ich konnte immer schon gut improvisieren und stundenlang in Reimen reden. Im Prater-Varieté Leicht habe ich jahrelang Wochenendunterhaltung gemacht. Sketches improvisiert, Einakter geschrieben und Liedertexte für Jubiläen gemacht. Wir haben irgendeine Melodie ausgewählt und ich habe einen Text dazu gemacht. Dadurch hatte ich Erfahrung, wie man Lieder in etwas hineinbaut. Das ist meine Stärke, dass der Text eines Liedes nicht eingeklemmt ist, sondern die Handlung weiterführt. [...]

Die Super-Film war ein Mann namens Julius Haimann [1887–1939]. Er kam aus Frankfurt, ein kluger Geschäftsmann, dessen Witwe und Kinder noch jetzt in London leben. Er hat alles mit seinem eigenen Geld finanziert, brauchte nie eine Bank und hat, wenn er erst mal seinem Mitarbeiter richtig vertraute, in keiner Weise dazwischengeredet. Bolvary war einer davon. Haimann starb in London. Ich glaube, es war Haimanns Vertrauen, das uns alle beflügelte. [...] Willi Forst sagte immer, wenn ich ihm eine Rolle schreibe, dann weiß er, dass sie genau richtig ist. Mit Bolvary und Forst entstanden dann auch die erfolgreichsten Filme bei Haimann.

Walter Reisch zu Herbert Holba (1979); zit. nach: Herbert
Holba: Drehbücher nach Maß. Ein Interview mit Walter
Reisch. In: Günter Krenn (Hg.): Walter Reisch. Film
schreiben. Wien: Filmarchiv Austria 2004

WILLI FORST – CHARMANTES KINO MIT MUSIK

VON LEA PRASSE UND FRANCESCO BONO

Willi Forst

Der Name Willi Forsts steht in der Filmgeschichte für ein charmantes Kino mit Musik, das mit Vorliebe in Wien und um die Jahrhundertwende spielt. Er lebt in der Erinnerung als österreichischer, musikalischer und eleganter Regisseur. Seine Karriere beginnt er als Laienspieler und erhält 1919 sein erstes Engagement in Teschen. Er steigt als »Tanzkomiker« zum Operetten-Star auf, wird 1925 an das Metropol-Theater in Berlin engagiert, spielt auch in Wien.

Ab 1920 in Nebenrollen im Film beschäftigt, intensiviert er Ende der 1920er Jahre die Filmkarriere. 1929 singt er in der deutschen Version von E. A. Duponts ATLANTIC (1929) und spielt bald Hauptrollen in musikalischen Komödien, so auch in DER HERR AUF BESTELLUNG (1930, Geza von Bolvary) einen professionellen Festredner, der auch hinter dem Vorhang »synchronisiert«.

Forst arbeitet oft mit Lilian Harvey und Willy Fritsch zusammen, dem »Traumpaar des deutschen Films«. So spielt er in Paul Martins Zeitkomödie EIN BLONDER TRAUM (1932) einen Fensterputzer, der sich in eine Artistin verliebt, die von Hollywood träumt. Der Film wird einer der größten Kassenerfolge in der Spätphase der Weimarer Republik und gilt als Höhepunkt in seiner Karriere im frühen Tonfilm.

Forsts Identifikation mit Österreich hat ihren Ursprung in seinen ersten Filmen als Regisseur, LEISE FLEHEN MEINE LIEDER (1933) und MASKERADE (1934), die seinen Namen zum Inbegriff des »Wiener Films« der 1930er Jahre machen. Dabei entsteht über die Hälfte von Forsts Filmen in Deutschland und hat kaum mit Österreich und Wien zu tun. Doch mag ein Element von Forsts Identifizierung mit österreichischer Kultur und Tradition in der Ästhetik und der Weltanschauung zu finden sein, die seine Filme prägen. Im Grunde sind es Handlung und Milieu der Filme, sowie die Tatsache, dass Forst auch in Wien tätig ist, die bewirken, dass er als österreichischer Regisseur zelebriert wird.

In Deutschland wird er von den Machthabern umworben, woraufhin Forst nach MASKERADE (1934) mehrere Filme in Berlin herstellt, wo er u. a. eine eigene Firma, die Deutsche Forst-Film, etabliert. Deren erster Film ist BURGTHEATER (1936). Nach dem »Anschluss« Österreichs an das Deutsche Reich im März 1938 liquidiert er die Produktionsfirma und zieht sich von Berlin nach Wien zurück.

In BEL AMI (1939), seinem bekanntesten Film dieser Zeit, übernimmt er selbst auch die Titelrolle. Dies ist ein Novum in Forsts Laufbahn: Zum ersten Mal spielt er zugleich die Hauptrolle und führt Regie. Als George Duroy gibt er einen ehrgeizigen Abenteurer, der sich mit Hilfe von Frauen in der Pariser Gesellschaft emporarbeitet, wobei es jedoch zumeist die Frauen sind, die das Spiel leiten. Wie in BURGTHEATER zeichnet Forst auf der Leinwand ein Universum, in dessen Mittelpunkt die Frau steht. Ob es sich um die Habsburger Zeit handelt oder die Story in der Gegenwart spielt, ob die Stadt Wien, Paris oder Berlin ist, in seiner Welt ist die Frau der Motor, die geheime Kraft, die alles bewegt.

Der Frack wird zu Forsts Uniform, »Bel ami« zu seinem Alter Ego, mit dem ihn – wie auch mit dem gleichnamigen Lied – das Publikum sein Leben lang verbindet. Vergeblich versucht er, an diesem Image zu rütteln, als er 1951 mit dem Melodram DIE SÜNDERIN und der bittersüßen Fabel ES GESCHEHEN NOCH WUNDER – beide mit Hildegard Knef – ein Comeback in der Bundesrepublik versucht.

Seinen letzten Film WIEN, DU STADT DER TRÄUME (1957) durchdringt eine Schwermut. Es ist, als fühle Forst, dass seine Karriere dem Ende zugeht. Als nach einem Abschied das Flugzeug in der Nacht entschwindet, erklingt das Dröhnen der Maschine noch eine Zeitlang, während die Leinwand dunkel wird. Schwarz ist das letzte Bild, mit dem Forsts Werk schließt.

1930 | DIE PRIVATSEKRETÄRIN

Renate Müller

1930. DE. Die Privatsekretärin
Regie: Wilhelm Thiele.
Buch: Franz Schulz.
Vorlage: Roman »Mesék az frógépről« (»Die Privatsekretärin«) (1905) von István Szomaházy.
Kamera: Otto Heller, Reimar Kuntze, Adolf Schlasy.
Kamera-Assistenz: Gebhardt.
Standfotos: Emanuel Loewenthal.
Bauten: Otto Hunte; Assistenz: Franz Köhn, Laaser.
Maske: Adolf Braun, Walter Pantzer.
Schnitt: Paul Martin.
Ton: Hans Grimm.
Musik: Ludwig Lajtai.
Musikalische Leitung: Paul Abraham.
Liedtexte: Robert Gilbert.
Ausführung: Kapelle Curt Lewinnek.
Musik-Titel: »Ich bin ja heut' so glücklich«, »Ich hab' ne alte Tante«, »Mein Herz hab' ich gefragt«, »Von der Arbeit seiner Hände«.
Darsteller: Renate Müller (Vilma Förster), Hermann Thimig (Arvai, Bankdirektor), Felix Bressart (Hasel, Bankdiener), Ludwig Stoessel (Klapper, Personalchef), Gertrud Wolle (Pensionsinhaberin).
Produktion: Greenbaum-Film GmbH, Berlin.
Produzent: Hermann Millakowsky.
Produktionsleitung: Georg Witt.
Aufnahmeleitung: Arthur Kiekebusch.
Drehzeit: November 1930.
Drehort: Ufa-Ateliers Tempelhof, Nationalfilm-Atelier Berlin-Tempelhof.
Außenaufnahmen: Berlin.
Länge: 85 min, 2316 m.
Format: 35mm, s/w, 1:1.19, Tobis-Klangfilm.

Nach dem Roman »Das Märchen von der Schreibmaschine« von Stefan Szomáhazy und der gleichnamigen Operette: Selbstbewusst kommt die mittellose Vilma Förster nach Berlin und will die Stadt für sich erobern, oder besser gesagt: einen reichen Mann finden. Sie nimmt eine Stelle als Stenotypistin bei einer Bank an. Als sie den charmanten Bankdirektor Arvai kennenlernt, hält sie ihn zunächst für einen kleinen Angestellten und verhält sich daher reserviert. Dennoch hat sie schon längst ihr Herz an ihn verloren. Für Hilfe sorgt der tollpatschige Bankdiener Hasel, der auch Vorstand des Gesangsvereins ist. Er schickt kurzerhand die Privatsekretärin des Bankdirektors nach Dresden und setzt Vilma an ihre Stelle. Aber nun muss Arvai erst einmal herausfinden, ob Vilma ihn wirklich liebt.

KRITIKEN

Etwas Ähnliches haben die Amerikaner gemacht. Vor ein paar Jahren spielte Norma Shearer eine Privatsekretärin, die auf gleiche Art ihren Chef einfing. Der amerikanische Film [HIS SECRETARY, 1925] war aber besser gefügt, logischer als dieser Tonfilm, dem es nur auf komische Situationen ankommt. Und die sind nicht einmal immer komisch.

Wunschtraum der kleinen Mädchen hinter dem amusischen Achtstundenklavier: Auto, Villa, Kleider und schöner Mann! Wirklich »der« Wunschtraum? Hier in der PRIVATSEKRETÄRIN bekennt sich Vilma Förster dazu, und ihr Chef, der Herr Bankdirektor, erfüllt ihn. Ein merkwürdiger Bankdirektor, der nichts weiter zu tun hat, als sich um seine Sekretärin zu kümmern! Und eine ebenso merkwürdige Bürowelt, in der kaum die Angst um Lohnabbau, Entlassung und Arbeitslosigkeit herrscht.

Es ist eine Operettenwelt, ohne daß der Film den Charakter der Operette trägt. Ein realistisches Lustspiel, dem der Sinn für Wirklichkeiten fehlt, das die Menschen und Dinge zeichnet, wie sie nicht sind, sondern wie sie erträumt werden. Es bleibt eben beim Typ des bürgerlichen Schwanks, der im Grunde über die sozial tiefer Stehenden ulkt und nur die Arrivierten gelten läßt. Die Reichen und Vornehmen sind das Ideal, die anderen haben keine Existenzberechtigung.

Die Regie Wilhelm Thieles bringt hübsche Einzelheiten. Ein paar Szenen werden auf ihre komische Wirkung hin restlos ausgespielt und sind sehr glücklich auch in der tonlichen Aufnahme. Mehr kann schließlich der Regisseur aus dem Stoff nicht machen. [Felix] Bressart steht unter den Darstellern an erster Stelle. Ein kleiner Büroangestellter und Dirigent eines Gesangsvereins mit skurrilen Bewegungen und einem Anflug zur grotesken Gestaltung. Gut Renate Müller, die aber aus einer typischen Operettendarstellung nicht herauswächst.

F. Sch.: Die Privatsekretärin
Der Abend, 17.1.1931

Hermann Thimig, Renate Müller

Der Regisseur Wilhelm Thiele, der unseren vorjährigen Erfolg DIE DREI VON DER TANKSTELLE schaffte, ist seiner Tradition treu geblieben und stellte mit der PRIVATSEKRETÄRIN einen ebenbürtigen Tonfilmschwank her! Dieser Tonfilm bereitet selbst dem Griesgrämigsten eine Stunde ungetrübten Vergnügens. Jeder lacht von Herzen über dieses heitere und muntere Spiel und hat seine helle Freude an Renate Müller, die nie so natürlich, so zum Anbeißen liebenswert war. Hermann Thimig ist ihr Partner. Und dann: Felix Bressart! Ein Komiker von Gottes Gnaden, ein höchst virtuoser Zwerchfellkitzler! Bressart als Präside eines Gesangsvereins! Welche Vorstellungen stürmen schon bei dem Gedanken auf uns ein? Und doch übertrifft die Verrücktheit und Tollheit jeder Szene das Phantastische, was man sich nur immer denken kann. Die Musik von [Paul] Abraham ist heute schon populär! Sie müssen bei den Vorführungen dieses Filmes dabei gewesen sein, um nach der Vorstellung, auf der Straße, zu Hause und überall zu singen und zu summen: »Ich bin ja heut' so glücklich!«

Die Privatsekretärin
Der Grafschafter (Mörs), 12.6.1931

Zensur: 15.1.1931, B.27945, Jv. *Uraufführung:* 16.1.1931, Berlin (Capitol). — *Mehrsprachen-Version (MLV).* — *Französische Version:* »Dactylo«, 1930, DE, R: Wilhelm Thiele. — *1931 Englische Version (Remake):* »Sunshine Susie«, 1931, GB, R: Victor Saville. US-Titel: »The Office Girl«. — *1931 Italienische Version (Remake):* »La segretaria privata«, 1931, IT, R: Goffredo Alessandrini. — *1953 Remake:* »Die Privatsekretärin«, 1953, BRD, R: Paul Martin. — *Zur Restaurierung (Filmmuseum München):* Nach dem tragischen Tod von Renate Müller sind offenbar alle Kopien des Films aus dem Verkehr gezogen und das Negativ vernichtet worden. Erhalten hat sich die englische Version »Sunshine Susie« von Victor Saville, in der Müller auch die Hauptrolle spielte. Erst in den 1990er Jahren konnte das Bundesarchiv drei Rollen einer 35mm-Kopie des deutschen Originals mit eingebrannten englischen Untertiteln und zahlreichen Jumpcuts sichern. 2017 wurden in der Library of Congress zwei 16mm-Kopien des Films gefunden, die allerdings stark geschrumpft und verwölbt waren und nur unter großen Mühen gescannt werden konnten. Sie wiesen unterschiedliche Bildqualität auf, ergänzten sich aber weitgehend gegenseitig. In der Kombination mit dem 35mm-Material gelang es, den vollständigen Film zu rekonstruieren. Der Beschnitt in der Höhe des 16mm-Bildes wurde durch schwarze Balken ausgeglichen und die unterschiedliche Schärfe und Korngröße der Filmmaterialien mit komplexen digitalen Programmen angeglichen. Der Ton wurde behutsam restauriert.

Kopie: Filmmuseum München (DCP)

Obwohl der Prager Franz Schulz in den späten 1920er und frühen 1930er Jahren an zahlreichen bedeutenden und erfolgreichen internationalen Filmen, vor allem Komödien, als Autor beteiligt war, ist sein Name immer noch so gut wie unbekannt. Das mag an dessen »Gewöhnlichkeit« hängen. Oder auch am Ignorieren von Komödien der bei der Wiederentdeckung des Weimarer Kinos bestimmenden »Klassiker« Kracauer und Eisner.

Der Sohn eines Rechtsanwalts und einer Musikerin erlangt seine Bildung weniger im Gymnasium als in den literarischen Kreisen im Café Arco und Café Continental. 1915 beginnt er an der Karls-Universität in Prag eine Art Studium Generale (u. a. Philosophie, Geschichte der griechischen Kunst, Literatur). Nach seinem Kriegsdienst arbeitet er 1918 als Journalist für das Prager Tagblatt, geht dann nach Berlin, wird Redakteur der Tageszeitung Die Republik, die noch 1919 ihr Erscheinen einstellt. Schulz verkehrt in linksintellektuellen Kreisen, bleibt jedoch politisch inaktiv und konzentriert sich auf seine schriftstellerische Arbeit für Film und Bühne.

1920 produziert Johannes Guters Centaur-Film DIE ROTE REDOUTE (Hanns Kobe) mit Marija Leiko, nach einem Drehbuch, das Schulz mit Hans Janowitz verfasst hat, der sich kurz zuvor als Partner von Carl Mayer mit der Vorlage zu DAS CABINET DES DR. CALIGARI profilieren konnte. Es folgen zwei Literaturverfilmungen: DIE VERWANDLUNG (Karlheinz Martin) und JUDITH TRACHTENBERG (Henrik Galeen).

Ab 1921 äußert sich Schulz in den Zeitschriften Die Neue Schaubühne und Das Tage-Buch auch journalistisch zu aktuellen Filmthemen: Autorenrecht, Film-Manuskript, Zensur, Kritik, neue Techniken. 1923 beteiligt er sich – neben Willy Haas, Rudolf Leonhard, Friedrich Sieburg u. a. – an der Publikation »Der Film von morgen«. In seinen »Definitionen zum Film« analysiert der Fachmann das »Publikum«, die »Möglichkeiten und Grenzen« der neuen Kunstgattung unter dem Gesichtspunkt »künstlerisch – geschäftlich« kritisch. 1924 verfasst er sein erstes Bühnenstück, »Esther Labarre«, das 1926/27 an den Jarno-Bühnen in Wien uraufgeführt wird.

FRANZ SCHULZ – UNSENTIMENTAL, SELBSTIRONISCH UND VON BISSIGEM INTELLEKT

VON HANS-MICHAEL BOCK

1927 hat er mit seiner Adaptation von Carl Sternheims Spießersatire DIE HOSE (Hans Behrendt) mit Werner Krauß und →Jenny Jugo einen großen Erfolg bei Kritik und Publikum. Auf dem Höhepunkt seiner Stummfilm-Karriere gilt Schulz als versierter Komödienautor. Er ist bei Firmen wie Phoebus, Greenbaum, Super-Film, Decla-Bioscop, Felsom, D.L.S. Deutsches Lichtspiel-Syndikat und Ufa unter Vertrag. Auch seine Regisseure, gehören zu den profiliertesten in diesem Metier: Robert Land, Hans Behrendt, Geza von Bolvary, →Wilhelm Thiele, G. W. Pabst, seine Co-Autoren sind u. a. Leonhard Frank, Robert Liebmann, Hans Rameau, Josef Than, Hans Janowitz und Walter Reisch.

Als gefragter Lustspiel-Autor kann sich Schulz einen Ghostwriter leisten: Er engagiert den jungen Wiener Billie Wilder (1906–2002), der 1926 nach Berlin gekommen ist und nun erste Erfahrungen in der Filmbranche sammelt, indem er – ungenannt – Schulz zuarbeitet.

Schulz adaptiert u. a. 1928 eine Vaudeville-Operette von →Jean Gilbert zum Stummfilm PRINZESSIN OLALA (Robert Land). Sein erster Tonfilm, dessen Buch er zusammen mit Walter Reisch verfasst, ist Anfang 1930 Geza von Bolvarys ZWEI HERZEN IM 3/4-TAKT mit Musik von Robert Stolz. Durch Bolvarys CHAMPAGNER (1928/29), der in England als BRIGHT EYES mit nachsynchronisierten Songs herauskommt, knüpft er erste Kontakte zu British International Pictures (BIP) in Elstree. Dort entsteht dann auch 1930 E. A. Duponts Mehrsprachen-Produktion TWO WORLDS / ZWEI WELTEN / DEUX MONDES.

Nach dem Übergang zum Tonfilm kann Schulz sein Talent voll entfalten. Er ist ein Meister der pointierten Konversation, der im »Sprechfilm« endlich alle Handlungsfäden gewitzter Komödiendramaturgie ziehen kann. Sein Motto: »Das Wort ist eindeutig und haftet, die Bewegung ist vieldeutig und kann vergessen werden.«

Anfang der 1930er Jahre ist Schulz einer der gefragtesten Autoren, zu dessen Filmen – die zumeist für den europäischen Markt in mehreren Sprachversionen produziert werden – zählen Kassenschlager wie Erich Pommers Ufa-Produktion DIE

DREI VON DER TANKSTELLE, mit dem Regisseur Wilhelm Thiele das Genre der parodistischen Filmoperette kreiert. Thiele ist auch 1930 Regisseur von ◻ DIE PRIVATSEKRETÄRIN mit Renate Müller, von dem zugleich die französische Version DACTYLO sowie im nächsten Jahr die englische Version SUNSHINE SUSIE (Victor Saville) sowie die italienische Version LA SEGRETARIA PRIVATA (Goffredo Alessandrini) entstehen. Thiele ist in den Jahren 1931/32 Regisseur von insgesamt sechs Film-Versionen, die in Frankreich, England und Deutschland entstehen. 1931 gehört Hanns Schwarz' ◻ BOMBEN AUF MONTE CARLO mit den Versionen LE CAPITAINE CRADDOCK und MONTE CARLO MADNESS zu den Kassenerfolgen. Die musikalische Untermalung der Schulz-Filme stammte u. a. von →*Werner Richard Heymann*, →*Paul Abraham*, Artur Guttmann, Jean Gilbert, Franz Wachsmann und Hans J. Salter. WAS FRAUEN TRÄUMEN, bei dem 1933 neben Schulz auch Billie Wilder erstmals offiziell genannt wird, bleibt ihr letzter gemeinsamer deutscher Film.

Zum Zeitpunkt der Machtübernahme durch die Nazis arbeitet Schulz mit Robert A. Stemmle für den Regisseur Erik Charell an einem Drehbuch nach der Odysseus-Sage. So ist Schulz indirekt betroffen, als laut Ufa-Vorstandsprotokoll vom 29.3.1933 »infolge der nationalen Umwälzungen in Deutschland« die Entlassung von Charell, Pommer und anderen jüdischen Mitarbeitern beschlossen wird. »Die Mitarbeiter Charells an dem Drehbuch, die Herren Schulz und Stemmle, sollen davon in Kenntnis gesetzt werden, daß eine Weiterarbeit an dem Drehbuch nicht stattfindet. Ihr Vertrag soll mit Rücksicht auf die veränderten Verhältnisse aufgehoben werden.« (zitiert in: Das Ufa-Buch, 1992).

Anders als Wilder, der unmittelbar nach dem Reichstagsbrand (27.2.1933) in Richtung Paris flieht, emigriert Schulz erst im August 1933, zunächst nach Prag, dann über London in die USA, wo er mit der »Georgic« am 4.2.1934 in Boston anlandet.

Noch im selben Jahr entsteht mit dem Universal-Film ONE EXCITING ADVENTURE ein Remake von WAS FRAUEN TRÄUMEN. Bei der Fox-Produktion LOTTERY LOVER ist 1934 das alte Erfolgsteam wieder vereint: Wilhelm (nun William) Thiele als Regisseur, Schulz und Wilder (nun Billy) als Autoren. 1939 finden sich die Namen Schulz und Wilder noch einmal in einem Vorspann – bei Mitchell Leisens Paramount-Komödie MIDNIGHT. Doch nun haben sich die Gewichte verschoben: Wilder arbeitet inzwischen mit Charles Brackett als Autoren-Team zusammen, Schulz wird mit Edwin Justus Mayer nur als Lieferant der Story genannt.

Franz Spencer
© G.G. von Bülow

1940 erhält Schulz unter dem Namen Francis George Spencer die US-Staatsbürgerschaft, nennt sich jedoch in Zukunft Franz Spencer. Er arbeitet für verschiedene Studios, darunter auch M-G-M, und steht bei Paramount Pictures unter Kontrakt. Für 250 Dollar wöchentlich hat er – wie 104 andere Autoren auch – einen Schreibtisch in den Studios an der Melrose Avenue. 1952 zieht Spencer nach New York. Im Hotel Iroquois wartet er darauf, dass sein Bühnenstück »The Happy Anthill« in die Produktion geht. Ein Comeback-Versuch 1956 in Deutschland mit der Drehbuch-Adaptation von Gerhart Hauptmanns FUHRMANN HENSCHEL – unter Regie des ehemaligen Bolvary-Assistenten Josef von Baky – bleibt ohne Folgen.

Franz Spencer lebt nun als »Gentleman-Nomade an den Ufern des Mittelmeeres« (G. G. von Bülow) und schreibt für das Theater. »Die Villa der Madame Vidac« hat im März 1959 in Wien Premiere, 1960 in Hamburg. 1964 entsteht auf Ibiza, wo er sich fast jeden Sommer aufhält, sein »Schwanengesang«, der Roman »Candide 19.. oder das miese Jahrhundert«. Die Satire, sein einziges Prosawerk, ist quasi ein Selbstporträt – unsentimental, selbstironisch und von bissigem Intellekt.

1931 IHRE HOHEIT BEFIEHLT

1931. DE. Ihre Hoheit befiehlt
Regie: Hanns Schwarz.
Buch: Paul Frank, Billie Wilder; Robert Liebmann.
Kamera: Günther Rittau, Konstantin Tschet.
Kamera-Assistenz: Otto Baecker.
Standfotos: Willi Klitzke.
Bauten: Erich Kettelhut.
Kostüme: Leopold Verch (Uniformen).
Maske: Emil Neumann, Maria Jamitzky.
Regie-Assistenz: Carl Winston.
Schnitt: Willy Zeyn.
Ton: Hermann Fritzsching.
Musik, Musikalische Leitung: Werner Richard Heymann; Walzer: Emil Waldteufel.
Liedtexte: Ernst Neubach, Robert Gilbert.
Gesang: Comedian Harmonists.
Musik-Titel: »Bißchen dies und bißchen das«, »Der Schlittschuhläufer«, »Du hast mir heimlich die Liebe ins Haus gebracht«, »Frag' nicht wie, frag' nicht wo«, »Komm' und tanz' mit mir«, »Trara! Jetzt kommt die Marschmusik«.
Darsteller: Willy Fritsch (Leutnant von Conradi), Käthe von Nagy (Prinzessin Marie Christine), Reinhold Schünzel (Graf Herlitz, Staatsminister), Paul Hörbiger (Pipac, Hofdetektiv), Paul Heidemann (Fürst von Leuchtenstein), Michael von Newlinski (Rittmeister), Eugen Tiller (Major), Kenneth Rive (Der König), Karl Platen (Kammerdiener), Erich Kestin (Bursche bei Conradi), Erik Schütz (Stimmungssänger), Attila Hörbiger (Wachtposten), Ferdinand Martini, Edgar Pauly, Fritz Spira, Wolfgang von Schwind, Comedian Harmonists (Köche).

Käthe von Nagy, Willy Fritsch, Paul Hörbiger

Willy Fritsch

Die Prinzessin eines Königreichs und ein ihr unterstellter Offizier mischen sich unabhängig voneinander unter die einfachen Leute und stellen einander als Delikatessenhändler Karl und Maniküre Mizzi vor. Als die Prinzessin durch einen Zufall die Wahrheit erkennt, lässt sie Karl kurzerhand vom Leutnant zum Major befördern. Währenddessen hat ein eifriger Staatsminister die Ausflüge der Prinzessin durch einen etwas ungeschickten Detektiv beobachten lassen. Um zu verhindern, dass die Prinzessin sich mit einem einfachen Mann aus dem Volk einlässt, baut der Minister ausgerechnet Karl zu dessen Konkurrenten auf und befördert ihn weiter bis zum General. Als Karl herausbekommt, wem er in Wahrheit seine Karriere zu verdanken hat, lässt er sich freiwillig wieder zum Leutnant degradieren. Beim großen Hofball soll die Prinzessin derweil mit einem weltfremden Fürsten verkuppelt werden. Als sich erweist, dass der nicht einmal tanzen kann, übernimmt Karl geschwind dessen Rolle.

KRITIK

Daß die LIEBESPARADE von Lubitsch [siehe S. 26] ein Dutzend Kinder bekommen würde, war bei der Mentalität der Filmindustrie selbstverständlich: hat ein Thema Erfolg gehabt, so wird dieses Thema nunmehr am laufenden Band jahrelang abgehandelt.

Die Ufa hatte es schon einmal mit dem LIEBESWALZER versucht [siehe S. 36]. Diesmal heißt der Walzer: IHRE HOHEIT BEFIEHLT. Es ist dieselbe Geschichte – aber es ist doch nicht dieselbe Geschichte: denn während man im LIEBESWALZER die Fürstinnen, Generäle, den ganzen Hofzauber nur sehr schwächlich parodierte, geht man diesmal mit einem Plan vor, der für den deutschen Film dieses Genres ganz ungewöhnlich ist. Zwar zeigt man filmisch nichts Neues, sondern wandelt in den ältesten Bahnen, fotografiert also alte Operetten, aber man serviert diese Geschichte mit viel Salz und noch viel mehr Pfeffer. Die Karikatur wird fast auf die Spitze getrieben, und ich freue mich, feststellen zu können, daß die Ufa sich den republikanischen Scherz leistet, monarchistische Gefühle und Militarismus in einer Weise zu veräppeln, wie es bisher niemand wagen durfte. Das ist wirklich schlagend lustig gemacht: Leutnant Fritsch mit einem Riesenhelm aus der Vorkriegszeit wird alle zehn Minuten befördert und ist am Schluß des Films General, nur weil es der kleinen Prinzessin Käthe von Nagy so gefällt. Und der Staatsminister Reinhold Schünzel wirft sich vor dem zehnjährigen König fast auf die Erde und verleiht sich selbst Orden. Im übrigen sieht er genau aus wie der Exkaiser und persifliert eine ganze Epoche mit einer fast dämonischen Liebenswürdigkeit. Eine überragend große parodistische Leistung, denn Schünzel parodiert sogar noch die Parodie und bleibt doch »echt«. Ganz zu schweigen vom Privatdetektiv [Paul] Hörbiger, der in Hitler-Maske auftritt.

Reinhold Schünzel

Es ist ein stellenweise sehr vergnügter Abend, die Autoren (Billie Wilder und Paul Frank) haben zwar fleißig Hanns Kräly, dem Manuskriptautor der LIEBESPARADE, auf die Finger gesehen, aber sie entwickeln doch hier und da eigenen Witz, und ihr Mut, mit dem sie eine gewisse Art von Vergangenheit verhohnepiepeln, ist allen Lobes wert. Hier ist doch immerhin schon ein Anfang: man müßte sich nur entschließen, auch die Mittel, mit denen man parodiert, zu modernisieren. Dann würden wir wirklich so etwas wie eine Filmoperette bekommen können.

Die Regie, Hanns Schwarz, bleibt durchschnittlich. Käthe von Nagys persönlicher Reiz teilt sich wieder von der ersten Szene an den Zuschauer und Zuhörer mit. Aber es ist schade, daß man sie mit aller Gewalt als Lustspieldarstellerin abstempelt. Sie ist eine Darstellerin des Ernstes und der Stille. Welcher Regisseur wagt es, ihr eine große Aufgabe zu geben?

H. P. [= Heinz Pol]: Ihre Hoheit befiehlt
Vossische Zeitung, 7.3.1931

Produktion: Universum-Film AG (Ufa), Berlin.
Produktionsleitung: Max Pfeiffer.
Aufnahmeleitung: Erich Holder.
Drehzeit: ab 20.1.1931.
Drehort: Ufa-Ateliers Neubabelsberg.
Länge: 95 min, 2610 m.
Format: 35mm, s/w, 1:1.19, Tobis-Klangfilm.
Zensur: 2.3.1931, B.28350, Jv.
Uraufführung: 3.3.1931, Mannheim; 4.3.1931, Berlin (Gloria-Palast).
— *Mehrsprachen-Version (MLV).*
— *Französische Version:* »Princesse! À vos ordres!«, 1931, DE, R: Hanns Schwarz.

Kopie: Bundesarchiv (35mm)

1931 BOMBEN AUF MONTE CARLO

1931. DE. Bomben auf Monte Carlo
Regie: Hanns Schwarz.
Buch: Hans Müller, Franz Schulz.
Vorlage: Motive von Jenö Heltai; Roman »Bomben auf Monte Carlo« (1930) von Fritz Reck-Malleczewen.
Kamera: Günther Rittau (Bildleitung); Konstantin Tschet.
Kamera-Assistenz: Karl Plintzner.
Optische Effekte: Theodor Nischwitz.
Standfotos: Willi Klitzke.
Bauten: Erich Kettelhut.
Kostüme: René Hubert.
Maske: Waldemar Jabs.
Regie-Assistenz: Paul Martin, Nino Ottavi, Willy Zeyn.
Schnitt: Willy Zeyn.
Ton: Walter Tjaden, Hermann Fritzsching.
Musik, Musikalische Leitung: Werner Richard Heymann.
Liedtexte: Robert Gilbert.
Ausführung: Kapelle Carlo Minari.
Gesang: Charles Kullmann, Comedian Harmonists.
Musik-Titel: »Wenn der Wind weht über das Meer«, »Jawoll, Herr Kapitän«, »Das ist die Liebe der Matrosen«, »Eine Nacht in Monte Carlo«, »Pontenero: Die Ki-ka-königin von Pontenero«.
Darsteller: Hans Albers (Craddock), Anna Sten (Yola), Heinz Rühmann (Peter), Ida Wüst (Isabel), Karl Etlinger (Konsul), Rachel Devirys (Diane), Kurt Gerron (Kasino-Direktor), Peter Lorre (Pawlitschek), Otto Wallburg (Ministerpräsident), Charles Kullmann (Straßensänger), Bruno Ziener (Juwelier), Ernst Behmer (Spieler), Valy Belten (junge Dame im Hotelspeisesaal), Paul

Hans Albers

Der energische Bombenkerl Craddock ist Kapitän des Kreuzers »Persimon« unter der Flagge des Königreichs Pontenero. Da dort derzeit Finanzkrise herrscht, haben die Seeleute seit Monaten keinen Sold bekommen. Frustriert steuert Craddock das Schiff nach Monte Carlo, um vom pontenerischen Konsul das Geld für seine Mannschaft zu fordern. Um es aufzutreiben, versetzt die Königin, die heimlich ebenfalls nach Monte Carlo gereist ist, eine wertvolle Perlenkette. Später macht sie sich im Spielcasino unter falscher Identität an Craddock heran. Der verliebt sich in sie und verspielt das ganze Geld. Um es zurückzubekommen, droht er damit, am nächsten Morgen das Casino beschießen zu lassen. Die »Persimon« richtet ihre Kanonen auf Monte Carlo.

Anna Sten, Hans Albers

Hans Albers, Heinz Rühmann (Mitte)

HANS ALBERS SCHIESST AUF GLÜHBIRNEN

Ein riesiger Speisesaal, verstaubter Barock der neunziger Jahre, Croupiers, Damen und Herren in großer Toilette, eintöniges Klappern der Jetons, und die Kommandos »Faites votre jeu« und »Rien ne va plus«.

»Wissen Sie«, sagt Pommers Produktionsleiter [Max] Pfeiffer, »daß der Raum von [Filmarchitekt Erich] Kettelhut größer nachgebaut ist als in Wirklichkeit. Wir brauchen diese Dimensionen, um kameratechnische Wirkungen herauszuholen.«

[Kameramann] Günther Rittau bestätigt's, der auf einer Fahrbahn an den Tischen entlang fahren soll. Tonprobe nur fürs Mikrophon zunächst. In der Mitte steht [Regisseur] Hanns Schwarz, der diesen Film in drei Versionen, deutsch, englisch und französisch inszeniert. Er dirigiert die Kasinobesucher, läßt das Gespräch ins Gleichgültige absinken, wieder anschwellen –, gerade wie er es braucht. Für seinen Tonmeister hat er ein eigenes Bonmot gefunden: »Wer den [Walter] Tjaden hat, braucht für den Ton nicht zu sorgen.«

»Es ist ein genau vorgezeichneter Arbeitsplan«, sagt Erich Pommer, und zeigt mit Stolz einen riesigen Papierbogen vor, der mit Zahlen und geheimnisvollen Zeichen in Quadraten versehen ist. Jeder Tag hat sein Pensum, und das muß genau eingehalten werden.

Während im Atelier die Aufnahmen weitergehen, hat Hans Albers, Herr der »Bomben auf Monte Carlo« eine kurze Ruhepause in seiner Garderobe. Beim Shakehand berichtet er davon, daß er auf Wunsch der englischen und amerikanischen Filmleute die Hauptrolle in der englischen Version spielt (was mag nur Otto Otto auf englisch heißen?!)

»Yes, Sir«, und zur Bestätigung gießt er sich einen Kognak in den Café.

Film-Kurier, Nr. 113, 16.5.1931

Henckels (Spielsaalmanager), Lydia Potechina (Frau des Ministerpräsidenten), Gertrud Wolle (empörte Dame), Alfred Karen, Ferdinand Robert (Gäste im Spielcasino), Ossy Kratz-Corell (Hotelpage), Elisabeth von Ruets (Dame am Spieltisch), Theo Thony (Croupier), Jack Trevor, Josef Beck, Erik Schütz, Comedian Harmonists.
Produktion: Universum-Film AG (Ufa), Berlin [Erich Pommer-Produktion der Ufa].
Produzent: Erich Pommer.
Produktionsleitung: Max Pfeiffer.
Aufnahmeleitung: Walter Tost.
Drehzeit: 27.4. – Juni 1931.
Drehort: Ufa-Ateliers Neubabelsberg.
Außenaufnahmen: Dalmatien, Nizza.
Länge: 111 min, 3032 m.
Format: 35mm, s/w, 1:1.19, Tobis-Klangfilm.
Zensur: 24.8.1931, B.29670, Jv.
Uraufführung: 31.8.1931, Berlin (Ufa-Palast am Zoo).
— Mehrsprachen-Version (MLV).

1931 — BOMBEN AUF MONTE CARLO

— Französische Version: »Le capitaine Craddock«, 1931, DE, Hanns Schwarz, Max de Vaucorbeil.
— Englische Version: »Monte Carlo Madness«, 1931, DE, Hanns Schwarz.
— Prädikat: Künstlerisch.

Kopie: Friedrich-Wilhelm-Murnau-Stiftung, Wiesbaden (35mm)

Im Nebenatelier geht es geräuschvoll zu. Da hat Hans Albers gerade eine Reihe von Glühbirnen kaputt zu schießen gehabt.

Anerkennend meint der Produktionsleiter Pfeiffer: »In Anbetracht der Tatsache, daß wir BOMBEN AUF MONTE CARLO in drei Versionen herstellen, ist der Verbrauch an zertrümmerten elektrischen Birnen ganz erheblich.« Ob sich daraufhin nun die an der Börse heruntergegangenen Elektrowerte wieder erholen werden?

Film-Kurier, Nr. 128, 4.6.1931

KRITIKEN

Es ist kein Zweifel, daß die Aufnahme dieses Werks überall die gleiche sein wird. Dort, wo eine der Fassungen läuft, in den großen Städten europäischer oder transkontinentaler Zivilisation, immer ist dem romantischen Kreuzer-Kommandanten das Publikumsecho sicher.

Den deutschen Erfolg gewährleistet Hans Albers. Er füllt die Bomben-Albers-Rolle mit Vitalität; mit einem Charme, der nicht nur die Armee seiner Anhängerinnen besticht.

Die filmbewährte Form der Mischung aller leichten Filmelemente ist in diesem Werk beibehalten und wird mit Virtuosität gemixt: Vom Lustspiel stammt das Amüsement der Konversation; vom Optischen her kommt die Erweiterung des Schauplatzes. Musik wird zum Agens und, wo die traditionelle Unlogik des Operetten-Librettos einsetzt, zur Überbrückung. All das in den Ablauf eines Kinoabends gepreßt, ins Fließen gebracht –, und fertig ist das Rezept für den Weltstandard filmtechnischen Produzierens […]

Es ist ein glückhaftes Schiff geworden, dieser pontenerische Kreuzer »Persimon«. Die Autoren Hans Müller und Franz Schulz allerdings sind während der Fahrt über Bord gegangen; ein kleiner Betriebsunfall. Für sie springt der Kapitän persönlich ein.

Da steht er auf der Kommandobrücke, der Hans Albers. Fünfzehn Jahre hat er sich herumgeplagt, im Geltungswillen des echten komödiantischen Menschen verzehrt. Im Film und Theater hat er sich, endlich, durchgesetzt. Und nun geht er los, im vollen Lichte der Scheinwerfer, ein Kerl. Einer, der nichts zu sein vorgibt, sondern ist.

Es ist keine Mache an ihm und keine falsche Allüre. Er ist weder Tenor, noch Star; und – das dankt man ihm – schon gar nicht bewußt auf erprobte Wirkungen aus. Aber er weiß, was er kann und es strahlt von ihm aus: Männlichkeit, die Sieghaftigkeit, der Optimismus. Die Kraft eines, der oben angelangt ist. Die Spielfreude, das Schaffensgefühl.

Eine Paraderolle gewinnt plastischen Hintergrund. Tausend Albers-Situationen werden zusammengefaßt zu einer Albers-Gestalt.

Der blonde Hans sprengt den Rahmen einer Operette. Er braucht keinen Sekt und keine Songtöne. Aber ein Schuß Seewind wird spürbar; Abenteurerlust, blutmäßiges Vagabundentum. Und im feinfeinen Filmmilieu erscheint die leibhaftige Phantasiefigur eines Brechtschen Tramp.

Hans Feld: Bomben auf Monte Carlo
Film-Kurier, Nr. 204, 1.9.1931

Hätten wir nicht Hans Albers (obwohl er schwächer als sonst ist), so besäßen wir hier das Musterbeispiel eines schlechten Films. Ein Fall, der um so beklagenswerter ist, als Erich Pommer als Produzent sehr viel »Kosten und Mühe« hineingesteckt hat, seine Leute nach Monte Carlo verfrachtete, teure und beliebte Darsteller engagierte und – nicht zuletzt die in der Filmindustrie als prominent geltenden Manuskriptautoren Hans Müller und Franz Schulz hinzuzog. Der Fall ist nicht auf die leichte Schulter zu nehmen, eben weil es sich um ein sogenanntes Spitzenwerk handelt, das Hunderttausende verschlang und noch dazu dienen soll, dem staunenden In-

Hans Albers, Anna Sten

land und dem sicherlich noch vielmehr staunenden Ausland die schwindelnde Höhe der deutschen Filmkunst zu beweisen. Die Sache beginnt damit, daß Fritz Reck-Malleczewen vor ein paar Jahren einen literarisch anspruchslosen, aber sehr netten, milieuechten und spannenden Roman schrieb […]. Eine sehr reizende Geschichte, die nach Verfilmung schrie.

Die Ufa hörte den Schrei. Aber statt nun diesen absolut drehreifen Roman so zu verfilmen, wie er ist, ließ man ihn bearbeiten. »Fachleute« müssen kommen, verstehen Sie, die den bewußten Geschmack des Publikums kennen, denn der Film ist eine »Massenkunst«, nicht wahr, und Dienstmädchen wie Generaldirektor müssen verstehen, was auf der Leinwand vorgeht.

Nun können wir hier einmal genau studieren, wie eine solche populäre Bearbeitung aussieht. Wer nur den Film sieht und das Buch nicht kennt, findet den Film blaß und schlecht in der Gliederung. Wer das Buch kennt und jetzt den Film sieht, weiß auch, warum der Film so blaß und schlecht ist. Entscheidend ist nicht, daß hier die Milieuschilderung und der Dialog, soweit er sich inhaltlich an den Roman überhaupt anschließt, fast immer unerträglich vulgär ist. Wenn Hans Albers etwa tatendurstig ins pikfeine Tanzrestaurant von Monte Carlo kommt, so tritt ihm der Besitzer mit Ausdrücken über die Damenwelt entgegen, die sonst wohl nur in eindeutigen Betrieben üblich sind. Unsere Manuskriptautoren aber haben diesen Dialog gewiß für den Gipfelpunkt eleganter Konversationskunst gehalten.

Aber das Fehlen jeglichen Scharmes [sic] ist diesmal wirklich nicht der Haupteinwand, obwohl unser Vergnügen dadurch erheblich beeinträchtigt wird. Das Entscheidende ist: der Roman enthält höchste Spannungsreize – der Leser weiß bis zuletzt nicht, ob das Kasino beschossen wird oder nicht, atemlos liest man ihn bis zum erlösenden Happy-end. Im Film ist von Spannung keine Rede. Da die ganze Geschichte zwischen Drama, lahmer Groteske, ein bißchen gesuchter Hurrastimmung und trivialer Romanze hin- und herpendelt, aber keine Mischung, sondern nur Mischmasch ergibt, so wird der eigentliche Kern der Geschichte zu einer Nebensächlichkeit, die den Zuschauer nicht beschäftigt.

Heinz Pol: Bomben auf Monte Carlo
Vossische Zeitung, 2.9.1931

MUSIK NACH MASS

WERNER RICHARD HEYMANN ÜBER SEINE ARBEIT AN »BOMBEN AUF MONTE CARLO«

Die Arbeit eines Tonfilmkomponisten besteht nicht etwa darin, daß er zu ein paar Liedertexten, die ihm fertig vorgesetzt werden, schnell ein bißchen Musik schreiben muß, sondern sie ist von der Geburtsstunde der Filmidee an organisch mit dem Gesamtaufbau verwachsen.

Zunächst hat der Komponist natürlich mitzuberaten, ob sich der Stoff zu einem Tonfilm oder gar zu einer Tonfilmoperette überhaupt eignet. An Hand des Drehbuches wird festgestellt, an welchen Stellen und Szenen organisch Musik einzufügen wäre und zusammen mit dem Autor werden die Gelegenheiten und der ungefähre Inhalt einiger Lieder festgelegt.

Wie nach diesen Vorbereitungen meine persönliche Arbeit weiterging, will ich an dem Beispiel des Hans-Albers-Films BOMBEN AUF MONTE CARLO erzählen: Ich hatte in diesem Film gleichzeitig die musikalische Leitung, so daß der »Komponist« und der »Kapellmeister«, der auch die Wahl der Kapellen, Chöre und Solis hatte, sich ausgezeichnet verstanden. – Matrosen aller Herren Länder singen auf einem verlassenen Kriegsschiff ein wehmütiges Lied. Wie kann man diese Internationalität ohne viel erläuternden Text am besten ausdrücken? Ich ließ abwechselnd die verschiedenen Landsleute zwei Zeilen in ihrer Sprache singen und gab jeder Nation ihre eigene Begleitmusik hinzu.

Die Deutschen singen mit Ziehharmonika, die Russen mit Balaleikabegleitung, die Italiener mit Mandoline und so fort. Nun wanderte die fertige Musik mit Sprachenangabe und meiner ungefähren Inhaltsvorstellung in die Hände von [Robert] Gilbert, der dazu den Text fand: »Wenn der Wind weht über das Meer, trägt er mein Lied in die Heimat«, auf gleiche Weise entstand auch das heitere »Lied der Matrosen«.

Nur bei dem »Spottlied auf die Königin« wurde mir von der Ufa ein fertiger Text vorgelegt und ich begann ihn zu vertonen.

Notabene geschieht das nicht, indem ich mich an das Klavier setze und beim Spielen eine Melodie finde, – man würde dabei zu sehr dem Einfluß gewohnter Akkorde erliegen, – sondern erst muß die fertige Musik in meinem Kopf stehen, dann schreibe ich die Noten auf und nur als eine Art von Kontrolle spiele ich sie schließlich auf dem Flügel. Bisher hat sich immer die fertige Komposition mit meiner inneren Klangvorstellung genau gedeckt.

Wie ich nun an das »Spottlied auf die Königin« ging, kam ich plötzlich in einen derartigen Rhythmus, daß ich keine Rücksicht mehr auf den Text nehmen konnte und der arme Gilbert seine Verse nach meiner Melodie noch einmal ganz ummodeln mußte.

Am lebendigsten ist mir noch die Entstehung des Tangos »Eine Nacht in Monte Carlo« in Erinnerung. Als der Film erst im Stadium eines Planes war, fuhr ich nach Monte, um Eindrücke für meine Arbeit zu sammeln. Und die Wirkung der Riviera auf mich war nach sechzehnjähriger Abwesenheit so stark, daß sie sich sofort in Musik, nämlich die des Tangos, umsetzte. Ich wurde neulich gefragt, wie ich denn diese Melodie so lange behalten hätte, ohne sie aufzuschreiben. Ich bin der Meinung, daß man Melodien, die man vergessen *kann*, ruhig vergessen soll, denn dann schlagen sie doch nicht ein.

Nun besteht die Musik zu einer Filmoperette ja nicht nur in einigen Liedern. In Pommers BOMBEN AUF MONTE CARLO sind, wie ich mir zusammengerechnet habe, insgesamt vierzig Minuten Musik. Soweit diese Begleitmusik ist, besteht sie hauptsächlich aus Variationen der vier Hauptschlager.

Zum größten Teil ist das Stück bei der Arbeit am Drehbuch entstanden, aber da beim Film ja im Atelier, während der Arbeit viel Neues und Änderungen gefunden werden, muß sich die Musik dieser Arbeit anpassen und entsteht oft während der Aufnahmen. Da gibt es Schwierigkeiten aller Art.

Hierfür ein Beispiel: Wir waren mitten in der Aufnahme, als sich herausstellte, daß noch einige Meter Musik fehlten. Ohne diese zehn Takte konnte nicht weitergedreht werden, alles wartete auf mich. Ich stand auf meinem Pult vor dem Orchester und begann: »Erste Geige Viertelnote g«, und so weiter. Aus dem Kopf diktierte ich zehn Takte jeder Stimme des 45 Mann starken Orchesters, die Musiker schrieben die Noten auf, ich hob den Taktstock, und das Orchester spielte zehn Takte Musik, die fünf Minuten vorher noch nicht bestanden hatten. Die Aufnahme konnte weiter gehen.

Film-Kurier, Nr. 202, 29.8.1931

> »Bisher hat sich immer die fertige Komposition mit meiner inneren Klangvorstellung genau gedeckt«

Werner Richard Heymann, 1896 in eine jüdischen Familie in Königsberg geboren, begann als ernster Komponist. Seine »Rhapsodische Sinfonie« wurde 1918 von den Wiener Philharmonikern unter Felix Weingartner uraufgeführt. Ab 1919 wandte Heymann sich dem Theater und Kabarett zu. Als Chanson-Komponist zu Texten u. a. von Mehring, Klabund, Tucholsky und als musikalischer Leiter prägte er Max Reinhardts »Schall und Rauch« (gemeinsam mit →*Friedrich Hollaender*) und insbesondere von 1921–23 Trude Hestebergs »Wilde Bühne«.

Von Erich Pommer schon 1922 beauftragt, Schauspieler bei Dreharbeiten musikalisch anzuregen, wurde er 1925 Assistent von Ernö Rapée und 1926 Generalmusikdirektor der Ufa. 1928 kündigte er wegen antisemitischen Mobbings durch die von Hugenberg übernommene Ufa und arbeitete bei der Tobis an deren ersten experimentellen Tonfilmen. Die Ufa holte ihn als musikalischen Leiter ihres ersten Tonfilms MELODIE DES HERZENS zurück, und ab 1930 begründete er mit elf Filmen – u. a. DIE DREI VON DER TANKSTELLE und DER KONGRESS TANZT – das neue Genre der Tonfilmoperette. Schlager wie »Ein Freund, ein guter Freund«, »Liebling, mein Herz läßt dich grüßen« und »Das gibt's nur einmal« machten ihn zum meistgespielten deutschen Komponisten der frühen 1930er Jahre.

Heymanns Tonfilmoperetten zeichnen sich durch die Komposition mehrerer Lieder aus – meist vier an der Zahl. Sie charakterisieren die Hauptfiguren bzw. Themen des Films, werden in dessen Verlauf variiert, nahezu »sinfonisch« durchgearbeitet und sind eigenständiger Teil des Filmgeschehens. Viele seiner Filmschlager eroberten über die Schellack-Platte das Radio sowie Nachtbars, Varietés und Tanzsalons; sie sind heute Evergreens.

Von den vier Hauptmelodien in THE LOVE WALTZ wurden »Du bist das süßeste Mädel der Welt« und »Liebeswalzer« weit über den Film hinaus populär.

In IHRE HOHEIT BEFIEHLT wirbelt Heymanns Musik erneut vier Melodien im Spiel herum; dem Liebespaar (Käthe von Nagy und Willy Fritsch) sind »Du hast mir heimlich die Liebe ins Haus gebracht« und »Frag nicht wie, frag nicht wo« zugeordnet, den Comedian Harmonists, die als Köche auftreten, »Bißchen dies und bißchen das«. »Trara, jetzt kommt die Marschmusik« karikiert das Militär.

In BOMBEN AUF MONTE CARLO singen Hans Albers und Heinz Rühmann ihrer unerkannten Königin das Spottlied »Die Ki-Ka-Königin von Pontenero« vor, die Comedian Harmonists agieren als Schiffsbesatzung turbulent zur Musik von drei weiteren Heymann-Melodien: »Das ist die Liebe der Matrosen«, »Eine Nacht in Monte Carlo« und »Wenn der Wind weht über das Meer«.

EIN BLONDER TRAUM bietet das Lied »Wir zahlen keine Miete mehr / Wir haben unsre Bleibe da draußen, wo die letzten Häuser stehn… wir sind im Grünen zuhaus«. In einer geradezu sinfonischen Durchdringung mit den anderen Liedern, die zu Jou-Jous geträumter Fahrt nach Hollywood musikalisch kulminiert, steht das Hoffnungslied »Irgendwo auf der Welt gibt's ein kleines bißchen Glück«.

Werner Richard Heymann

WERNER RICHARD HEYMANN UND DIE TONFILMOPERETTE

VON WOLFGANG TRAUTWEIN

Im April 1933 musste Heymann emigrieren, ging nach Paris und komponierte dort zwei Operetten sowie Filmmusik. Das weitere Exil führte ihn nach Hollywood, wo er die Musik zu über fünfzig Filmen schrieb – u. a. zu Lubitschs NINOTCHKA mit Greta Garbo, THE SHOP AROUND THE CORNER, TO BE OR NOT TO BE – und vier Oscar-Nominierungen erhielt. 1951 kehrte er nach Deutschland zurück.

Paul Verhoevens HEIDELBERGER ROMANZE ist der erste Film, zu dem Heymann knapp nach seiner Rückkehr aus dem Exil die Musik schrieb. Die beiden Heymann-Lieder sind, anders als in seinen Tonfilmoperetten der 1930er Jahre, unmittelbar in die szenische Handlung eingefügt und, wie der Film, längerfristig eher unbekannt geblieben: »Drunt am Neckarstrand« sowie »Schlaf gut, träume süß«.

Neben Bühnenmusik schrieb Heymann in der neuen Heimatstadt München weiter für den Film, u. a. ALRAUNE mit Hildegard Knef.

Er starb am am 30. Mai 1961 in München.

1931 | DIE SCHWEBENDE JUNGFRAU

Szöke Szakall

1931. DE. Die schwebende Jungfrau
Regie: Carl Boese.
Buch: Max Jungk.
Vorlage: Bühnenstück »Die schwebende Jungfrau« (1915) von Franz Arnold, Ernst Bach.
Kamera: Reimar Kuntze.
Standfotos: Walter Lichtenstein.
Bauten: Franz Schroedter.
Maske: Karl Weitschat.
Schnitt: Alwin Elling.
Ton: Hermann Birkhofer.
Musik: Michael [= Mihály] Eisemann.
Musikalische Leitung: Artur Guttmann.
Liedtexte: Fritz Löhner-Beda.
Musik-Titel: »Ein bißchen Mondschein, ein bißchen Liebe«, »Ich bin kein Lohengrin, ich bin kein Parsifal«.
Darsteller: Szöke Szakall (Onkel Lampe), Fritz Schulz (Paul Brandt, Rechtsanwalt), Paul Kemp (Dr. Kurt Winter, Rechtsanwalt), Paul Westermeier, Max Ehrlich, Kurt Lilien (Hamburger Kriminalkommissar), Lissy Arna (Sonja, Detektivin), Dina Gralla (»Die schwebende Jungfrau«, Varietéstar), Fee Malten (Lilly), Helen Steels [= Hilde von Stolz] (Else, Frau von Rechtsanwalt Brandt), Adele Sandrock (Tante Malchen), Vicky Werckmeister.
Produktion: Max Glass-Produktion GmbH, Berlin.
Produzent: Max Glass, Kurt Reichmann.
Produktionsleitung: Max Glass.
Aufnahmeleitung: Paul Glass.
Drehzeit: ab Juli 1931.
Drehort: EFA-Atelier Berlin-Halensee.
Außenaufnahmen: Hamburg.
Länge: 88 min, 2418 m.
Format: 35mm, s/w, 1:1.19, Tobis-Klangfilm.
Zensur: 9.9.1931, B.29826, Jv.
Uraufführung: 17.9.1931, Berlin (Atrium).

Kopie: Bundesarchiv (35mm)

Rechtsanwalt Dr. Brandt flirtet auf einem Kostümball mit einer Artistin, der er sich als sein Kompagnon Dr. Winter vorstellt. Als seine Ehefrau Else von einer Urlaubsreise mit ihrer Schwester Lily, der Verlobten Dr. Winters, heimkehrt, stellt sich heraus, dass Dr. Winter durch Verwechslung in den Besitz des Koffers der Artistin geraten ist. Um den Austausch zu bewerkstelligen, reist an seiner Stelle Dr. Brandt nach Hamburg – verfolgt von der Privatdetektivin Sonja, die in Elses Auftrag den vermeintlichen Dr. Winter beschatten soll. In Hamburg flirtet Dr. Brandt nicht nur mit der Artistin, sondern unverfroren auch mit der Detektivin. Zudem sorgt dort Lilys Onkel Lampe für Verwirrungen, ehe sich alle Verwechslungen schließlich aufklären lassen.

DREHBERICHT

Alpenwiesen-Strandbadlandschaft im Efa-Atelier, Wasserrutschen an symbolischen Bergkühen vorbei, Älpler, Tirolerkapelle, Strandnixen, Hitze vor kühn-kühl gemaltem See-Hintergrund.

Fritz Schulz flirtet mit Dina Gralla, der »Schwebenden Jungfrau«, die aber wenig Zeit hat und nach Hamburg ins Engagement muß (sofern die Bank zahlt!)

Szöke Szakall, im blauseidenen Morgenrock, macht die Honneurs und hat eine Rolleiflex um den Hals, photographiert alles, was er sieht. Nebenbei erzählt er den Inhalt dieses Schwanks, den Carl Boese leitet. [...]

»Ein bißchen Mondschein, ein bißchen Liebe« singen die Nixen und Nixeriche am hellen Tage

Adele Sandrock, Szöke Szakall

zum Strandtanz, nach der Musik von Eisemann und Guttmann. Und während Guttmann dirigiert, steht Franz Schroedter auf der Leiter und besieht sich seinen Alpenstrand-Zauber, den er da hingebaut hat. Die Kamera Kuntzes gleitet auf und ab, pirscht sich an Stars, Rutschbahn, Nixen und »de Wiesen« heran, auf denen räkelnd besonntes trikot-buntes Leben blüht.

Mutig wird produziert. Max Glaß meinte, »die Menschheit will trotzallem und erst recht lachen, wir suchen das unsere dazu zu tun«.

Hakon.: Ein bißchen Liebe …
und die schwebende Jungfrau
Film-Kurier, Nr. 175, 29.7.1931

KRITIKEN

Daß Szöke Szakall eine ulkige Nudel ist und durch die seltsame Art, zu reden und die Worte zu überkugeln, den Leuten mancherlei Spaß bereitet, weiß man schon lange von den Kabaretts her. Auch im Film ist er schon sichtbar geworden, aber nun hat man ihm einen ganzen Film zur Verfügung gestellt, in dem er sein Wesen treiben kann (leider versteht man ihn hier noch weniger als auf der Bühne). Ein alter Schwank von Arnold und Bach »Die schwebende Jungfrau« hat daran glauben müssen. Das Problem, eine Theaterposse in einen Tonfilm zu verwandeln, hat Carl Boese freilich nicht lösen können, aber es sind eine Menge unterhaltliche und lustige Szenen herausgekommen. Man sieht ein Ballett im Freien, man erlebt Hamburg bei Nacht, vor allem ein weltbekanntes Hamburger Varieté, in dem besagte Jungfrau wirklich zur Decke hinaufschwebt und Szakall ihr aus Versehen Konkurrenz macht. Er ist das Bindeglied der Handlung, der als guter alter Onkel die kleinen Eheirrungen seiner jüngeren Familie wieder ins Lot bringen will und dabei natürlich alles durcheinanderwürfelt und das Unheil zunächst nur vermehrt. Seine Abenteuer in Hamburg mit und ohne Affen führen ihn in die merkwürdigsten Situationen und geben dem Publikum reichlichen Anlaß zum Lachen.

r.: Die schwebende Jungfrau
Vorwärts, 18.9.1931

Eine Tonfilmkomödie der Irrungen. Klamauk der Prominenten. Sinn des Unsinns? Man muß sich schon an die einzelnen Darsteller halten, wenn man auf seine Kosten kommen will. Da ist Fritz Schulz als junger, ewig über die Stränge schlagender Ehemann. Wie immer leiht er sein behendes, fast loses Temperament seitenspringenden Abenteuern mit diverser holder Weiblichkeit. So ganz der siegreiche Schwerenöter! Konfektionsbranche! –

Szöke Szakalls Humor und Komik ist geistiger fundiert. Er spielt diesmal einen Onkel (natürlich eine Seele von Mensch), der alles verkehrt macht und schließlich doch das Richtige trifft. Szöke Szakall hat da einige urkomische Rencontres mit der Polizei, und auch wenn er verbotenerweise auf dem guten Tisch im Salon Laubsägearbeiten fabriziert, gibt es herrliche Pointen. Im ganzen aber hat die Regie, um Szakalls Humor willen, die an sich wenig tragfähige Rolle zu sehr in die Länge gezogen. Was blieb ihr schließlich übrig. Für die andern Rollen hat das Manuskript nur ein Existenzminimum übrig. […] In allem: eine ungeschlossene Handlung mit sporadischem Humor. Klamauk der Prominenten.

Die schwebende Jungfrau
Hamburger Echo, 10.10.1931

1931 | MADAME HAT AUSGANG. EIN VERLIEBTES ABENTEUER

1931. DE/FR. Madame hat Ausgang. Ein verliebtes Abenteuer

Regie: Wilhelm Thiele.
Buch: Franz Schulz, Wilhelm Thiele.
Vorlage: Bühnenstück »L'Amoureuse aventure« (1929) von Paul Armont, Marcel Gerbidon.
Kamera: Nikolaus [= Nicolas] Farkas, Franz Farkas.
Bauten: Robert Gys.
Schnitt: René Le Hénaff.
Ton: Hermann Stör.
Musik, Musikalische Leitung: Ralph Erwin.
Liedtexte: Robert Gilbert.
Darsteller: Liane Haid (Irène Vernier), Hans Brausewetter (Marcel Touzet, Buchbinder), Ernst Dumcke (Jacques Vernier), Hilde Hildebrand (Eva), Karl Etlinger (Touzet, Fotograf, Marcels Vater), Toni Tetzlaff (seine Frau), Paul Biensfeldt (Durmont, Marcels Gehilfe), Ilse Korseck (Georgette, Dienstmädchen), Elisabeth Pinajeff (Lilette Darby, Tänzerin), Hugo Fischer-Köppe (Gaston), Ernst Pröckl (Albert), Albert Préjean (Sänger).
Produktion: Marcel Vandal & Charles Delac Tonfilmproduktion GmbH, Berlin / Marcel Vandal & Charles Delac, Paris.
Produzent: Marcel Vandal, Charles Delac.
Produktionsleitung: Simon Schiffrin.
Drehzeit: ab Juli 1931.
Drehort: Studios Films Sonores Tobis Épinay-sur-Seine.
Länge: 85 min, 2320 m.
Format: 35mm, s/w, 1:1.19, Tobis-Klangfilm.
Zensur: 11.12.1931, B.30592, Jv.
Uraufführung: 14.12.1931, Wien (Scala); 12.1.1932, Berlin (Titania-Palast).

Albert Préjean

Um sich an ihrem treulosen Gatten zu rächen, besucht Madame Vernier ein Tanzlokal, wo sie den jungen Buchbinder Marcel kennenlernt, dem sie sich als Dienstmädchen namens Leonie vorstellt. Bald verbindet die beiden eine innige Liaison. Auch als Marcel dank einer vergessenen Geldbörse die Adresse seiner Herzensdame herausfindet und sie besucht, kann diese den Schwindel aufrechterhalten. Erst nachdem Marcel Leonie seinen Eltern vorgestellt hat, beichtet ihm Madame Vernier die Wahrheit. Zwar möchte sie das Liebesverhältnis fortführen, doch als sie in einem Brief ihren Gatten von ihrem Ehebruch in Kenntnis setzt, kommt Marcel zu einem anderen Entschluss.

KRITIKEN

»Im Siebenten Himmel« oder »Über den Dächern von Paris« – das romantische Urmotiv aller Filmoperetten in neuer Abwandlung. Statt des Prinzeßchens sucht sich die Fabrikantenfrau den Mann der unteren Etage, und wenn es nicht zur glücklichen Heirat kommt, so wenigstens zum Liebeserlebnis, bei dem die Herzen nicht gebrochen, sondern nur leicht angeknickt werden.

Ja, wenn der Film nur keine »Handlung« hätte, man würde wegen seiner Inszenierungsreize des Lobes voll sein.

Denn Wilhelm Thiele bewahrt für den, der unvoreingenommen zuschaut, auch in dieser Pariser Arbeit wieder den Drang zum Besonderen. Selbst wenn diesmal die Hemmungen der Version in der Starre vieler Dialoge spürbar geblieben ist.

Wilhelm Thiele hat, wie wenige, den Sinn für Film-Musik und das filmische

Liane Haid, Hans Brausewetter

— Mehrsprachen-Version (MLV).
— Deutsche Version von: »L'Amoureuse aventure«, 1931, FR, R: Wilhelm Thiele.

Kopie: Bundesarchiv (35mm)

Singspiel. Ganz zu Unrecht geht ein Teil der Berliner Kritik gegen das Singspiel im Film mit Dreschflegeln vor. Thiele läßt sich dadurch nicht beirren – und das ist gut so. Leider verliebt er sich ein wenig in sein eigenes Talent und, abgesehen von der Neigung, Dialoge zu stark zu betonen und zu überpointieren, löst er allzu große Teile des Films in bilderreiche Couplet-Partien auf, die gewiß oft köstlich das langweilige Absingen von Schlagerversen überbrücken, dabei aber doch zu gedehnt wirken und die übrige Handlung vernachlässigen.

Was für den Thieleschen Singspielcharakter spricht: Wie sehr das Publikum an die mit leichter Musik (Ralph Erwin) unterlegten, frisch gesungenen Szenen gefesselt ist, das Terzett Liane Haid, Hilde Hildebrand, Ilse Korseck beim Ausgang der Madame zum Dienstmädel-Ball. Ein Duett zwischen der Haid und Hans Brausewetter in einer glücklich modernisierten Boheme-Stimmung – eine von allem Gezwungenen befreite, lockere Stimmung, gewiß viel Idylle und bewußte Biedermeierei, doch voller Kultur und mit Thieles Musiksinn gestaltet.

Der Zwang, diese Version dem französischen Original (und einem französischen Theaterstück!) nachzuspielen, beeinträchtigt sicher auch die Autoren-Arbeit von Franz Schulz. Die freie Komödien-Atmosphäre, die ihm liegt, gelingt ihm nur in ein paar Scherzszenen [...].

Diese Art Marionetten-Komödie, gut, zart, wienerisch, die alte Schnitzler-Schule – aber wehe, wenn es psychologisch menschlich wird, dann kommt ein an sich durchaus erträgliches und verständliches unhappy end, ein halb trauriger Ausgang – übertragisch, sentimental und lehrhaft.

– e – [= Hans Feld]: Madame hat Ausgang
Film-Kurier, Nr. 11, 13.1.1932

Für Albert Préjean hat man zu Beginn des Films eine kleine Lied-Einlage geschaffen, in der er, französisch und deutsch singend, den eigenen Reiz seiner Vortragskunst erneut bestätigt. Und überhaupt ist zu sagen, daß das musikalische Element in diesem Film, von Ralph Erwin betreut, weit überdurchschnittlich bemerkenswert und ein wichtiger Helfer der Regie ist. [...] Und wie die Einlagen, so ist auch die sonstige musikalische Untermalung Ralph Erwins von einer Feinheit, die sich von den üblichen Vulgarismen weit entfernt hält.

H. W–g. [= Hans Wollenberg]: Madame hat Ausgang
Lichtbild-Bühne, Nr. 11, 13.1.1932

Obgleich das Ganze als Lustspiel bezeichnet und als Operettenthema behandelt wird, vermeidet man das happy end, wodurch die Geschichte viel lebenswahrer wirkt. Neben dem rein Spielerischen steht also das Ernsthafte, genau so wie man neben das Ironische das Psychologische und Philosophische gestellt hat. Die Welt des Geldes und das Kleinbürgertum stehen sich als Gegensätze gegenüber und lassen sich auch nicht durch die Liebe überbrücken. Da aber diese Dinge nicht diskutiert, sondern in Handlung umgesetzt werden, wirken sie unbeschwert, leicht und lustig, so daß man sie mit stillem Behagen genießt.

Madame hat Ausgang
Neue Mannheimer Zeitung, 2.2.1932

Wilhelm Thiele, der Regisseur des LIEBESWALZERS, hat eine leichte und geschickte Hand für Lustspiele. Auch ein Lustspiel darf heute nicht mehr völlig die soziologische Verhaftung seiner Menschen und Geschehnisse übersehen, wenn es sich nicht um die Wirkung einer wenigstens angedeuteten Aktualität bringen will. Diese soziologische Verhaftung aber will mit Takt behandelt werden. Das scheint nicht immer so leicht der Fall zu sein, wie es selbstverständlich wäre. Wir haben noch nicht den Film der sozialistischen Gesellschaft. Es soll alles leicht und lustig sein, und die Filmproduktion will immer einer möglichst breiten Front von rechts nach links gefallen und kann es sich doch nicht versagen, nach rechts zu liebedienern. – Für diese knifflige Aufgabe ist der geschickte und leichtgelenkige Wilhelm Thiele der richtige Mann, ohne daß ihn seine Geschicklichkeit davor schützt, in gelegentliche Taktlosigkeiten, wie sie zum Beispiel in der PRIVATSEKRETÄRIN [siehe S. 60] gefällig waren, zu verfallen.

Auch in diesem, seinem neuesten Film gibt es gelegentliche Entgleisungen, die man jenseits aller Parteien eben nur als Taktlosigkeit bezeichnen kann. Diese Versager des guten Geschmacks treffen bei Thiele immer nur den mit Geld und Gut weniger gesegneten Mitmenschen, den er bei allen Vorzügen, die er ihm läßt – verliebt sich doch Madame sogar in ihn und will sich seinetwegen von ihrem steinreichen Gatten scheiden lassen –, doch nur als Menschen zweiten Ranges hinstellt. Es steckt bei Thiele keine tendenziöse Absicht dahinter, das sieht man in den Szenen, in denen er mit aller Wärme der Darstellung seine gelegentlichen Schnitzer wieder auszugleichen sucht. Aber … es ist eben ein schwieriges Lavieren auf dem Parkett gesellschaftlich populärer Wirkung.

E. G. M. [= Erika Guetermann]: Madame hat Ausgang
Hamburger Echo, 30.1.1932

Ernst Dumcke

1932 | DIE VERLIEBTE FIRMA

1932. DE. Die verliebte Firma
Regie: Max Ophüls.
Buch: Fritz Zeckendorf.
Vorlage: Idee von Bruno Granichstaedten, Ernst Marischka.
Kamera: Karl Puth.
Bauten: Robert Neppach, Erwin Scharf.
Maske: Paul Dannenberg.
Regie-Assistenz: Peter Willy Riethoff.
Schnitt: Else Baum.
Ton: Carlo Paganini.
Musik: Bruno Granichstaedten.
Bearbeitung: Grete Walter.
Musikalische Leitung: Ernst Haucke.
Liedtexte: Ernst Marischka, Bruno Granichstaedten.
Musik-Titel: »Ich wär so gern mal richtig verliebt«, »Ist dein Herz noch ledig, schick es nach Venedig«.
Darsteller: Gustav Fröhlich (Werner Loring jun., stellv. Direktor der Ideal-Tonfilm AG), Anny Ahlers (Peggy Barling, Filmstar), Lien Deyers (Gretl Krummbichler, Postbeamtin), Ernst [= Ernö] Verebes (Heinrich Pulver, Regieassistent), José Wedorn (Leo Lamberti, Kammersänger), Hubert von Meyerinck (Fritz Willner, Filmautor), Fritz Steiner (Toni Bauer, Komponist), Leonard Steckel (Harry Bing, Regisseur), Hermann Krehan (Karl Martini, Filmoperateur), Werner Finck (Franz Klingemüller, Postvorstand).
Produktion: D.L.S. Deutsches Lichtspiel-Syndikat AG, Berlin.
Produktionsleitung: Robert Neppach.
Aufnahmeleitung: Adolf Essek.
Drehzeit: Januar – Februar 1932.
Drehort: D.L.S.-Atelier Staaken.
Außenaufnahmen: Schweiz.

Bei den Dreharbeiten zu einer Tonfilm-Operette im verschneiten bayerischen Wintersportort Wiesendorf kommt es zum Streit zwischen den beiden Stars – im echten Leben ein Ehepaar. Als die Hauptdarstellerin abreist, verpflichtet das Team um den Produzenten Werner Loring jr. die gesangsbegabte Postbeamtin Gretl Krummbichler als ihren Ersatz. In Berlin, beim gemeinsamen Besuch eines Wellenbads, bemühen sich die Herren des Filmteams sehr um die junge Frau. Doch deren Träume von einer Filmkarriere platzen schnell. Nachdem das Schauspielerehepaar sich versöhnt hat, verliert sie die Rolle – gewinnt dafür aber das Herz des Junior-Produzenten.

DREHBERICHT

In den DLS-Studios dreht Max Ophüls, der junge Breslauer Theaterregisseur, den Hörern des Deutschlandsenders aus manchen Funkinszenierungen bekannt, seinen ersten großen Film, die DLS-Tonfilmoperette DIE VERLIEBTE FIRMA, [...] ein Film im Film, die Geschichte eines Tonfilms innerhalb einer Tonfilmoperette, ein vielversprechendes Sujet. [...]

Max Ophüls dreht gerade eine Szene im Postamt des kleinen Gebirgsdorfes. Hinter dem Schalterfenster sitzt Lien Deyers neben dem Postvorsteher Werner Finck, ein Telegrammformular in der Hand und eifrig Morsezeichen tippend, dem Autor des Films der »Idfag« ist nämlich ein neuer Schlagertext eingefallen, den er eiligst nach Berlin telegraphieren muß. Und so tippt nun Lien Deyers erst mechanisch und ohne Rhythmus die ersten Zeilen des Schlagerrefrains, bis leise die Musik einsetzt, immer lauter wird und die Szene illustriert, bis schließlich Musik, Telegraphenapparat und Lien Deyers in gleicher Melodie den Schlagerrefrain spielend tippen und singen.

»Ich wär' so gern mal richtig verliebt und weiß vom Tonfilm, daß es das gibt ...«

Eine der schwierigsten Szenen des Films, denn nicht nur Musik und Gesang und mimisches Spiel müssen im Rhythmus übereinstimmen, sondern auch die Einsätze Werner Fincks, teils nur stummes Spiel, teils Wechselgesang müssen richtig klappen. Und da zeigt sich Ophüls als alter und doch ideenreicher Schauspielerregisseur, der in verhältnismäßig kurzen und wenigen Proben die Sache zum Klappen bringt.

Lien Deyers telegraphiert Schlagertexte
Lichtbild-Bühne, Nr. 28, 2.2.1932

KRITIKEN

Erster großer Film des Regisseurs Max Ophüls. Der neue Filmmann kommt vom Theater. Äußerst lustig fängt das Spiel an. Man dreht einen Tonfilm im Schnee. Geschickt wechseln Natur- mit Atelieraufnahmen. Und alle werden einmal ordentlich, aber liebenswürdig verulkt, Regisseur, Autor, Schlagerkomponist, Operateur, Regieassistent und Filmstar. Siehst du, Publikum, so gehts bei einer Filmaufnahme zu! So werden Schlager gedichtet und in Musik gesetzt. So aufgeregt sind alle, so wichtig, so oft und schnell wechseln sie ihre Meinung! Und natürlich schaut das Publikum gern ein wenig hinter die Kulissen. [...] Dann aber wird aus der freundlichen Parodie ein richtiges Operettchen.

– ap – [= Else Czapski]: Die verliebte Firma
Vossische Zeitung, 23.2.1932

Ein neuer Name, an den man entschieden Hoffnungen knüpfen darf: Max Ophüls, der Regisseur. Als seine erste große Arbeit um so anerkennenswerter! Ein Film, wie man ihn flüssiger, anregender, beschwingter nur selten zu sehen bekam. Eine Arbeit, die stets den griffsicheren Blick des Spielleiters zeigt, eine feinnervige Hand, die wirklich

Ernst Verebes, Lien Deyers

1932 DIE VERLIEBTE FIRMA

Länge: 73 min, 2007 m.
Format: 35mm, s/w, 1:1.19, Tobis-Klangfilm.
Zensur: 19.2.1932, B.31076, Jv.
Uraufführung: 22.2.1932, Berlin (Atrium).
— *Zur Restaurierung (Friedrich-Wilhelm-Murnau-Stiftung): Von Max Ophüls' »Die verliebte Firma« sind heute keine zeitgenössischen Materialien mehr überliefert. Als Ausgangsquelle für die 2K-Digitalisierung der Friedrich-Wilhelm-Murnau-Stiftung diente 2023 ein Duplikatnegativ zweiter Generation aus eigenem Bestand. So wie alle noch vorhandenen Materialien des Films wurde das Negativ von einer nun verschollenen zeitgenössischen Verleihkopie angefertigt, die 200m (ca. 7min) kürzer als die angegebene Zensurlänge war. Dennoch konnte durch eine textbasierte Recherche zeitgenössischer Artikel belegt werden, dass alle relevanten Handlungselemente des Films in der jetzigen Fassung noch enthalten sind. Das digitalisierte Duplikatnegativ ist das einzig überlieferte Material des frühen Tonfilms, welches das ursprüngliche Bildseitenverhältnis – 1:1.19 – aufweist. Der Ton des Duplikats musste stellenweise mit dem Ton einer Positivkopie dritter Generation ergänzt werden.*

Kopie: Friedrich-Wilhelm-Murnau-Stiftung, Wiesbaden (DCP)

Leonard Steckel, Hermann Krehan

zu gestalten vermag. Mit Witz und Humor. Tonfilm-Operette: Selten fand man rein musikalische Partien organisch-unauffälliger einkomponiert wie hier (auch von der Regie her!). Kurzum eine Arbeit, die aufhorchen läßt.

H[ans] Hirsch: Die verliebte Firma
Lichtbild-Bühne, Nr. 45, 23.2.1932

Der Clou waren die gesanglich mitreißenden Schlager »Ist dein Herz noch ledig« und »Ich wär so gern mal richtig verliebt«. Die Musik saß, und wenn sie auch nicht »Dein noch lediges Herz nach Venedig begleitete«, so summten doch viele der Theaterbesucher die reizenden Melodien [von Bruno Granichstaedten] noch auf dem Nachhausewege.

Die verliebte Firma
Duisburger Generalanzeiger, 10.4.1932

RETROPERSPEKTIV

Es war der billigste Film, den ich in meinem Leben zustande gebracht habe, und er hat nach mathematischem Kausalgesetz sehr viel Geld eingebracht. Er wurde in einer solchen Eile hergestellt, daß meinem Aufnahmeleiter ein seltsames Versehen passierte. In einer Szene lief eine Komparsin, die eine Sekretärin spielte, zum Fenster und winkte ihren unten im Hof vorbeigehenden Kolleginnen zu. Als der Film fertig geschnitten war, sah man sie oben winken, und unten im Hof winkte sie sich selber zu.

Der Film wurde auch privat zu einer »verliebten Firma«. Der Aufnahmeleiter heiratete ein halbes Jahr später die doppelt gedrehte Komparsin. Der männliche Hauptdarsteller, Gustav Fröhlich, heiratete während der Aufnahmen Gitta Alpár. Der Architekt, Robert Neppach, wurde zum Produktionsleiter befördert und heiratete meine Assistentin, Gretel Walter, die Tochter von Bruno Walter; Anni Ahlers, die Sängerin, verlobte sich mit einem Theater-Impresario, der immer zu Besuch kam und mich störte, weil er herumwimmelte, sie rastlos anstarrte und deswegen über die Kabel stolperte.

Max Ophüls: Spiel im Dasein – Eine Rückblende
Stuttgart: Goverts 1959

Robert Neppach und Gretel Walter begingen im Exil Doppelselbstmord [Anm. d. Red.: Das Ehepaar lebte getrennt; bei einem Treffen 1939 in Zürich zwecks Absprache über eine Scheidung erschoss Neppach seine Frau und dann sich selbst]; Lien Deyers' Schicksal ist bis heute nicht restlos aufgeklärt, doch scheint sie – arbeitslos und vergessen im Exil – dem Alkohol verfallen und jämmerlich gestorben zu sein; Bruno Granichstaedten mußte sich im Exil in New York in seinen letzten Lebensjahren sein Brot als Pianist in Nachtlokalen verdienen, und für Krehan, Steckel, Verebes und nicht zuletzt für Ophüls selbst ist das Exil ja auch kein Zuckerschlecken gewesen: Es bedeutete immer Flucht und Heimatlosigkeit, Verlust, Neuanfang unter harten Bedingungen und oft Kampf ums Überleben.

Helmut G. Asper: Max Ophüls – Eine Biographie
Berlin: Bertz 1998

Film
in der edition text+kritik

Stephan Ahrens
Band 6
Mit Wolkenkratzer und Handtasche
Eine Geschichte des Filmmuseums
Dezember 2023,
etwa 270 Seiten,
zahlreiche s/w-Abb.
ca. € 29,–
ISBN 978-3-96707-879-4

Museen und Ausstellungen gehörten zu den ersten Orten, an denen Filme öffentlich zu erleben waren. Während zur historischen Entwicklung des Kinos schon seit einigen Jahrzehnten Untersuchungen entstehen, steht eine filmhistorische Verortung des Filmmuseums noch am Anfang. Wie sich zeigt, begleitet die Vorstellung von einer solchen Einrichtung die Filmgeschichte fast ebenso so lange wie das Kino.

Anhand umfangreicher Archivrecherchen wird eine Geschichte des Filmmuseums nachgezeichnet, die vor allem die verschiedenen Arten des Ausstellens von Film erhellt.

et+k

edition text+kritik · 81673 München
www.etk-muenchen.de

THEMA | AMERIKANISMEN: VORBILD HOLLYWOOD
VON OLAF BRILL

Seitdem das Hollywood-Kino in den 1910er Jahren seinen Siegeszug um die Welt angetreten hatte, versuchten Filmproduzenten in aller Welt – und also auch im Deutschen Reich –, den amerikanischen Filmstil zu imitieren. Wenn sie Ende der 1920er und Anfang der 30er Jahre in die USA schauten, waren die Vorbilder, die sie dort fanden, nicht selten Werke europäischer Auswanderer, die inzwischen den Hollywood-Stil mitprägten.

So war ◻ THE LOVE PARADE (USA 1929) des bereits 1922 nach Amerika emigrierten Berliner Meisterregisseurs Ernst Lubitsch ein fast schon perfektes Vorbild für den deutschen Musikfilm der frühen Tonfilmzeit. »Jetzt ist die LIEBESPARADE da!«, staunte der Filmkritiker Wolfgang Duncker, als Lubitschs Musikkomödie mit jahrelanger Verspätung in Berlin startete. »Zwei Jahre alt – und immer noch die beste Tonfilm-Operette, die wir kennen.« (Berlin am Morgen, 26.11.1930, siehe S. 28).

István Székelys ◻ DIE GROSSE SEHNSUCHT (1930) blickte vermeintlich hinter die Kulissen einer großen Filmproduktion und setzte dabei ein stattliches Aufgebot an Stars des deutschen Films ins Bild, die fiktionalisierte Versionen von sich selbst spielten. Diese deutsche *All-Star-Revue* eines ungarischen Regisseurs hatte nicht nur Vorbilder in Fritz von Unruhs Komödie »Phaea« und Alfred Zeislers Kriminalfilm DER SCHUSS IM TONFILMATELIER (beide 1930), sondern vor allem einen Hollywood-Vorläufer, King Vidors Stummfilm SHOW PEOPLE (USA 1928), in dem Marion Davies auf die Filmstars Charles Chaplin, Douglas Fairbanks, Mary Pickford und Gloria Swanson trifft (deutscher Titel: Es tut sich was in Hollywood).

Das Genre des Revuefilms, der im Milieu großer Bühnen-Revuen und Varietés spielt und damit den Einsatz von Musik und Gesang diegetisch rechtfertigte, wurde dann im Kino des Nationalsozialismus besonders populär, mit Stars wie Marika Rökk, Johannes Heesters und →*Zarah Leander*. Székely ging nach dem Machtantritt der Nationalsozialisten 1933 zuerst in sein Heimatland zurück, drehte dort unter anderem noch ◻ BALL IM SAVOY / BÁL A SAVOYBAN (HU/AT 1934) und emigrierte kurz vor Kriegsausbruch 1939 in die USA, wo er B-Movies wie BEHIND PRISON WALLS, REVENGE OF THE ZOMBIES und WOMEN IN BONDAGE inszenierte (alle 1943).

Paul Martins ◻ EIN BLONDER TRAUM (1932) mit dem »Traumpaar des deutschen Films« Lilian Harvey und Willy Fritsch (plus einem weiteren Willi, dem →*Forst*) stellte den Traum von Hollywood in den Mittelpunkt der Handlung: Die liebenswürdige und leider auch leichtgläubige Jou-Jou (Harvey), die bisher nur in einem Wanderzirkus als Wurfgeschoss gedient hat, träumt davon, ein großer Filmstar zu werden. Zunächst fällt sie auf einen Betrüger herein, der vorgibt, sie nach Hollywood zu engagieren und dafür nur eine unbedeutende Gebühr von 25 Dollar verlangt. Aber Jou-Jou gibt nicht auf, und als der Traum am Ende für sie tatsächlich greifbar scheint, wählen die Drehbuchautoren Walter Reisch und Billie Wilder ein überraschendes Happy-End der anderen Art: Jou-Jou entscheidet sich, ihren Traum aufzugeben und bei dem Willy zu bleiben, den sie liebt, während der andere Willi zum Assistenten des echten Filmproduzenten avanciert. Eine andere Entscheidung als Jou-Jou trifft übrigens die Hauptfigur in DIE GROSSE SEHNSUCHT: Die Komparsin Eva (Camilla Horn) wählt am Ende nicht die Liebe, sondern die Karriere beim Film. Da sage noch einer, es gäbe vorhersagbare Happy-Endings!

> »Der Star-Dirigent schien sichtlich Spaß daran gehabt zu haben, im Spielfilm eine fiktionalisierte Variante von sich selbst zu spielen«

Während die Drehbuchautoren Reisch und Wilder später nach Hollywood gingen und dort Furore machten, wurde Lilian Harvey, anders als ihre Figur Jou-Jou, tatsächlich gleich nach EIN BLONDER TRAUM von 20th Century Fox engagiert und spielte in vier Hollywood-Filmen, die allerdings nicht sonderlich erfolgreich waren. 1935 kehrte sie frustriert nach Europa zurück – und drehte unter anderem weitere Liebeskomödien mit ihrem Traumpartner Willy Fritsch.

Der amerikanische Einfluss auf den deutschen Film zeigt sich auch in Erich Engels Komödie ◻ FÜNF VON DER JAZZBAND (1932) nach einem Drehbuch von →*Hermann Kosterlitz* [= Henry Koster] und Curt Alexander. Der Film ist so leichtfüßig, als käme er direkt

Fünf von der Jazzband

aus Hollywood, mit Jazzmusik statt Operette und einer gewissen Nonchalance. Am Anfang tritt ein Tenor auf, der ebenso wie die vier jungen Jazzmusiker nach einem Engagement sucht, aber von den jungen Leuten veräppelt wird – eine Parodie wohl auf den deutschen Sängerfilm der 1930er Jahre, der gerade an Fahrt aufnahm (ICH GLAUB' NIE MEHR AN EINE FRAU, 1929/30; EIN LIED GEHT UM DIE WELT, 1933).

Einen Hollywood-Coup besonderer Art landete 1937 das Dreamteam aus dem deutschen Regisseur Henry Koster [= Hermann Kosterlitz] und dem österreichisch-ungarischen Produzenten →Joe Pasternak [= Jozef Pastek]. Im Jahr zuvor hatten sie mit dem Sensationserfolg THREE SMART GIRLS (1936) die 14-jährige Deanna Durbin zum Star gemacht und die Universal vor der Pleite gerettet. In ihrem nächsten Film, 100 MEN AND A GIRL (1937), spielte Durbin die aufgeweckte Tochter eines arbeitslosen Musikers, die ein Sinfonieorchester aus arbeitslosen Musikern zusammenstellt und den berühmten Dirigenten Leopold Stokowski (1882–1977) überredet, es zu dirigieren. Der Coup: Stokowski tritt tatsächlich in dem Film auf, und zwar nicht nur als Cameo oder ausschließlich am Dirigentenpult, sondern in einer tragenden Rolle mit längeren Sprechparts. Der Star-Dirigent schien sichtlich Spaß daran gehabt zu haben, im Spielfilm eine fiktionalisierte Variante von sich selbst zu spielen, und war auch verantwortlich für das Aufnahmeverfahren mit 28 Mikrofonen, das eine exzellente Ton-Mischung ermöglichte und dem Filmpublikum ein herausragendes Musikerlebnis bot (siehe unser Dokument auf S. 107). So bestanden große Teile des Films in der Aufführung klassischer Musikstücke. Seinen berühmtesten Filmauftritt hatte Stokowski freilich drei Jahre später als Dirigent in Disneys FANTASIA (1940).

Da hatte in Europa schon der Zweite Weltkrieg begonnen, in den, nach dem Überfall der Kaiserlich Japanischen Marineluftstreitkräfte auf die amerikanische Marinebasis in Pearl Harbor, auch die USA eintraten. Zu der Zeit entstand in Hollywood, New York und Chicago der RKO-Film SYNCOPATION (1941/42), der die Geschichte der amerikanischen Jazzmusik nachzeichnete. Die rudimentäre Rahmenhandlung zieht sich über Jahrzehnte, und der Regisseur war ein emigrierter Deutscher: William [= Wilhelm] Dieterle, der bereits 1930 in den USA gelandet war und dort, inzwischen amerikanischer Staatsbürger, unter anderem THE HUNCHBACK OF NOTRE DAME (1939) mit Charles Laughton in der Titelrolle inszeniert hatte.

Ein Musterbeispiel des großen Hollywood-Musicals schließlich präsentieren wir zum Abschluss des *cinefest*s mit Mark Sandrichs TOP HAT (1935), dem vierten Film mit dem amerikanischen Traumpaar Fred Astaire [= Frederick Austerlitz] und Ginger Rogers, *Entertainern* amerikanischer Prägung, die charmant und elegant auftraten, singen, tanzen und schauspielern konnten und damit die perfekten Stars der Tonfilm-Zeit waren.

1932 | FÜNF VON DER JAZZBAND

1932. DE. Fünf von der Jazzband
Regie: Erich Engel.
Buch: Hermann Kosterlitz [= Henry Koster], Curt Alexander.
Vorlage: frei nach dem Lustspiel »Fünf von der Jazzband« (1927) von Felix Joachimson [= Jackson].
Kamera: Reimar Kuntze.
Kamera-Assistenz: Harro Ernst Bremer.
Standfotos: Otto Stein.
Bauten: Erich Czerwonski.
Maske: Adolf Braun, Martin Gericke.
Schnitt: Andrew Marton.
Ton: Hans Grimm.
Musik: Theo Mackeben.
Liedtexte: Fritz Rotter.
Musik-Titel: »Täglich Musik, so oft wie möglich Musik«.
Darsteller: Jenny Jugo (Jessie), Rolf von Goth (Jim), Fritz Klippel (Moritz), Karl Stepanek (Jean), Günther Vogdt (Bill), Theo Shall (Martin, Liebhaber mit den schönen Zähnen), Werner Pledath (Direktor), Arthur Mainzer (Agent Sasse), Gerhard Bienert (Bühnenmeister), Heinrich Gretler (Kriminalbeamter), Erika Helmke-Dassel (Erika), Peter Ihle (Bühnenmaler), Fritz Melchior (Abendregisseur), Vera Spohr (Hotelzimmermädchen), Walter Steinbeck (Direktor Spinner), Henry Pless, Karl Huszar-Puffy, Karl Hannemann, Robert Klein-Lörck, Peter Lorre, Ludwig Roth, Willi Schur, Adolf Fischer, Georg Gartz, Erika Helmke, Theo Mackeben, Gustav Püttjer, Paul Rehkopf, Hans Waschatko, Jola Winter.
Produktion: Deutsche Universal-Film AG, Berlin / Tonbild-Syndikat AG (Tobis),

Walter Steinbeck, Jenny Jugo

Frei nach dem gleichnamigen Lustspiel von Felix Joachimson: Vier Freunde haben eine Jazzband gegründet und suchen verzweifelt ein Engagement. Beim Vorspielen im Varieté-Theater Tamerlan stürzt die hübsche junge Jessie von einer Leiter mitten in die Pauke. Der Direktor findet die Nummer so komisch, dass er die »Fünf von der Jazzband« vom Fleck weg engagiert. Nun muss Jessie, die überhaupt nicht musikalisch ist, überredet werden, bei der Jazzband mitzumachen, und im letzten Moment will man ihr verraten, dass sie in Wahrheit allabendlich als Höhepunkt der Nummer ihren unfreiwilligen Sturz von der Leiter wiederholen soll. Natürlich verknallen sich alle vier Freunde in die reizende Jessie. Um Komplikationen zu vermeiden, schließt man einen Pakt, dass alle nur ihre guten Freunde sein wollen. Was Jessie wiederum überhaupt nicht passt und sie direkt in die Arme des Herrn mit den schönen Zähnen treibt.

Achtung! Musik ... Zwischen Filmkomödie und Musical

GESPRÄCH MIT ERICH ENGEL

»Ich möchte mich«, sagt Erich Engel, »zu dem Film, dessen Welturaufführung heute in Wien stattfindet, nicht allzu ausführlich äußern. Man muß dem Publikum nicht vorher zuviel über eine künstlerische Arbeit sagen, die doch erst nach dem Betrachten zu beurteilen ist. Ich halte ja die Interessen des Filmpublikums für künstlerisch durchaus hochstehend. Ich glaube nicht daran, daß sich das Publikum, das meinen Film ansehen wird, durch das erklärende Wort des Regisseurs irgendwie beeinflussen lassen könnte. […]«

»Ich bemühe mich, in meiner Regieführung die Mitwirkenden dazu zu erziehen, daß sie durchaus natürlich bleiben. Ich möchte es immer vermeiden, irgendwelche künstlichen Situationen zu schaffen, die im Leben selten oder gar nicht vorkommen und deren krampfhafte Künstlichkeit alles Künstlerische glattweg erschlägt. Vor allem in den heiteren dramatischen Arbeiten auf der Bühne oder im Tonfilm wird zu oft der Fehler gemacht, Klischees anzuwenden, Mätzchen zu stellen und die Wirkung gleichsam auf die Situation aufzupropfen. Die Wirkung soll sich aber, meiner Meinung nach, aus der Situation entwickeln. Nur die wahren Ausdrucksmittel reiner künstlerischer Theaterarbeit können die wahre und ganze Wirkung erzeugen. Diese Erfahrung habe ich bei den heiteren Stücken, die ich inszenierte, ebenso gemacht, wie bei den ernsten, bei denen ich viel lieber Regie führe.«

»Haben Sie einen solchen ernsten Film etwa jetzt in Arbeit?«

»Leider nicht. Die Tonfilmindustrie sträubt sich ziemlich einheitlich gegen die Verfertigung guter ernster Filme. Der Tonfilmproduzent verkennt meiner Ansicht nach das Kinopublikum völlig. Man arbeitet mit der Berufung auf die Kassenrapporte der Kinotheater in aller Welt für die Anschauung, daß das Kinopublikum nichts so gern sehen wolle, als die humoristische Dummheit, die grotesken Situationen kitschiger Verwicklung und die happy ends des süßlichen Unsinns. Nun sind aber diese Kassenrapporte kein mir irgendwie genügend erscheinender Beweis für den geringen Geschmack, den die Filmproduzenten dem Publikum imputieren. Denn die ernsten guten Filme und die künstlerisch wertvollen Arbeiten, die man den Produzenten mitunter vorschlägt, werden eben von vornherein nicht angenommen und nicht ausgeführt; es ist keine Möglichkeit vorhanden, ihre gute Wirkung auf das internationale Kinopublikum nachzuweisen.«

Gespräch mit Erich Engel – Der Regisseur, der an den Geschmack des Tonfilmpublikums glaubt
Wiener Allgemeine Zeitung, 20.3.1932

KRITIKEN

Es ist naheliegend, Erich Engel, der nun mit seinem zweiten Tonfilm an die Öffentlichkeit tritt, den »deutschen René Clair« zu nennen. In WER NIMMT DIE LIEBE ERNST? und vielleicht noch stärker in seinem jüngsten Film zeigt sich ein künstlerisch empfindender und formender Regisseur, der mit seinem großen französischen Kollegen vor allem die Liebe zum Detail, zum feinen, charakterisierenden Detail gemeinsam hat, und der bestrebt ist, fernab von jeder gekrampften Stilsuche mit dem Luxus- und Übertreibungskitsch des modernen Tonfilms aufzuräumen und der auch für die verlogene Wunschtraumerfüllung, die jetzt am laufenden Filmband serienweise produziert wird, herzlich wenig übrig zu haben scheint. […]

Es ist kein realistischer Reportagefilm, keine soziale Satire mit Musik- und Tanzeinlagen und keine Groteskoperette, bei der ebenso plötzlich wie unmotiviert alles zu singen und zu tanzen beginnt. Es ist da kein »Stil«, der mit konsequenter Langeweile durchsetzt wird. Erich Engel in-

Berlin;
für: Universal Pictures Company Inc., New York.
Produktionsleitung: Joe Pasternak, Hans Conradi.
Aufnahmeleitung: Heinz Landsmann.
Drehzeit: 21.1. – 17.2.1932.
Drehort: Jofa-Ateliers Berlin-Johannisthal.
Länge: 88 min, 2402 m / DP: 87 min, 2380 m.
Format: 35mm, s/w, 1:1.19, Tobis-Klangfilm.
Zensur: 18.3.1932, B.31240, Jv. / DP: 25.4.1932, B.31469, Jv.
Uraufführung: 19.3.1932, Wien (Scala).
Deutsche Erstaufführung: 12.4.1932, Berlin (Capitol).
— *Prädikat:* Künstlerisch.

Kopie: Friedrich-Wilhelm-Murnau-Stiftung, Wiesbaden (DCP)

1932 FÜNF VON DER JAZZBAND

Jenny Jugo (Mitte)

szeniert einen charmanten, lustspielhaften Film ohne Manieriertheit, ohne Allüren, der so bezaubernd nett gespielt wird und eine so reiche Fülle blendender Details aufweist, daß sich während der Vorstellung spontaner Beifall durchsetzt. Der Humor, der immer durchdringt, wird nicht durch alte Kalauer oder Gliederverrenkungen erreicht. Es ist auch das besondere Verdienst Engels, daß er, der ja die Joachimsonsche Komödie auf der Bühne inszenierte, nirgends verfilmtes Theater gab, sondern das Lustspiel bis zur äußersten Möglichkeit filmisch auflockerte.

Gespielt wird […] ausgezeichnet. Jenny Jugo ist von bestrickender Natürlichkeit und Lustigkeit. Engel hat ihr (wie seinerzeit [Max] Hansen) alle Stummfilmunarten abgewöhnt und ihrer Begabung, die fast im Groteskkomischen wurzelt, reichsten Spielraum gelassen. Rolf v. Goth, der seine sympathische Jungenhaftigkeit nicht durch einen Schnurrbart verbergen sollte, Karl Stepanek, Günther Vogdt und der begabte Fritz Klippel sind die sympathischen Vier von der Jazzband. Theo Shall macht ausgezeichnete Figur und aus der Fülle der ausgezeichneten Episoden ragt besonders Peter Lorre hervor.

Hugo Rappart: Erichs Engels
»Fünf von der Jazzband« in der Scala
Wiener Allgemeine Zeitung, 22.3.1932

Viktoria! Das war ein Sieg. Das war eine Premiere. Dabei zu sein, wie tausend Menschen für ein Werk Feuer fangen, wie sie mit jeder Szene entzückter werden, ganz automatisch beim Ausspielen jedes Regietrumpfs zu klatschen beginnen und schließlich mit freudeglänzenden Augen auf die Straße treten, das ist schon beinahe ein Erlebnis. Nur von der Produktion her können wir beim Film der Krise zu Leibe gehen. Ein Abend wie der gestrige ist Ansporn dazu. […]

Der Abend war im wesentlichen Engels Triumph. Sein überraschender Erfolg mit dem Hansen-Film [WER NIMMT DIE LIEBE ERNST?, 1931] war kein Zufallstreffer. Hier liegt Leistung vor, die aus wahrem Können heraus geboren ist.

Was in hundert Kritiken geschrieben wurde, im Film-Kurier und anderswo, und was soviele Produzenten bis zum heutigen Tage nicht glauben wollten, wird hier an Hand eines hoffentlich überzeugenden Beispiels demonstriert. Nämlich daß ein Tonfilmregisseur Gefühl für das gesprochene Wort haben muß. Daß ihm das Ohr für jede Sprachnuance ebenso nottut wie der Blick für das Bild. Und daß Leute, die nur sehen und nicht hören können, eben nicht Tonfilmregie führen können.

Den großen Jubel während des Abends gibt es immer dann, wenn ein Satz, der sich im Manuskript bestimmt ganz gewöhnlich liest, plötzlich mit einer Betonung und mit einer Klangfarbe kommt, daß es wie ein elektrischer Schlag in das Hörzentrum der Leute im Parkett geht. Nur ganz große Schauspieler, und auch diese nicht immer, können diesen Ton selbst treffen. Da muß ein Regisseur formen und retuschieren. Und so kommen hier Nebenpersonen zu Erfolg, weil die Regie ihre Szenen nicht als nebensächliche Passagen dreht, sondern sie ebenso wichtig nimmt wie die Auftritte der Hauptdarstellerin. Nur auf diese Weise kann aus einem Stoff, der bei aller Nettigkeit doch schließlich nicht gerade aufregend ist, ein guter Film werden.

Engel ist natürlich nicht nur Sprachregisseur. Wenn er nicht ebenfalls Gefühl für das richtige Tempo und den richtigen Szenenaufbau wähnen ließe, wäre er ja ebensowenig ein Tonfilmregisseur wie seine gehörschwachen Kollegen.

Engel ist ein Mensch, der sehen und hören kann. Das ist Alles. […]

Die Jugo hat einen neuen, ganz großen Erfolg. Haben wir es nicht schon alle einmal kennengelernt, das kleine Mädel, das seine ganzen Sorgen hinter einem forcierten Selbstgefühl verbergen will, das die Männer pampig behandelt und sich wundert, wenn sie die Geduld verlieren? Wenn die Jugo die Orchesterprobe abbricht mit dem Satz: »Und Jessie ist überhaupt böse«, dann läßt das Engel so klingen, daß das Publikum vor Freuden jauchzt. Großartig ist die Jugo mit ihren meist unerwartet kommenden trockenen Bemerkungen zu den Geschehnissen dieses Films.

Georg Herzberg: Fünf von der Jazzband
Film-Kurier, Nr. 87, 13.4.1932

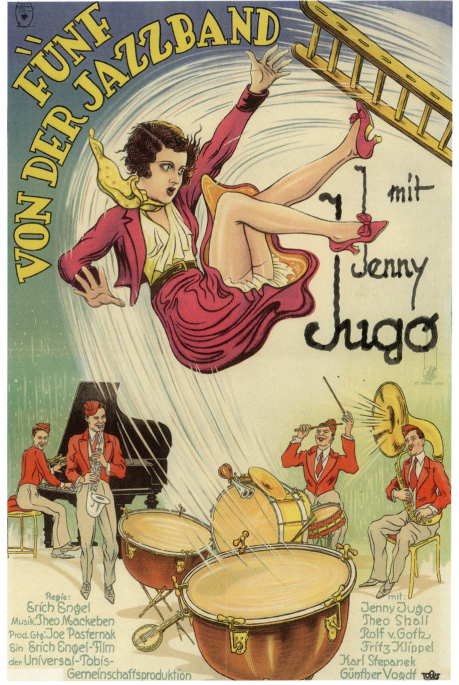

1932 EIN BLONDER TRAUM

1932. DE. Ein blonder Traum
Regie: Paul Martin.
Dialog-Regie: Robert Forster-Larrinaga.
Buch: Walter Reisch, Billie Wilder.
Kamera: Günther Rittau, Otto Baecker, Konstantin Tschet.
Kamera-Assistenz: Ekkehard Kyrath.
Standfotos: Willi Klitzke.
Bauten: Erich Kettelhut.
Garderobe: Otto Sucrow, Max König, Adolf Kempler.
Maske: Emil Neumann, Maria Jamitzky, Hermann Rosenthal.
Schnitt: Willy Zeyn.
Ton: Fritz Thiery.
Musik: Werner Richard Heymann.
Arrangements: Gérard Jacobson.
Liedtexte: Robert Gilbert, Walter Reisch, Werner Richard Heymann.
Musik-Titel: »Irgendwo auf der Welt gibt's ein kleines bißchen Glück«, »Einmal schafft's jeder«, »Wir zahlen keine Miete mehr«, »Alles verstehen heißt alles verzeih'n«, »Ich hab' so Sehnsucht, ich träum' so oft«.
Choreografie: Franz Rott.
Darsteller: Lilian Harvey (Jou-Jou), Willy Fritsch (Willy 1), Willi Forst (Willy 2), Paul Hörbiger (Vogelscheuche), Trude Hesterberg (Illustrierte Ilse), C. Hooper Trask (Merryman), Hans Deppe (sein Sekretär), Wolfgang Heinz (Portier); — ferner: Barbara Pirk, Ina von Elben, Ernst Behmer, Hugo Döblin.
Produktion: Universum-Film AG (Ufa), Berlin [Erich Pommer-Produktion der Ufa].
Produzent: Erich Pommer.
Produktionsleitung: Eberhard Klagemann.

Willi Forst, Lilian Harvey, Willy Fritsch

Zwei fröhliche Fensterputzer, die beide Willy heißen, fahren auf Fahrrädern mit ihren Leitern durch Berlin. Auch wenn der eine dem anderen immer wieder die Mädels ausspannt, sind sie beste Freunde und wohnen auf dem Lande gemeinsam mit einem kauzigen Alten namens Vogelscheuche in zwei ausrangierten Eisenbahnwaggons. Eines Tages, als sie die Fenster der amerikanischen Botschaft putzen, lernen sie die unglückliche Jou-Jou kennen, die bisher nur in einem Wanderzirkus als Wurfgeschoss aufgetreten ist, aber davon träumt, Filmstar in Hollywood zu werden. Sie ist auf einen Schwindler hereingefallen, der ihr eine Passage nach Amerika versprochen hat. Mit ihrem Ersparten kaufen die beiden Willys einen dritten Waggon und nehmen die arme Jou-Jou mitsamt Hund bei sich auf. Natürlich verlieben sie sich beide in das süße Mädel. So bleiben die Fragen: Für welchen Willy wird sie sich entscheiden? Und was passiert, wenn sie am Ende wirklich nach Hollywood engagiert wird?

LILIAN UND COLUMBUS

Was den Columbus betrifft, so könnte man ihn zunächst dringend gebrauchen, um Lilian zu entdecken. Man muß sich wie eine Schlingpflanze durch ein riesiges Meer von Pfosten und Säulen winden, um sich ein dutzendmal zu verirren, bevor man – in einem der Neubabelsberger Ateliers – dahinauf gerät, wo augenblicklich der »Blonde Traum« spielt.

Ein blonder Traum, – Titel des letzten Harveyfilms der Ufa. Danach fährt sie hinüber, ins U.S.A.-Engagement, – der blonde Traum!

Heute hat sie Soloszenen. Ihre Partner, die beiden Willis – Fritsch und Forst – haben freien Tag; sind heute quasi Luft für Lilian. Sie spricht nämlich mit einem von beiden, obgleich er nicht da ist. Spricht sozusagen mit seiner Illusion, hat ihn auswendig photographiert und gibt ihm mächtig auf die Gesichter heraus, die er schneidet, ohne da zu sein. Sie gibt's ihm gleich in drei Sprachen, – deutsch, englisch, französisch. Und spricht die Sprachen (man dreht alle drei Fassungen in Neubabelsberg) so selbstverständlich und diszipliniert, daß man sie nacheinander für eine vollkommene »Eingeborene« der drei verschiedenen Länder halten kann.

Höchst wertvoll, daß sie keinen Tonersatz benötigt; denn wer könnte ihre Sprache, die so eigenartig knisternd und sprühend wie ihr ganzes Persönchen ist, ersetzen?

Aber sieh: das, was sie spricht, in merkwürdigem Aufputz (sie spielt nämlich ein Provinzkätzchen, das sich auf elegant ausstaffiert hat), das sagt sie zu Füßen eines Denkmals. – Denkmäler werden bekanntlich errichtet, damit Rendezvous stattfinden können. Auch dieses Denkmal, in dessen Richtung Paul Martin leise seine suggestiven Regie-Anweisungen spricht, scheint einem Rendezvous gedient zu haben. Mit heftigem Ausgang allerdings; denn Lilians Sätze steigern sich in ein nicht mißzuverstehendes Fortissimo hinein; während ordnungsgemäß verlaufende Rendezvous doch sonst piano vor sich gehen.

Und der steinerne Riese, vor dem Lilian die Schlagfertigkeiten ihrer Zunge produziert, trägt am Sockel die Aufschrift: Christoph Columbus.

Ein Zufall? Wahrscheinlich. Denn als man die Aufnahmen für diesen letzten Harveyfilm traf, wußte man doch noch nichts von Lilians Fox-Vertrag. Der Entdecker Amerikas, als stummer Partner von Lilian, – da muß man doch an Abschied denken und schnell – während einer ganz kurzen Spielpause – noch ein paar Worte von Lilian erhaschen. »Ich habe großen Mumm auf diese Rolle«, erklärt sie mit gespanntem Gesichtsausdruck; denn sie ist völlig Medium ihrer Atelierumgebung, immer bereit, sofort in die nächste Szene zu springen. »Ich glaube, es wird eine meiner besten Rollen, vielleicht die beste, die ich je gespielt. Verraten darf ich nichts; aber unter vier Augen: ich will in diesem Film zum Film; stelle alles auf den Kopf, um eine Rolle zu bekommen! Ich will – als Gör aus der Provinz – ein Star werden. – Aus! Weiter sage ich nichts!« Und schon gehen die Aufnahmen weiter.

Lilian als Starlehrling zu sehen; – sicher werden die amüsantesten Szenen dieses unter Erich Pommers Produktionsleitung entstehenden Films dabei herauskommen!

Lilian und Columbus
Film-Kurier, Nr. 136, 11.6.1932

KRITIK

In wievielen Tonfilmen sind ein armes kleines Mädel oder ein armer junger Mann durch märchenhafte Glückszufälle zu Reichtum und Glück (was im Film gewöhnlich als dasselbe betrachtet wird) aufgestiegen? Und wie oft haben die Kritiker gegen diese holden Illusionen die Feder gewetzt?

Aufnahmeleitung: Alexander Desnitzky.
Drehzeit: Ende Mai – Anfang August 1932 / Anfang September 1932 [Nachaufnahmen].
Drehort: Ufa-Ateliers Neubabelsberg.
Außenaufnahmen: Berlin (Dach des ehem. Königlichen Marstalls), Umgebung von Berlin, Ufa-Freigelände Neubabelsberg.
Länge: 102 min, 2798 m / DP: 101 min, 2749 m (2752 m vor Zensur).
Format: 35mm, s/w, 1:1.33, Tobis-Klangfilm.
Zensur: 23.9.1932, B.32169, Jv. / DP: 27.10.1932, B.32348, Jf.
Uraufführung: 23.9.1932, Berlin (Gloria-Palast).
— *Mehrsprachen-Version (MLV).*
— *Französische Version:* »Un rêve blond«, 1932, DE, R: Paul Martin.
— *Englische Version:* »Happy Ever After«, 1932, DE, R: Paul Martin, Robert Stevenson.
— *Robert Forster-Larrinaga*

1932 | EIN BLONDER TRAUM

erkrankte während der Produktion schwer und starb am 2.7.1932.
— Zur Restaurierung (Friedrich-Wilhelm-Murnau-Stiftung): Das Originalbildnegativ ist nicht mehr überliefert. Für die 2K digitale Restaurierung 2022 verwendete die Friedrich-Wilhelm-Murnau-Stiftung ein Duplikatnegativ zweiter Generation als Hauptquelle, welches im Bundesarchiv-Filmarchiv aufbewahrt wird und die beste noch zugängliche Bildqualität des Films aufweist. Ein vollständigeres Duplikatnegativ späterer Generation aus dem Bestand des ehemaligen Staatlichen Filmarchivs der DDR diente als Ergänzung für Bildsprünge und Fehlstellen sowie als primäre Tonquelle. Die vorliegende Titelsequenz wurde 1969 von der Friedrich-Wilhelm-Murnau-Stiftung erstellt und ersetzt den verschollenen originalen Filmvorspann.

Kopie: Friedrich-Wilhelm-Murnau-Stiftung, Wiesbaden (DCP)

Lilian Harvey (links)

DFF – Deutsches Filminstitut & Filmmuseum

Also fragte sich auch Erich Pommer und beschloß, den Spieß einmal umzudrehen. Walter Reisch und Billie Wilder gingen an die Schaffung von Figuren mit umgekehrten Vorzeichen. Als da sind ein hübsches Mädel, das rasend gern zum Film nach Hollywood will und das man zweitausend Meter lang als Happy-ending-Berühmtheit wähnt und das dann doch am heimatlichen Kochtopf bleibt. Und da sind zwei forsche Fensterputzer – nun ja, der eine geht zum Film, aber nicht als Star, sondern als Abwimmler zudringlicher Leute – aber der andere bleibt brav bei Lederlappen, Leiter und Fahrrad, für 65 Mark die Woche zuzüglich Verheiratetenzulage von 15 Prozent.

Die Autoren und der Regisseur Paul Martin haben einen hübschen, amüsanten Film geschaffen, voll entzückender Einfälle und gefälliger Musik und besetzt mit zu Recht populären Darstellern. Aber ein Volksstück ist es nicht geworden. Man hat geschickt konstruiert, Milieu, Personen und Ereignisse. Alles tipptopp made in Babelsberg. Aber des Berliner Volkstums fühlest Du keinen Hauch. Das ist sachlich festzustellen. Ein Volksstück kann man nicht austüfteln, das muß aus dem Innern heraus geschaffen werden.

Paul Martin hat Blick und Gefühl für filmische Möglichkeiten. Er komponiert ein Wohnwagen-Idyll bis auf die letzte Note durch, er geht mit Phantasie an die Darstellung einer geträumten Amerikafahrt, im Pullmann über den Meeresboden des Atlantic, und er gestaltet überzeugend die tausend Ängste einer Engagementswütigen, die vorsprechen und vorsingen muß.

Der starke Erfolg, den der Film bei seiner gestrigen Premiere hatte, geht in erster Linie auf das Konto der Darsteller. Lilian Harvey, Willy Fritsch und Willi Forst in einem Vorspann, darauf haben die zahllosen Verehrer dieser drei Publikums-Lieblinge schon lange gewartet. Zu allem Überfluß spielt noch in dem Film ein entzückendes Hundevieh eine dankbare und wichtige Rolle. Ihm gehört auch die Schlußpointe, die in spontanen Beifall überleitet.

Lilian Harvey, die nach Hollywood Verpflichtete, parodiert in diesem Film gleichsam ihren Amerika-Trip. Es hat einen besonderen Reiz zu wissen, daß dieses kleine, blonde Persönchen mit seiner Tanzbesessenheit und seinem eigenwilligen Köpfchen das große Los gezogen hat, das in diesem Film nicht zur Verteilung gelangt. Die Harvey macht wieder einmal alles Mögliche: Sie fährt Rad und tanzt Seil, sie ist entsagend zärtlich, ihr Tanz vor dem allmächtigen Hollywood-Direktor ist in seiner gekrampften Zerfahrenheit erschütternder, als es viele Worte sein können. Paul Martin läßt sie gleichsam um ihr Leben tanzen.

Die beiden Willys können sich ungestört entfalten. Der Regisseur sorgt dafür, daß keiner zu kurz kommt. Sie sind beide sympathisch, Fritsch in seiner bürgerlichen Anständigkeit und Forst als Bruder Leichtfuß in allen Lebenslagen. Wenn sie nebeneinander durch die Straßen gondeln, geben sie ein schönes Bild treuer Freundschaft, wie es Pommer schon einmal in der TANKSTELLE als Leitmotiv für einen Film anwandte.

Georg Herzberg: Ein blonder Traum
Film-Kurier, Nr. 226, 24.9.1932

Lockruf des Kinos!

 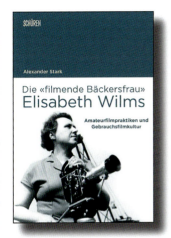  

C. Lenssen / Maike M. Höhne
Kino, Festival, Archiv – Die Kunst, für gute Filme zu kämpfen
Erika und Ulrich Gregor in Gesprächen und Zeitzeugnissen
256 S. | Pb. | zahlr. Abb.
€ 34,00
ISBN 978-3-7410-0404-9

Erika und Ulrich Gregor, prägten viele Jahrzehnte das Internationale Forum des Jungen Films in Berlin. Beide repräsentieren eine Generation, die sich mit ihrer Filmleidenschaft aus der Enge der Kindheit im Nationalsozialismus löste und die Filmkulturen aller Kontinente entdeckte.

Alexander Stark
Die «filmende Bäckersfrau» Elisabeth Wilms
Amateurfilmpraktiken und Gebrauchsfilmkultur
428 S. | Pb, | Abb. | € 48,00
ISBN 978-3-7410-0421-6

In den 1940er-Jahre entdeckte die Dortmunderin Elisabeth Wilms (1905–1981) ihre Leidenschaft für das Filmen. Was als Hobby begann, entwickelte sich nach dem Ende des Krieges zu einem einträglichen Geschäft an der Schnittstelle von Amateur- und Gebrauchsfilm. Wilms filmte im Auftrag karitativer Organisationen, im Ruhrgebiet ansässiger Industrieunternehmen und der Stadt Dortmund.

Kristina Höch
Gustaf Gründgens. Filmische Arbeiten 1930–1960
366 S. | zahlr. Abb. | € 38,00
ISBN 978-3-7410-0430-8

Gustaf Gründgens ist bis heute eine der bekanntesten und kontrovers diskutierten deutschen Persönlichkeiten im Theater- und Filmbereich. So ist nicht nur seine persönliche Entwicklung und Positionierung zum Film von Interesse, sondern auch die Entwicklung des Mediums Film selbst. Wie veränderten sich die Produktionsabläufe in Hinblick auf politische Gegebenheiten und wie sind Inhalte und Produktionsbedingungen historisch-gesellschaftlich einzuordnen?

Harald Neckelmann
Lockruf des Kinos. Der Plakatkünstler Josef Fenneker
208 S. | farb. | geb. | 34,00 €
ISBN 978-3-7410-0415-5

In den 20er Jahren des letzten Jahrhunderts verlor das Kino den Ruf des Anrüchigen und Verrufenen. Die Zeit war von Krisen und von gesellschaftlichen Umbrüchen geprägt. Da versprach das Kino Emotionen und Ablenkung. In großen Städten entstanden die ersten Kinopaläste. Einer, der die Menschen ins Kino lockte, war der Plakatkünstler Josef Fenneker. Wir zeigen seine Plakatkunst in einem großformatigen Bildband.

www.schueren-verlag.de **SCHÜREN**

1933 EIN LIED GEHT UM DIE WELT

1933. DE. Ein Lied geht um die Welt
Regie: Richard Oswald.
Buch: Heinz Goldberg.
Vorlage: Idee von Ernst Neubach.
Kamera: Reimar Kuntze.
Kamera-Assistenz: Benno Stinauer.
Standfotos: Karl Ewald.
Bauten: Franz Schroedter.
Garderobe: Walter Leder.
Maske: Adolf Doelle.
Regie-Assistenz: [Gerd Oswald].
Schnitt: Friedel Buckow.
Ton: Eugen Hrich.
Musik: Hans May.
Musikalische Leitung: Rolf Jacoby.
Liedtexte: Ernst Neubach.
Musik-Titel: »Ein Lied geht um die Welt«, »Frag' nicht – frag' nicht!«.
Darsteller: Joseph Schmidt (Ricardo, Tenor), Viktor de Kowa (Rigo, Musikal-Clown), Charlotte Ander (Nina, Schallplattenverkäuferin), Fritz Kampers (Simoni), Carl de Vogt (Theaterdirektor), Carl Auen (Danto, Operndirektor), Edith Karin (seine Sekretärin), Ida Perry (Wirtin), Erich Bartels, Karl Morvilius, Philipp Cervantes, Ernst Pistulla, Jutta Jol-Teuber, Friedrich Bronnen, Michael von Newlinski, Wolfgang von Schwind.
Produktion: Rio-Film GmbH, Berlin; *für:* Terra-Film AG, Berlin.
Produzent: Richard Oswald.
Aufnahmeleitung: Walter Zeiske.
Drehzeit: Mitte März – April 1933.
Drehort: Jofa-Ateliers Berlin-Johannisthal.
Außenaufnahmen: Venedig.
Länge: 96 min, 2624 m.
Format: 35mm, s/w, 1:1,33, Tobis-Klangfilm.

Charlotte Ander, Joseph Schmidt
DFF – Deutsches Filminstitut & Filmmuseum

Der Tenor Ricardo und der Musikclown Rigo teilen sich in Venedig eine kleine Wohnung. Wegen seiner geringen Körpergröße sind Ricardo Bühnenauftritte versagt, stattdessen macht er Karriere beim Rundfunk und als Schallplattenstar; auch tritt er als Clown an der Seite Rigos auf. Als Ricardo sich in die Schallplattenverkäuferin Nina verliebt, muss er schmerzlich konstatieren, dass diese den schmucken Mitbewohner vorzieht. Daraufhin kommt es zum Bruch zwischen den beiden Freunden. Doch als Rigo sich bei seiner nächsten Bühnenshow zu blamieren droht, springt Ricardo sängerisch für ihn in die Bresche.

REGIEKONZEPT

Ich muß zugeben, daß die Stoffwahl bei Sängerfilmen bis jetzt noch besonders schwierig ist. Denn das Manuskript muß immer wieder Themen abwandeln, in denen der Sänger – die Rolle eines Sängers spielt. Es widerstrebt uns vorläufig, obwohl dies in allen Opern und Operetten auf dem Theater der Fall ist, den Schneider und den Schuster, den Prinzen und den Steuereinnehmer im Tonfilm singen zu lassen. Denn es wird allgemein angenommen, daß die große Masse, an die sich der Film wendet, zu realistisch denkt, um einem Menschen, der einen anderen Beruf ausübt als den des Sängers, das Recht einzuräumen, Lust und Leid, die ihn bewegen, im Gesange mitzuteilen. In der Operette, wo es weniger auf die Stimme als auf die Art des Vortrags ankommt, wird es nicht so genau genommen – aber eine große Arie singen darf im Film, so lautet das ungeschriebene Gesetz, nur ein Sänger. Diese Einstellung wird sich vielleicht morgen schon ändern, heute jedenfalls muß noch jeder seriöse Gesang aus der Handlung des Films hervorgehen und in den Vorgängen der betreffenden Szene logisch verankert sein.

Richard Oswald: Sängerfilme
Mein Film, Wien, Nr. 397, 1933

DREHBERICHT

Die Jofa hat jetzt im oberen Stock ihre neuen Klarton-Ateliers fertig ausgebaut mit den neuesten Apparaturen. Arbeitswille, Arbeitsbereitschaft ist überall zu spüren. […]

Im Atelier Drei hat [Franz] Schroedter die große Eingangshalle eines Funkhauses aufgebaut, unser Berliner Haus nahm er sich zum Modell. Präzis berechnet ist alles für die Kamera: ein Treppenaufgang führt genau so hoch, wie das Bildfeld es braucht – plötzlich hört er auf, ragt in die Luft. Und die ferne Flucht von Zimmern und Türen ist am Atelierende angedeutet.

Aus den Türen drängen sie, auf den Treppen läuft alles zusammen: Rundfunkangestellte und Besucher fängt [Reimar] Kuntzes Kamera ein, wie sie ergriffen lauschen.

»Ein Lied geht um die Welt« – hier geht es herum im Rundfunkhaus: unten irgendwo am Eingang singt für diesen Film Joseph Schmidt. […]

Seltsamer Anblick im Ton-Atelier: Tonmeister [Eugen] Hrich in seiner Kabine darf feiern und Oswald gibt, von der Arbeit mitgerissen wie immer, seine Befehle laut. Auf Einzelansagen »eins, zwei, drei, vier« und so fort kommt die Komparserie langsam vor: es wird stumm gedreht, weil hier eine Passage ist, die genau klappen muß, die aber keinen Ton braucht.

Ein paar Augenblicke später bringt Aufnahmeleiter [Walter] Zeiske alle zum schweigen; es wird nur im Ton Joseph Schmidt aufgenommen. Schmelzend, weich im Timbre singt er »Am Brunnen vor dem Tore«. Dann, als das sitzt, bringt er einen melodiösen [Hans-]May-Schlager zu Gehör, behutsam von der Kapelle begleitet.

»Gut!« ruft Oswald. Und dann geht es gleich weiter, mit Ton und Bild diesmal gemeinsam.

Frühlingsanfang im Atelier
Film-Kurier, Nr. 70, 22.3.1933

– Letztmalig sang Joseph Schmidt am 20.2.1933 im Berliner Rundfunk, »bereits eine Woche später verwehrte man ihm den Zutritt zum Funkhaus«.
(A. A. Fassbind: Joseph Schmidt, 1992)

KRITIKEN

[Joseph Schmidts] Stimme ist wirklich prachtvoll und offenbar nicht nur auf Schlager eingerichtet. Immerhin gewinnen auch die Einfälle eines Hans May, wie der langsame Walzer »Frag nicht, frag nicht!« und der Titeltango in seinem Munde beinahe künstlerischen Wert. Der herrliche Klang des Organs haftet nachdrücklich im Ohr und begleitet den Zuhörer schmeichelnd auf dem Nachhauseweg. Allein ihretwegen hat Richard Oswald das Buch, zwar ohne großen literarischen Ehrgeiz, aber mit vielen hübschen Bildern aus dem wundervollen Venedig und reichlicher Ausnutzung der faszinierenden Stimmwirkung in Szene gesetzt. Es dreht sich um ein Problem, dessen Lösung die Wirtin der Osteria, in die der in seiner Liebe bitter enttäuschte Ricardo todtraurig einkehrt, in die weltklugen Worte faßt: »Man kann nicht alles haben im Leben, kleiner Mann. Was brauchst Du Mädels. Du hast doch Deine Kunst.«

Ein Lied geht um die Welt
Bonner General-Anzeiger, 8.7.1933

Zensur: 6.5.1933, B.33752, Jf. / DP: 1.10.1937, O.33752, Verbot.
Uraufführung: 9.5.1933, Berlin (Ufa-Palast am Zoo).
— Mehrsprachen-Version (MLV).
— Englische Version (Remake): »My Song Goes Round the World«, 1934, GB, R: Richard Oswald.
— »Ausländisch im Sinne der Kontingentverordnung vom 28.6.1932«.
— Am 1.10.1937 von der Film-Oberprüfstelle verboten
— Zur Restaurierung (DFF – Deutsches Filminstitut & Filmmuseum): Die Restaurierung des Films im Jahr 2020 gelang durch eine Kooperation mit dem Eye Filmmuseum in Amsterdam und der Stiftung Deutsche Kinemathek in Berlin. Beide Archive stellten Nitrokopien aus ihren Beständen zur Verfügung. Die Kopien waren stark gekürzt und wiesen zahlreiche Bildsprünge, Schrammen, Beschädigungen und Schmutzablagerungen auf. Diese konnten im Rahmen der Bildrestaurierung aufgrund des schlechten Materialzustands nur gemindert werden. Während für den Ton längere Passagen aus jeweils einer Kopie benutzt werden konnten, waren auf der Bildebene häufige Wechsel zwischen beiden Kopien notwendig. Durch die Kombination der beiden Kopien erreicht der Film eine Dauer von 91 Minuten, was einer Filmlänge von 2493 Metern entspricht. Im Vergleich zum Prüfbericht der Erstzensur fehlen 131 Meter. Sie ist damit ca. 5 Minuten kürzer als die Premierenfassung.

Kopie: DFF – Deutsches Filminstitut & Filmmuseum (DCP)

1933 — EIN LIED GEHT UM DIE WELT

Charlotte Ander, Fritz Kampers, Joseph Schmidt, Viktor de Kowa

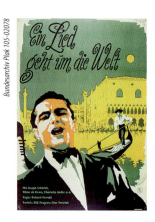

Ein Film um eine Stimme herum geschrieben und gemacht, um die Stimme Joseph Schmidts, den wir bisher nur aus dem Rundfunk und von Schallplatten her kannten. Joseph Schmidt, der Rundfunktenor singt sich durch diesen Film hindurch, singt in allen – nicht gerade komplizierten Lebenslagen des Films und trägt so an erster Stelle die Handlung, deren Autoren [= Heinz Goldberg] ungenannt bleiben. Und diese Anonymität ist nicht unberechtigt! Zum wievielten Male seit Erfindung des Tonfilms fällt den Autoren nichts anderes ein als die »Entdeckung« eines Sängers aus dem Volke! Die immer lauteren Rufe nach einer gründlich neuen Autoren-Garnitur wird durch die Einfallslosigkeit dieses Films nur verstärkt. […]

Die »Handlung« schleppt sich in dünnem, ängstlich jedes dramatische Tempo vermeidenden Fluß von einem Lied zum anderen.

Und es sind viele Lieder eingeflochten, von Schmidt immer wieder mit großer Stimme gesungen, vom Publikum, das den Riesenraum des Ufa-Palastes füllte, immer wieder mit großer Dankbarkeit quittiert. In der Tat erscheint der Tonfilm, mit seiner technischen Möglichkeit, selbst einem so großen Auditorium den stärksten Eindruck der großen Stimme dieses Sängers zu geben, besonders berufen, Träger und Mittler dieser Kunst zu sein: füllt doch das Schlußlied, unendlich verstärkt, mit ungeheurer Kraft das ganze Theater. Und so ist auch der Erfolg des Films ein Erfolg der Stimme, kein Erfolg ihres Trägers als optisch-filmisches Objekt. […]

Dem Film ging ein Vorspiel auf der Orgel voraus, aus den Melodien Hans Mays zusammengestellt, der die von Schmidt gesungenen Lieder in Noten setzte, soweit sie nicht italienische Volkslieder oder Opernarien waren. […] Den Beschluß machte ein starker Applaus und ein von dem inzwischen in natura erschienenen Joseph Schmidt gesungenes Lied. Es ist verständlich, daß der Beifall hiernach kaum noch aufhören wollte …

Reichspropagandaminister Dr. Goebbels wohnte mit seinem Stab der 7-Uhr-Vorstellung bei.

H. U. [= Heinz Umbehr]: Ein Lied geht um die Welt
Lichtbild-Bühne, Nr. 110, 10.5.1933

Es wäre die größte Verkennung der Tatsachen, wenn man glauben wollte, daß – weil ein derartiger Film die Zensur passiert hat – er nun auch beim deutschen Volk freudige Aufnahme und Widerhall finden müsse. […]

Der Marschtritt eines Millionen-Volkes, das Freiheitslied einer freiheitsdurstigen Menge, hat nichts mit dem zu tun, was in ödem Einerlei uns ein Volksfremder vortäuschen will!!

Sie saßen alle da, die vor dem 30. Januar 1933 die Kurfürstendamm-Theater bevölkerten!

Demonstrativ wurde die nationale Revolution herausgefordert, demonstrativ klatschte man dem Rassegenossen Beifall, ohne auch nur daran zu denken, welche Wirkung diese Demonstration auszulösen angetan sei!

Möge dieses Lied um die Welt gehen, es wird übertönt werden von dem Lied der nationalen Revolution. Der Gleichschritt der Millionen Braunhemden wird mit ihrem Lied: »Die Straße frei den braunen Bataillonen … Kameraden, die Rotfront und Reaktion erschossen, marschieren im Geist in unseren Reihen mit …« erkennen lassen, *welche* Töne in Deutschland angeschlagen werden müssen.

H. M. [= Hans Martin] Cremer:
Ein Lied geht um die Welt
Völkischer Beobachter, 10.5.1933

RETROPERSPEKTIV
Spätestens sobald die Figuren, die Joseph Schmidt [in Richard Oswalds Sängerfilmen] spielt, ihre Stimmen zu Arie und Schlager erheben, sind sie von ihrem Darsteller kaum mehr zu unterscheiden – und sollen es auch nicht. […] In Oswalds Filmen mit Joseph Schmidt ist das genrespezifische Vexierspiel zwischen Starimage und Figurenkonzeption dramaturgisch und inszenatorisch zu einer Perfektion geführt, die sich nicht mehr nur in Begriffe der Profitmaximierung fassen lässt: In keinen anderen zeitgenössischen Beispielen des Sängerfilms reicht das autoreferenzielle Spiel mit den unterschiedlichen Bezugsebenen von Rolle und Star biografisch ähnlich tief wie im Falle des 1943 in einem Schweizer Internierungslager verstorbenen Gesangsstars.

Dem retrospektiven, sentimental verklärenden Blick gelten Oswalds Filme mit Joseph Schmidt heute als Dokumente einer Menschlichkeit, die der Regisseur selbst in allen seinen Filmen am Werk sah.

Michael Wedel: Richard Oswald und der Tonfilm.
In: Jürgen Kasten, Armin Loacker (Hg.): Richard Oswald.
Kino zwischen Spektakel, Aufklärung und Unterhaltung.
Wien: Filmarchiv Austria 2005

THEMA | DAS LIED GEHT WEITER.
KONTINUITÄTEN IN EXIL-, NS- UND NACHKRIEGSFILMEN
VON JÖRG SCHÖNING

Nachdem am 30. Januar 1933 Adolf Hitler zum Reichskanzler ernannt worden war, wurden die jüdischen Filmschaffenden umgehend und planmäßig aus der Filmbranche gedrängt. Erik Charell, Regisseur der überaus erfolgreichen Erich-Pommer-Tonfilmoperette DER KONGRESS TANZT (1931), gehörte Ende März zu den ersten Filmkünstlern, die von der Ufa entlassen wurden. Nicht anders erging es zahlreichen Beteiligten an anderen florierenden Musikfilmen. Während manche, wie Charell und Pommer, über Paris, London und New York nach Hollywood fanden, setzten andere ihre Arbeit zunächst in Wien und dem benachbarten Budapest fort.

In den dortigen Ateliers entstand bis 1935 ein halbes Dutzend deutschsprachiger, in Deutschland jedoch niemals aufgeführter musikalischer Komödien – mehrheitlich als Co-Produktion der Hunnia-Filmgesellschaft und der Berliner Universal oder der Wiener City-Film, darunter SKANDAL IN BUDAPEST (1933, Geza von Bolvary, István Székely), RAKOCY-MARSCH (1933, István Székely, Gustav Fröhlich), ENDE SCHLECHT – ALLES GUT (1934, Fritz Schulz), KLEINE MUTTI (1935, →Hermann Kosterlitz) und 4 1/2 MUSKETIERE (1935, László Kardos).

Als besonderes Highlight darf BALL IM SAVOY (1934) gelten: Der Revuefilm von István Székely, sehr frei nach der Operette von →Paul Abraham von den Drehbuchautoren Hermann Kosterlitz und Geza von Cziffra für den Film eingerichtet, orientierte sich an jüngsten Hollywood-Erfolgen, vor allem an den ornamentalen Tanzszenen des Regisseurs und Choreografen Busby Berkeley. Dessen »Top Shots« griff die Inszenierung begierig auf – während die österreichisch-ungarische Diva →Gitta Alpár in der Manier Mae Wests charmant chargieren und sich in gloriosen Garderoben präsentieren durfte.

Dass in den Tonfilm-Operetten die Protagonisten oft völlig sinnfrei zu singen anhoben, war der völkischen Filmkritik schon immer ein Dorn im Ohr gewesen. Von nun an sorgte in Deutschland eine Reichsfilmdramaturgie dafür, dass gesungene Partien sich logisch aus der Handlung ergaben. So auch in ANDALUSISCHE NÄCHTE (1937/38, Herbert Maisch), einem Dreiecksmelodram um eine feurige Tänzerin, einen Gendarm und einen Stierkämpfer. Die aus dem ursprünglich ziganen Milieu herausgelöste Adaptation des »Carmen«-Stoffs von Prosper Mérimée mit der in Argentinien geborenen Sängerin und Tänzerin →Imperio Argentina verzichtete auf die Opernmusik von Georges Bizet und ersetzte sie durch folkloristische Weisen – eine musikalische Hommage an das Spanien des Generals Franco.

Wo ein Film vom genannten Prinzip abwich, bedurfte es einer Rechtfertigung – gut nachzuverfolgen anhand der von Karl Ritter inszenierten »Opera buffa« CAPRICCIO (1938), einer musikalischen Mantel-und-Degen-Komödie mit Lilian Harvey in einer Hosenrolle. Das frivole Verwirrspiel um Geschlechterrollen blieb jedoch eine Ausnahme. Typischer waren NS-Kinoerfolge wie BEL AMI (1938/39), die berühmte Maupassant-Verfilmung von und mit →Willi Forst in seiner Paraderolle als galanter Zeitungsredakteur, der im Paris um 1900 erfolgreich die Frauen charmiert und nebenbei einem Kolonialskandal auf die Spur kommt, und DIE GROSSE LIEBE (1941, Rolf Hansen), eine Weltkriegsromanze zwischen einem Jagdflieger und einer Sängerin, die mit Durchhalte-Schlagern Offiziere der Wehrmacht und Waffen-SS zum Schunkeln animiert. Beide Filme achteten strikt darauf, dass der Gesang die Glaubwürdigkeit der Handlung nicht in Zweifel zog und damit nationalsozialistischen Vorgaben entsprach.

In den 1930er Jahren hatten erfolgreiche Operettenfilme Titel getragen wie: DIE DREI VON DER TANKSTELLE (1930, →Wilhelm Thiele), VIKTORIA UND IHR HUSAR (1931, Reimar Kuntze), GRÄFIN MARIZA (1932, Richard Oswald), DIE BLUME VON HAWAII (1932/33, Richard Oswald) und DER ZAREWITSCH (1933, Victor Janson). – In den 1950er Jahren hießen die entsprechenden Filme in der Bundesrepublik: DIE DREI VON DER TANKSTELLE (1955, Hans Wolff), VIKTORIA UND IHR HUSAR (1954, Rudolf Schünd-

> »Dass in den Tonfilm-Operetten die Protagonisten oft völlig sinnfrei zu singen anhoben, war der völkischen Filmkritik schon immer ein Dorn im Ohr gewesen«

Meine Frau macht Musik

ler), Gräfin Mariza (1958, Rudolf Schündler), Die Blume von Hawaii (1953, Geza von Cziffra) und Der Zarewitsch (1954, Arthur Maria Rabenalt).

Wie eine Reminiszenz gar an die Anfänge der Filmoperette erscheint von heute aus gesehen die ▭ Heidelberger Romanze (1951, Paul Verhoeven). Die Geschichte um eine junge Amerikanerin, die sich in einen deutschen Studenten verliebt, so wie einst ihr Vater in Heidelberg sein Herz an die Tochter seiner Zimmerwirtin verlor, wirkt wie ein agfacolor-buntes Echo des stummen Lubitsch-Films Alt-Heidelberg (The Student Prince in Old Heidelberg, USA 1927), das neben traditionellen Studentenliedern wie dem unverwüstlichen Trink-aus-Lied »Gaudeamus igitur« auch Musik des aus dem amerikanischen Exil zurückgekehrten Komponisten →Werner Richard Heymann zu Gehör brachte.

Unverdrossen besetzten in dieser restaurativen Phase der bundesdeutschen Filmproduktion die während der NS-Zeit zu Ruhm und Routine gelangten Regisseure Geza von Cziffra, Georg Jacoby und Arthur Maria Rabenalt ihre zahllosen Operetten- und Revuefilme mit den gealterten Soubretten →*Zarah Leander* (Gabriela, 1950, Cziffra), Marika Rökk (Die Csardasfürstin, 1951, Jacoby) und Ilse Werner (Der Vogelhändler, 1953, Rabenalt) – ehe zum Ende des Jahrzehnts mit den »Schlagerfilmen« für eine verjüngte Zielgruppe endlich auch eine jüngere Generation von Musizierenden auf die Leinwände gelangte.

Diesem Trend konnte sich auch die Ostberliner DEFA nicht verschließen. Unter Beteiligung von Filmschaffenden aus dem Westteil der Stadt gedreht, präsentierte ihr erster Revuefilm ▭ Meine Frau macht Musik (1957/58, Hans Heinrich) als männlichen Protagonisten einen Schallplattenverkäufer, der die an der Seite eines italienischen Schlagersängers wieder aufgenommene Gesangskarriere seiner Ehefrau mit unlauteren Mitteln zu sabotieren versucht. Dass der Film sich dabei auf die Seite der Ehefrau schlägt, lässt ihn heute »jünger« erscheinen als vergleichbare westliche Produktionen.

1934

BALL IM SAVOY / BÁL A SAVOYBAN

1934. HU/AT. Ball im Savoy / Bál a Savoyban

Regie: István Székely.

Buch: Hermann Kosterlitz [= Henry Koster], Geza von Cziffra.

Vorlage: Operette »Ball im Savoy« (1932) von Paul Abraham (Musik); Alfred Grünwald, Fritz Löhner-Beda.

Kamera: Stefan [= István] Eiben.

Bauten: Martin [= Márton] Vincze.

Kostüme: Tichomar [= Tihamér] Varady.

Regie-Assistenz: Geza von Cziffra.

Schnitt: Ladislao Vajda.

Ton: Ferenc Lohr.

Musik, Musikalische Leitung: Paul Abraham.

Musik-Titel: »Es ist so schön, am Abend bummeln zu geh'n«, »Ich kenne kein Erbarmen«, »Ich will einen Mann, der mich liebt«, »In jeder Frau steckt eine Tangolita«, »Kennen Sie schon meinen neuen ...«, »Toujours l'amour«.

Choreografie: Bob Gray.

Darsteller: Gitta Alpár (Anita Helling, Sängerin), Hans Jaray (Baron André von Wollheim), Rosi Barsony (Mary von Wollheim, seine Cousine, Komponistin), Willi Stettner (Jean, Etagenkellner), Felix Bressart (Birowitsch), Otto Wallburg (Haller, Verleger), Hermann Blass (Direktor des Grand-Hotel); Oskar Dénes (Sänger).

Produktion: Hunnia-Film RTF, Budapest / City-Film GmbH, Wien.

Drehzeit: Anfang November – Anfang Dezember 1934.

Drehort: Hunnia Atelier Budapest.

Länge: 84 min, 2306 m / HU-F: 75 min.

Format: 35mm, s/w, 1:1.33,

Willi Stettner, Rosi Barsony

Kurz vor ihrem Auftritt im Budapester Grand-Hotel lernt die weltberühmte Sängerin Anita Helling den feschen Baron André von Wollheim kennen. Sie muss ihn jedoch zunächst für den Etagenkellner, dann einen Hochstapler und Dieb halten. Zur gleichen Zeit trifft die noch unentdeckte Komponistin Mary von Wollheim im Hotel auf den Etagenkellner Jean, hält diesen jedoch, seines eingetauschten Fracks wegen, für ihren Cousin André. Während Mary die Bekanntschaft des Musikverlegers Haller sucht, die ihr Anitas Sekretär Birowitsch vermitteln will, kommen sich Anita und André immer näher ... bis nach umjubelten Auftritten beider Frauen zwei Paare glücklich zueinander finden.

KRITIK

Paul Abrahams in halb Europa gespielte Operette ist jetzt ein Film geworden, in Budapest gedreht, in Wien uraufgeführt und für die ganze Welt bestimmt, die sich dieses österreichisch-ungarischen Erzeugnisses zweifellos freuen wird. Österreich stellt nämlich einen seiner sympathischsten Schauspieler bei, Hans Jaray, der im Film auf Mädchenherzen – wenn möglich – noch betörender wirken wird, als auf der Bühne. Die Operettenhandlung, ursprünglich auf sehr schwachen Füßen stehend, ist von Regisseur Szekely wirkungsvoll umgebaut worden, bloß die vielen aus der Vogelperspektive aufgenommenen Revueszenen hätte man dem Spielleiter gerne geschenkt. Der Mensch ist

Dreharbeiten mit Gitta Alpár

Hans Jaray

kein Vogel und wenn man ihm ganze Tanznummern senkrecht von oben zeigt, so imponiert ihm das keineswegs so schnell, wie ihm dabei leicht schwindlig wird. Gitta Alpar versichert mit allen Tönen ihrer wahrhaft bezaubernden Stimme, daß »Toujours l'amour« nun einmal ihr Prinzip sei und erklärt, ebenso wie in der Operette, in einem Lied kategorisch, daß sie »genau so gut liebe, wie Tangolitha«, wiewohl im Film eine Tangolitha gar nicht mehr vorkommt. Aber gar so heiklig muß man ja als Kinobesucher nicht sein.

Ball im Savoy
Illustrierte Kronenzeitung (Wien), 5.2.1935

RETROPERSPEKTIV

Paul Abrahams […] »Blume von Hawaii« (1931) war die erfolgreichste Bühnenoperette der Weimarer Republik. Nach der Machtübernahme wurde Abraham, als besonders augenscheinliches Beispiel für alles, was fortan als »Entartung der Operette« galt, quasi über Nacht von den Spielplänen genommen. Er blieb aber mit seinen Operetten teilweise im Kino präsent, etwa mit einer Verfilmung eben dieser BLUME VON HAWAII [Regie: Richard Oswald], die im März 1933 mit Marta Eggerth in der Titelrolle in die Lichtspielhäuser kam. Erinnert sei aber auch an die in Ungarn gedrehte deutschsprachige Version von BALL IM SAVOY (1934), die zwei der Berliner Uraufführungssängerinnen von 1932 in den Hauptrollen präsentierte, nämlich Gitta Alpar und Rosi Barsony. Auch wenn der Film nicht in Deutschland gezeigt werden durfte, sondern nur in Österreich und Finnland lief, wurden weiterhin Abrahams im Exil entstandene Werke in deutschsprachigen Versionen verfilmt, etwa die Fußball-Operette »Roxy und ihr Wunderteam«, auch bekannt unter den Titeln »3 : 1 für die Liebe« und »Die entführte Braut«. Das Stück, das auf einzigartige Weise den Sport- und Reinheitskult der Nazis, den Olympia-Hype (und teils die Ästhetik des wenig später uraufgeführten Olympia-Films von Leni Riefenstahl) durch den Kakao zieht, harrt bis heute seiner bundesdeutschen Bühnenerstaufführung [Anm.: sie erfolgte erst 2014], erlebte aber immerhin in den letzten Jahren einen kleinen Boom mit seiner wiederentdeckten Filmfassung [ROXY UND IHR WUNDERTEAM / 3 : 1 A SZERELEM JAVÁRA, HU 1937, R: Johann von Vaszary (= Vaszary János)].

BALL IM SAVOY […] glänzt mit einigen ganz offensichtlich an [Busby] Berkeley orientierten Passagen, die wegen der Brillanz der Tänzer (vor allem Barsony) wirklichen internationalen konkurrenzfähigen Glanz ausstrahlen. Was übrigens auch für die atemberaubenden, von Paul Abraham persönlich dirigierten musikalischen Arrangements gilt. Ironie des Schicksals ist, dass dieser Film bis heute nicht international wahrgenommen wird, weil er als Exilprodukt nach dem Krieg einfach ignoriert wurde.

Kevin Clarke: »Wir machen Musik, da geht uns der Hut hoch« – Zur Filmoperette und Operette im Film der NS-Zeit. In: Christoph Henze (Hg.): Musik im Unterhaltungskino des Dritten Reichs. Würzburg: Königshausen & Neumann 2011

Tobis-Klangfilm.
Zensur: Januar 1935, Wien, Jv.
FSK: 12.12.1950, ab 12, Fv.
Uraufführung: 1.2.1935, Wien.
Deutsche Erstaufführung: 2.12.1950.
— *In Ungarn in deutscher Sprache gedreht; auch ungarisch nachsynchronisiert.*
— *Im Deutschen Reich nicht aufgeführt.*

Kopie: Bundesarchiv (35mm)

1935 — TOP HAT (ICH TANZ' MICH IN DEIN HERZ HINEIN)

1935. Top Hat (Ich tanz' mich in dein Herz hinein).
Regie: Mark Sandrich.
Buch: Dwight Taylor, Allan Scott.
Adaptation: Karl Noti.
Vorlage: Story von Dwight Taylor; Bühnenstück »Skandal in Budapest« (1911) von Alexander [= Sándor] Faragó, Aladár László.
Kamera: David Abel.
Kamera-Führung: Joseph F. Biroc.
Kamera-Assistenz: Willard Barth.
Optische Effekte: Vernon Walker.
Standfotos: John Miehle.
Art Direction: Van Nest Polglase; *Associate:* Carroll Clark.
Set Dressing: Thomas Little.
Gowns: Bernard Newman.
Maske: Mel Berns, Robert J. Schiffer.
Regie-Assistenz: Harry D'Arcy, Richard Green, Kenneth Holmes, C. C. Thompson.
Schnitt: William Hamilton.
Ton: Hugh McDowell Jr.; *Assistenz:* Richard Van Hessen (Boom); Philip Faulkner (Musik).
Musik, Liedtexte: Irving Berlin.
Musical Direction: Max Steiner.
Orchestrierung: Edward Powell.
Musik-Titel: »No Strings«, »Isn't This a Lovely Day?«, »Cheek to Cheek«, »The Piccolino«, »Top Hat, White Tie and Tails«.
Choreografie: Hermes Pan (Ensembles staged).
Dance Direction: William Hetzler.
Darsteller: Fred Astaire (Jerry Travers), Ginger Rogers (Dale Tremont), Edward Everett Horton (Horace Hardwick), Erik Rhodes (Alberto Beddini), Eric Blore (Bates), Helen Broderick (Madge

Fred Astaire, Edward Everett Horton

Der erfolgreiche amerikanische Tänzer Jerry Travers tritt in London in der Show des Produzenten Horace Hardwick auf, immer stilecht mit Frack, Zylinder und weißer Fliege. Als er in Horaces Hotelzimmer einen übermütigen Stepptanz aufführt, fühlt sich Dale Tremont, die junge Dame im Zimmer darunter, gestört. Sie stürmt hinauf, um sich zu beschweren, da öffnet Jerry die Tür – und verliebt sich sofort Hals über Kopf in Dale. Von nun an folgt er ihr auf Schritt und Tritt. Dale jedoch nimmt an, dass es sich bei Jerry um Horace handelt, der doch der Ehemann ihrer Freundin Madge ist. Sie reist nach Venedig, wo sich Madge gerade aufhält, um sie über das vermeintlich unsittliche Verhalten ihres Mannes aufzuklären. Doch auch Jerry und Horace fliegen nach Venedig, wo Jerry seine Avancen fortsetzt, was Dale umso mehr empört. Um Jerry zu düpieren, heiratet sie spontan einen italienischen Modeschöpfer, der ihr schon lange den Hof macht. Ist es zu spät, das Missverständnis aufzuklären?

Helen Broderick, Ginger Rogers, Fred Astaire

Fred Astaire (Mitte)

KRITIKEN

Fred Astaire, the dancing master, and Miss Rogers, his ideal partner, bring all their joyous gifts to the new song and dance show at the Radio City Music Hall. Irving Berlin has written some charming melodies for the photoplay and the best of the current cinema teams does them agile justice on the dance floor. When TOP HAT is letting Mr. Astaire perform his incomparable magic or teaming him with the increasingly dexterous Miss Rogers it is providing the most urbane fun that you will find anywhere on the screen. If the comedy itself is a little on the thin side, it is sprightly enough to plug those inevitable gaps between the shimmeringly gay dances.

Last year this column suggested that Miss Jessie Matthews would make a better partner for the debonair star than our own home girl. Please consider the matter dropped. Miss Rogers, improving magnificently from picture to picture, collaborates perfectly with Mr. Astaire in TOP HAT and is entitled to keep the job for life. Their comic duet in the hand stand, danced to the lyric music of "Isn't This a Lovely Day," and their romantic adagio in the beautiful "Cheek to Cheek" song are among the major contributions of the show. In his solo flights, when he is abandoning his feet to the strains of "Fancy Free" or lulling Miss Rogers to sleep with the overpowering opiate of his sandman arrangement, Mr. Astaire is at his impeccable best. Then there is the "Top Hat, White Tie and Tails" number, which fortifies the star with a chorus of gentlemen of the evening and makes for a highly satisfying time. [...]

TOP HAT, after running almost its entire course with admirable restraint, collapses into one of those mammoth choral arrangements toward the end. It isn't worth ten seconds of the delightful Astaire-Rogers duet during the thunderstorm. Anyway, TOP HAT is worth standing in line for. From the appearance of the lobby yesterday afternoon, you probably will have to.

Andre Sennwald: Fred Astaire and Ginger Rogers in Their New Song and Dance Show, "Top Hat," at the Music Hall
The New York Times, 30.8.1935

Hardwick), Donald Meek (Curate), Florence Roberts (Curate's wife), Gino Corrado (Lido Hotel manager), Peter Hobbes (Call boy), Leonard Mudie (Flower Salesman), Lucille Ball (Flower Clerk), Robert Adair (London Hotel Clerk), Bud Flanagan [= Dennis O'Keefe] (Passenger in elevator), Ben Holmes, Nick Thompson, Tom Costello, John Impilito, Genaro Spagnoli, Rita Rozelle, Phillis Coghlan, Charles Hall, Anya Taranda, Henry Mowbray, Tom Ricketts, Tom Brandon, Roy Brent, Tito Blasco, Rosette Rosalie. *Produktion:* RKO Radio Pictures Inc., Los Angeles;

Ginger Rogers, Fred Astaire

für: Radio-Keith-Orpheum Corp. (RKO), New York.
Produzent: Pandro S. Berman.
Produktionsleitung: C. J. White.
Aufnahmeleitung: J. R. Crone.
Drehzeit: 8.4. – 5.6.1935.
Drehort: Paramount Studios Hollywood, RKO Studios Hollywood.
Länge: 100 min, 8993 ft = 2741 m / DF: 97 min.
Format: 35mm, s/w, 1:1.33, RCA Victor.
Copyright: 29.8.1935, (c) LP5812.
Uraufführung: 29.8.1935, New York

Das ist ein Film aus Hollywood (wo er ganz einfach »Top-hat«, also »Zylinderhut« genannt wurde), ein Film ohne den Ehrgeiz literarischer oder szenischer Einfälle, aber mit dem entschiedenen Willen, den Augen und Ohren des Publikums zu gefallen. Eine gar nicht wichtig genommene und mit Recht ganz flüchtig geführte Verwechslungs- und Verlobungsgeschichte wird nur zum Anlaß für schwungvoll akrobatische Tänze, für Revueszenen und Schlagermusik. Da der Haupttänzer (und Hauptdarsteller) der phantastisch bewegliche, mimisch begabte und rhythmisch vollendete Fred Astaire, seine Partnerin die sympathische Ginger Rogers und der Träger der dritten Hauptrolle der wirklich komische Everett Horton ist und da die Musik vom dem englisch-amerikanischen Jazzkönig Irving Berlin stammt, der sein Handwerk beherrscht und dem Geschmack des Publikums mehr mit Flottheit als mit Kitsch dient, wird der Film bei denen Erfolg haben, die im Kino Ausstattungsrevuen mit Tempo und Komik sehen wollen.

–eis–: Herren im Zylinder
Sozialdemokrat (Prag), 24.12.1936

RETROPERSPEKTIV

Kontrastreicher kann man einen Musical-Film nach dem lärmenden Titelvorspann nicht beginnen als mit der tödlichen Grabesstille eines Londoner Altherren-Clubs. Zwischen vollbesetzten Ohrensesseln und hochgehaltenen Zeitungen tastet sich Fred Astaire zu einem Platz, um auf seinen Produzenten zu warten. Er ist sichtlich um Lautlosigkeit bemüht, denn jedes winzige Geräusch wird mit vernichtenden Blicken aus allen Sesseln bestraft. Als der wunderbare Tollpatsch Edward Everett Horton endlich auftaucht und ihn aus der lähmenden Stille erlöst, rächt sich Astaire für die Folter der Bewegungslosigkeit mit einem motorischen Anfall: Er lässt auf dem Parkettboden ein paar rasende Step-Schritte so laut explodieren, dass in dem Club-Raum alle Ordnungen zusammenbrechen. Musik, die mit den Schuhsohlen aus dem Boden herausgehämmert wird – nie hat sie so vital und so befreiend geklungen wie in dieser perfekt rhythmisierten Schrecksekunde.

Schöner kann ein Regisseur, der aus der Stummfilmzeit kommt, die vergnüglichen Seiten des noch jungen Mediums Tonfilm nicht vorführen als Mark Sandrich 1935 in TOP HAT, seinem zweiten Musicalfilm mit dem Traumpaar Fred Astaire/Ginger Rogers. Es ist der dramaturgisch perfekteste unter den heiteren Tanzfilmen der Epoche. Mit wunder-

TOP HAT (ICH TANZ' MICH IN DEIN HERZ HINEIN) | 1935

barer Logik entwickelt sich der zentrale Liebeskonflikt aus der Physis seiner Darsteller. Fred Astaire, einmal in Bewegung gesetzt, stampft in Nortons Hotelsuite die aberwitzigen Rhythmusfolgen weiter, er trommelt sie durch den Boden hindurch direkt aufs Trommelfell von Ginger Rogers, die im Zimmer darunter ihren Schönheitsschlaf zelebriert. Das erotische Konfliktpotenzial, das in anderen Astaire-Rogers-Filmen oft so verkünstelt wirkt, entwickelt sich hier auf geradezu kreatürliche Weise. Umso aufregender ist der Moment, wenn Ginger, im verregneten Park unter dem Pavillondach dem Tanzgeist Fred hilflos ausgeliefert, das Bocken plötzlich aufgibt und sich harmonisch hineinschwingt in seine werbenden Bewegungen. Mit stupender Körperperfektion beantwortet sie, was er ihr an erotisierender Tanzartistik zumutet.

Auch die übrigen Zutaten verstärken das filmische Vergnügen. Irving Berlins Genie als Songschreiber hat wohl selten subtiler geleuchtet als in Astaires lustvoll geflötetem »Cheek to cheek«. Und die von Lubitsch trainierten Komödianten Edward Everett Norton und Eric Blore treiben als skurril verschrobenes Herr/Diener-Paar das Geschehen in den Himmel der großen erlauchten Komödien hinauf. Es gibt also nur einen Kommentar zu diesem Film; Fred hat ihn vorgesungen: »Heaven I'm in heaven … and my heart beats so …«

Übrigens: Mussolini war über die drastische Karikatur, die Erik Rhodes als italienischer Modemacher Beddini abliefert, so empört, dass er den Film in Italien verbieten ließ.

Gottfried Knapp: Top Hat – Der Film [Begleittext zur DVD]
Süddeutsche Zeitung, Cinemathek Nr. 96, 2006

(Radio City Music Hall); 6.9.1935, Release. *Deutsche Erstaufführung:* 31.3.1950, Kinostart.

DIE DREI VON DER UNIVERSAL

VON HANS-MICHAEL BOCK

Die Drei von der Universal verbindet mehr als das Exil in den USA. Ihre Karrieren als Autor, Regisseur, Produzent in Deutschland, Ungarn und den USA überschneiden sich vielfach. Ihre Spezialität ist die musikalische Komödie, die sie mit entwickeln und die sie dann mit nach Hollywood bringen.

Zu ihnen gesellen sich drei tanz- und sangesfreudige junge Frauen, die sie in Hauptrollen eingesetzt haben: Dolly Haas (1910, Hamburg – 1994, New York), Franciska Gaál (1904, Budapest – 1973, New York), Deanna Durbin (1921, Winnipeg, Kalifornien – 2013, Neauphle-le-Château, Frankreich).

Felix Joachimson kommt 1923 nach Berlin, schreibt dort Kritiken über Musik und Theater, studiert bei Kurt Weill und debütiert 1927 mit der Komödie »Fünf von der Jazzband«, die Erich Engel inszeniert. Er arbeitet mit den Komponisten Mischa Spoliansky und Theo Mackeben zusammen. Bald wechselt er zum Film: 1930 wird WIE WERDE ICH REICH UND GLÜCKLICH? von Max Reichmann verfilmt.

1932 bringt Engel FÜNF VON DER JAZZBAND auch auf die Leinwand. Die Drehbuch-Bearbeitung stammt von Hermann Kosterlitz und Curt Alexander, Produzent ist Joe Pasternak, der die Deutsche Universal-Film in Berlin leitet, die seit Ende der 1920er Jahre auch selbst Filme herstellt, um so den deutschen Kontingentgesetzen besser entsprechen zu können.

Hermann Kosterlitz, der sich ebenfalls intensiv für Musik interessiert, studiert Gebrauchsgrafik, arbeitet als Karikaturist, schreibt Reportagen und Kurzgeschichten. Zum Film kommt er, indem er »Stille Bilder« für Kinos und Werbefilme herstellt. 1925 verfasst er mit dem Regisseur Lorand von Kabdebo sein erstes Drehbuch: DIE GROSSE GELEGENHEIT. Bis 1932 schreibt er leichte, heitere Sujets. Er arbeitet an sechs Filmen von Kurt Bernhardt mit. Für Erich Engel schreibt er die Drehbücher zu den erfolgreichen Komödien WER

Felix Jackson

Henry Koster

NIMMT DIE LIEBE ERNST? (1931) mit →Max Hansen und →Jenny Jugo, die dann auch die Hauptrolle in FÜNF VON DER JAZZBAND übernimmt.

1932 beginnt Joachimson selbst für den Film zu schreiben, zunächst Liedtexte (Musik: Mackeben) für Reinhold Schünzels WIE SAG ICH'S MEINEM MANN?, dann ist er an Drehbüchern beteiligt. Mit dem Regisseur verfasst er das Drehbuch zu Max Ophüls' LACHENDE ERBEN (1932/33). Der Produzent Georg Witt gibt 1932 beim Lil-Dagover-Film ABENTEUER DER THEA ROLAND Kosterlitz die Chance, Regie zu führen. Anfang des nächsten Jahres arbeitet er bei seiner Komödie DAS HÄSSLICHE MÄDCHEN (mit Dolly Haas und Max Hansen) wieder mit Joachimson zusammen. Doch inzwischen hat sich die politische Situation grundlegend geändert: Noch während der Dreharbeiten ist Hitler Reichskanzler geworden, und sein Sprachrohr Goebbels hat begonnen die deutsche Filmindustrie umzugestalten. Der Film wird zwar bereits im April von der Zensur freigegeben, die Premiere findet jedoch erst im September statt. Dabei kommt es wegen der jüdischen Abstammung vieler der am Film Beteiligten zu antisemitischen Krawallen. Der Name des bei der Premiere noch genannten Kosterlitz wird später durch »Hasso Preiss« ersetzt.

> »Damit haben sich Koster und Pasternak etabliert, die daraufhin Felix Joachimson aus Budapest nachkommen lassen«

Während Kosterlitz – ungenannt – noch bis Mitte 1934 an deutschen Filmen mitarbeitet, geht Joachimson im Oktober 1933 nach Wien und Budapest. Dort hat Joe Pasternak österreichische und ungarische Tochterfirmen der Universal gegründet, um so mit seinen jüdischen Filmschaffenden weiterarbeiten zu können. Er engagiert Joachimson für Lustspiele und musikalische Komödien, in denen die Ungarin Franciska Gaál als weiblicher Star agiert. Ihr Film FRÜHJAHRSPARADE (Geza von Bolvary) wird beim Festival in Venedig 1934 mit einer Goldenen Medaille für den besten musikalischen Film ausgezeichnet und kommt noch im Reich heraus, im Gegensatz zu PETER, KLEINE MUTTI und KATHARINA DIE

LETZTE, die sie mit Kosterlitz und Joachimson 1934/35 in Budapest und Wien dreht.

Das Ende der Universal-Produktion in Österreich und Ungarn vor Augen, reisen Pasternak und Kosterlitz mit ihren Ehefrauen in die USA. Sie kommen am 18.2.1936 auf Ellis Island an. Während Pasternak auf Ellis Island mit seinem US-Pass keine Probleme hat, reist Kosterlitz mit einem Touristen-Visum ein. Als sie am 3.3.1936 in Hollywood ankommen, landen sie mitten im Schlamassel um die Universal-Film, die tief in Schulden steckt. Der Gründer »Papa« Laemmle ist gezwungen, seine Anteile an der Firma zu verkaufen. Der neue Studio-Boss Charles R. Rogers erkennt Universals vertragliche Bindung zu Pasternak und Kosterlitz nicht an, die dennoch jeden Tag im Studio erscheinen.

Am 30.4.1936 erhalten sie schließlich gültige Verträge. Als Rogers sie um eine Story bittet, erzählt ihm Kosterlitz, der sich nun Henry Koster nennt, einige Ideen, an denen er – ganz im Stil seiner Komödien – auf der Reise gearbeitet hat. Im Herbst 1936 entsteht mit der 14-jährigen Kanadierin Deanna Durbin (als Ersatz für Gaál) THREE SMART GIRLS, zu dem u. a. die ebenfalls aus Europa emigrierten Komponisten Bronislaw Kaper und Walter Jurmann den Song »Someone to Care for Me« beisteuern. Der Film wird zum Sensationserfolg, macht Durbin über Nacht zum Star und rettet Universal vor der Pleite.

Damit haben sich Koster und Pasternak etabliert, die daraufhin Felix Joachimson aus Budapest nachkommen lassen. Dieser, der seinen Namen in Jackson amerikanisiert, beginnt in Hollywood sofort mit der Arbeit am Drehbuch zu  100 MEN AND A GIRL über eine Teenagerin (Durbin), die ein Orchester aus arbeitslosen Musikern gründet und den prominenten Leopold Stokowski als Dirigenten (und Ersatzvater) gewinnt. Der Film wird für fünf Oscars nominiert, u. a. für Best Picture. Und die Wochengage von Koster und Jackson wird mehr als verdoppelt. 1938 gründen sie mit anderen Film-Emigranten den European Film Fund, der vielen Nazi-Verfolgten durch Affidavits zur Ausreise in die USA verhilft.

Jackson dreht mit Durbin und Koster noch THREE SMART GIRLS GROW UP (1938/39), die Fortsetzung ihres ersten Erfolges, und SPRING PARADE (1940), das Remake des Gaál-Films FRÜHJAHRSPARADE (1934), die auch die Hauptrolle in THE GIRL DOWNSTAIRS (1938, Norman Taurog), nach Kosterlitz' KATHARINA DIE LETZTE (1935) spielt. Jackson hat außerdem Erfolg mit der Western-Komödie DESTRY RIDES AGAIN (1939, George Marshall) mit Marlene Dietrich und James Stewart.

Joe Pasternak

Pasternaks letzter Film für Universal ist 1941 IT STARTED WITH EVE, bei dem er noch einmal mit Koster und Durbin zusammenarbeitet. Nach Fertigstellung des Films wechselt er – frustriert über dauernde Einmischungen des Universal-Managements – zu M-G-M, für die er bis 1956 zahlreiche Filme, vor allem Musicals, produziert. Ab 1956 arbeitet er im Rahmen seiner unabhängigen Firma Euterpe Inc. in Beverly Hills. 1965–67 produziert er die Oscar-Shows. Danach zieht er sich ins Privatleben zurück.

Jackson ist ab 1943 als Produzent für die Universal tätig, wobei er ausschließlich Filme mit Durbin herstellt, mit der er 1945–49 in vierter Ehe verheiratet ist. Mit Robert Siodmaks CHRISTMAS HOLIDAY hilft er ihr erfolgreich beim Wechsel in das Erwachsenenfach. Seine Produktion I'LL BE YOURS (1946/47, William A. Seiters) wird sein letzter Kinofilm. Er verlässt Universal und wechselt nach New York zum Fernsehen. Er produziert 1950–52 für ABC die Serie PULITZER PRIZE PLAYHOUSE und 1953–56 STUDIO ONE bei CBS und ist ab 1960 als Vize-Präsident der NBC verantwortlich für die gesamte Programmgestaltung der westlichen USA. Ab 1965 arbeitet Jackson als Schriftsteller, veröffentlicht u. a. den Roman »Secrets of the Blood« über seine Flucht aus Nazi-Deutschland.

Koster ist bis 1943 als Regisseur der Universal tätig, 1943–47 bei M-G-M, 1947–64 bei Twentieth Century-Fox und anschließend für andere Studios. Für die romantische Komödie THE BISHOP'S WIFE (1947) wird er für den Oscar nominiert. Unter seiner Regie spielen u. a. James Stewart in HARVEY (1950), Marlon Brando in DÉSIRÉE (1954) und Jennifer Jones in GOOD MORNING, MISS DOVE (1955). 1953 wird ihm mit THE ROBE, nach einer Drehbuch-Vorlage von Gina Kaus, der erste Film im CinemaScope-Verfahren anvertraut. Nach THE SINGING NUN (1965/66) zieht er sich in das Prominenten-Ghetto Camarillo in Kalifornien zurück, wo auch sein Freund Felix Jackson seinen Lebensabend verbringt.

1937 100 MEN AND A GIRL

Adolphe Menjou, Deanna Durbin

Adolphe Menjou, Leopold Stokowski, Deanna Durbin, Mischa Auer

**1937. USA. 100 Men and a Girl
(100 Mann und ein Mädchen)**
Regie: Henry Koster.
Buch: Bruce Manning, Charles Kenyon, James Mulhauser.
Buch-Mitarbeit: Felix Jackson [Joachimson].
Vorlage: Idee von Hanns Kräly.
Kamera: Joseph A. Valentine.
Optische Effekte: John P. Fulton.
Montages: Harold Palmer.
Production Design: John Harkrider.
Associates (Sets): Jack Martin Smith, Scollard Maas.
Gowns: Vera West.
Regie-Assistenz: Frank Shaw.
Schnitt: Bernard W. Burton.
Ton: Joe Lapis, Bernard B. Brown.
Musik: [Charles Previn, Frank Skinner].
Musical Director: André Previn.
Conductor: Leopold Stokowski.
Vocal instructor: Andrés de Segurola.
Gesang: Deanna Durbin.
Musik-Titel: »Rakoczy Marsch« (Hector Berlioz); Ouvertüre zur Oper »Zampa, ou la fiancée de marbre« (Ferdinand Herold); »Lento a capriccio« aus »Ungarische Rhapsody No. 2« (Franz Liszt); »Exsultate, jubilate« (Wolfgang Amadeus Mozart); »Symphony No. 5« (Petr I. Čaikovskij); Vorspiel zum 3. Akt der Oper »Lohengrin« (Richard Wagner); »Alleluja« (Mozart); Trinklied aus der Oper »La Traviata« (Giuseppe Verdi / Francesco Maria Piave); »It's Raining Sunbeams« (Frederick Hollander [= Friedrich Hollaender] / Sam Coslow); »A Heart That's Free« (Alfred G. Robyn / Thomas T. Railey).
Darsteller: Deanna Durbin (Patricia

Ein arbeitsloser Musiker versucht vergeblich, ein Engagement als Posaunist im Orchester des berühmten Dirigenten Leopold Stokowski zu bekommen. Seine energiegeladene Tochter Patricia, genannt Patsy, die selbst eine begnadete Sängerin ist, setzt sich daraufhin in den Kopf, aus arbeitslosen Musikern ein 100 Mann starkes Orchester zusammenzustellen, das Stokowski dirigieren soll. Als darüber durch eine vorschnelle Flunkerei Patsys eine Meldung in der Zeitung erscheint, erhält das gesamte Orchester zwar sofort einen Vertrag, aber Stokowski ist erbost, dass sein Name ins Spiel gebracht wurde. Überdies muss er in Kürze zu einer Tournee nach Europa aufbrechen. Um sich zu entschuldigen, dringt Patsy in die Residenz des berühmten Dirigenten ein und bringt gleich ihr ganzes Orchester mit. Als Stokowski die Musiker spielen hört, ist er so gerührt, dass er seine Europa-Tournee verschiebt und ein grandioses Konzert mit Patsys Orchester gibt. Als Höhepunkt singt Patsy die berühmte Arie aus »La Traviata«.

STOKOWSKYS TONPERSPEKTIVE

Zum ersten Male in der Geschichte des Hollywood-Films wurde das Verfahren der »Tonperspektive« angewendet, das von [Leopold] Stokowsky selber entwickelt worden ist.

An verschiedenen Stellen des im Bilde sichtbaren Orchesters befinden sich Aufnahmemikrophone, im ganzen 28 an der Zahl, die jeweils eine bestimmte Gruppe von Instrumenten erfassen. Die von jedem einzelnen Mikrophon aufgenommene Schallenergie wird über einen Mischtisch mit Aussteuerer geleitet und die Aufzeichnung geschieht auf acht verschiedene Tonbänder. Man erhält so einen Schallträger, der beispielsweise die Flöten umfaßt, einen weiteren für die Geigen, einen dritten für die Blechinstrumente und so fort.

Bei der Vereinigung der verschiedenen Tonspuren zu einer einzigen ist dann dem ausübenden Musiker Gelegenheit gegeben, die Lautstärken der einzelnen Instrumentengruppen auf das nuancierteste gegeneinander abzugleichen.

Das Publikum hört dann jedes einzelne Instrument so, wie es der Dirigent infolge seiner Entfernung von diesem betreffenden Instrument zu hören gewohnt ist.

Stokowskys »Tonperspektive«
in dem neuen Deanna-Durbin-Film
Film-Kurier, Nr. 236, 11.10.1937

KRITIKEN

Aside from its value as entertainment, which is considerable, Universal's 100 Men and a Girl reveals the cinema at its sunny-sided best. Here in Manhattan, as you probably have noticed, we have been watching pickets from the musicians' unions marching up and down in front of theatres protesting their use of "canned music." Apparently not at all annoyed (sympathetic in fact), Hollywood, in the new film at the Roxy, sheds a commiserative tear over the plight of those same unemployed artists and suggests a solution: get together as a symphony orchestra, find a sponsor and wangle Leopold Stokowski into serving as guest conductor. Selah!

Selah, indeed, in 100 Men and a Girl, but only because the unemployed music-makers – Adolphe Menjou, Mischa Auer among them – had the good fortune to have Deanna Durbin as their organizer, agent, manager and promoter. Being a joyous sprite, with an astonishingly mature soprano, an exuberant nature and an abiding faith in mankind, even in womankind, Miss Durbin makes the impossible seem only moderately improbable. She finds her sponsor (Alice Brady of all people) by the simple expedient of returning a stolen purse. She finds her Stokowski by sneaking past doormen and butlers. And when the mountain refuses to come to Mahomet, she wisely gives her 100 musical Mahomets their subway fare and goes mountain-climbing.

That climactic scene, by the way, is as thrilling a bit of business as State's last-second touchdown, the hero's arrival at the Bloody Gulch Saloon or the way the Bengal Lancers stormed the heights at Balaklava. Mr. Stokowski, having resisted all the importunities of Miss Durbin and her musical

Mischa Auer, Deanna Durbin, Adolphe Menjou

Cardwell), Leopold Stokowski (himself), Adolphe Menjou (John Cardwell), Alice Brady (Mrs. Frost), Eugene Pallette (John R. Frost), Mischa Auer (Michael Borodoff), Billy Gilbert (garage owner), Alma Kruger (Mrs. Tyler), Jack Smart (stage doorman), Jed Prouty (Bitters), Jameson Thomas (Russell), Howard C. Hickman (Johnson), Frank Jenks (taxi driver), Christian Rub (Brandstetter), Gerald Oliver Smith (Stevens, butler), Jack Mulhall (Rudolph), James Bush (music lover), John Hamilton (manager), Eric Wilton (butler), Mary Forbes (theater patron), Rolfe Sedan, Charles Coleman (guest), Hooper Atchley

Achtung! Musik ... Zwischen Filmkomödie und Musical | 107

1937 | 100 MEN AND A GIRL

(guest), Leonid Kinskey (pianist), Edwin Maxwell (Ira Westing, music editor), Rosemary LaPlanche (girl), Bess Flowers (party guest).
Produktion: Universal Pictures Company Inc., Universal City;
für: Universal Pictures Company Inc., New York.
Executive Producer: Charles R. Rogers.
Associate Producer: Joe Pasternak.
Drehzeit: 15.5. – 24.7.1937.
Drehort: Universal Studios Universal City.
Länge: 84 min, 7551 ft = 2302 m.
Format: 35mm, s/w, 1:1.33, Western Electric.
Copyright: 3.9.1937, (c) LP7377.
Zensur: bbfc: 9.9.1937, AFF186980, U.
Uraufführung: 5.9.1937, Release; 17.9.1937, New York (Roxy).
Deutsche Erstaufführung: Juni 1946, Kinostart.
— *Academy Awards:* Oscar (Best Score) an Charles Previn + Universal Studio Music Department; Oscar Nominierung Best Picture; Oscar Nominierungen (Best Original Story) an Hans Kraly; (Best Editing) an Bernard W. Burton, (Best Sound) an Homer Tasker.
— *1937 deutschsprachige Fassung:* »100 Männer um ein Mädel«, UA: 14.11.1937 Wien (Opern-Kino)
— *Remake:* »Sabine und die 100 Männer«, 1960, BRD, R: William [= Wilhelm] Thiele, CCC Filmproduktion GmbH, Berlin/West mit Sabine Sinjen & Yehudi Menuhin.

Kopie: Universal Pictures International Germany GmbH (DCP)

Adolphe Menjou, Deanna Durbin

proteges, has retreated to his home. There the unemployed 101 follow him and, ranging themselves on the stairway, break appealingly into Liszt's Second Hungarian Rhapsody. The maestro hears them, begins a gesture for silence; then, swept away by the defiant chords, by the entreaty and faith of the players, bethinks himself of his musicianship and enthusiastically becomes their conductor.

It is a splendid climax to a film which already had covered itself and its makers with distinction. The symphonic interludes in themselves are worthy of delighted attention. In addition to Liszt's Rhapsody you will hear – at least, I assume you will – part of Tchaikovsky's Fifth, the prelude to the third act of "Lohengrin," Mozart's "Alleluja" and the Libiamo aria from "La Traviata." Miss Durbin sings the latter two accompanied by the orchestra. She has two lighter songs – "It's Raining Sunbeams," and "A Heart That's Free" – which she manages without Mr. Stokowski's aid.

The music is an integral part of the film, as important to the narrative as Mr. Menjou's anguish at being Miss Durbin's jobless father, as Mr. Auer's antic grimacing, as Miss Brady's fluttering society matron, as Eugene Pallette's comic involvement in an art project far beyond his ken. Through it all, over the highs and lows of symphony and comedy, Miss Durbin weaves her refreshing course; not a great singer and certainly not a great actress, but a wholesome and spring-like personality, one of the nicest the screen has given us in a long time. … And now we wonder: will the musicians' union picket Mr. Stokowski?

Frank S. Nugent: 100 Men and a Girl
The New York Times, 18.9.1937

Ein erfreuliches Lustspiel. Dem Film gelingt es, das Milieu von Elend und Arbeitslosigkeit, den Existenzkampf arbeitsloser Musiker mit volksstückhafter Frische zu erfüllen. Dieser unaufdringlich ethische Kern, die geschickte Einführung Stokowskis, der auch als Schauspieler überraschend sicher wirkt, und ein glanzvoller musikalischer Teil heben den Film aus der Serie landläufiger Unterhaltung heraus. Gerade die wertvollen Züge, die soziale Note und der ethische Kern sind so glücklich eingefügt, daß sie dem Film nichts von seinem Unterhaltungswert nehmen. Einen besonderen Hinweis verdient auch die Darstellung des Orchesters. Die musikalischen Bewegungen werden mit vollendeter Exaktheit ausgeführt. Deanna Durbin singt mit angenehmer Stimme das »Alleluja« von Mozart und eine Arie aus »Traviata«. […]

Die Art, wie hier für ernste Musik und Musikertum geworben wird, kann als vorbildlich betrachtet werden. Daneben erweist Kosterlitz [= Henry Koster] seine schon in KATHARINA DIE LETZTE erprobte geschickte Hand bei der Inszenierung kleiner volkstümlicher und volksstückhafter Szenen. Es ist einmal ein Film ohne Liebeshandlung, aber er hat genug Inhalt, abseits der Schablone, so daß das Fehlen einer solchen nur ein Vorzug ist.

100 Männer um ein Mädel
Der gute Film (Wien), Nr. 223, 24.10.1937

1937/38 ANDALUSISCHE NÄCHTE

1937/38. DE. Andalusische Nächte
Regie: Herbert Maisch.
Buch: Philipp Lothar Mayring, Fred Andreas.
Adaptation: Florián Rey.
Vorlage: Novelle »Carmen« (1845) von Prosper Mérimée.
Kamera: Reimar Kuntze.
Kamera-Assistenz: Benno Stinauer.
Standfotos: Karl Lindner.
Bauten: Franz Schroedter (Gesamtausstattung).
Kostüme: Manon Hahn;
Ausführung: Theaterkunst GmbH Berlin.
Garderobe: Gustav Jäger, Otto Zander.
Maske: Max Patyna.
Regie-Assistenz: Erwin Heiner Moll.
Schnitt: Anna Höllering.
Ton: Erich Leistner.
Musik: José Muñoz Molleda, Juan Mostazo Murales.
Bearbeitung, Musikalische Leitung: Hansom Milde-Meißner.
Liedtexte: Herbert Witt.
Gesang: Imperio Argentina.
Musik-Titel: »Triana ... Triana!«, »Vargas Heredia«, »Wenn Du mich heute nicht küßt ...«.
Darsteller: Imperio Argentina (Carmen, eine Zigeunerin), Friedrich Benfer (Don José), Karl Klüsner (Antonio Vargas Heredia), Erwin Biegel (Salvadore), Edwin Jürgensen (Major), Siegfried Schürenberg (Rittmeister Moradela), Hans Adalbert Schlettow (Sergeant Garcia), Kurt Seifert (Juan), Hans Hessling (Triqui), Albert Venohr (Schmuggler), Ernst Legal (Wirt in Sevilla), Margit Symo (Tänzerin), Maria Koppenhöfer (Wahrsagerin), Friedrich Ettel (Wirt einer Herberge), Milena von

Beim Besuch des im Gefängnis einsitzenden Stierkämpfers Antonio lernt die Tänzerin Carmen den Dragonerbrigadier José kennen. Er verfällt der attraktiven Frau, und als diese aus Eifersucht eine andere Tänzerin im Streit verletzt, verweigert er den Befehl zu ihrer Festnahme. Er wird daraufhin zu Zwangsarbeit verurteilt, jedoch von einer Schmugglerbande bei einem Überfall auf den Gefangenentransport befreit. Im Versteck der Bande trifft José Carmen wieder, der er sich daraufhin anschließt. Als eines Tages in der Bodega, in der Carmen tanzt, der aus dem Gefängnis entlassene Antonio auftaucht, droht es zum Kampf zwischen den beiden Rivalen zu kommen.

KRITIKEN

»Imperio Argentina«, ein neuer Name im Film, eine bezaubernde Frau auf der Leinwand, ein Gesicht, ein Mienenspiel, das man nicht so leicht vergißt. Grazil wie ihr Körper sind ihre Bewegungen, ist ihr unbekümmertes Lachen, sie ist die »Carmen« in dem Film: ANDALUSISCHE NÄCHTE nach der Novelle »Carmen« von Prosper Mérimée, nach der auch die Oper »Carmen« von Bizet geschrieben wurde. Der Film gibt diesem Stoff andere Möglichkeiten, hauptsächlich was die Raumverhältnisse betrifft, und einen großen und weiten Rahmen. Im Mittelpunkt steht immer wieder Imperio Argentina. Sie tanzt und singt mit südlicher Glut, sie macht die Männer verliebt und toll, sie ist launenhaft und eifersüchtig, sie kratzt und beißt, aber sie ist bezaubernd und ohne sie könnte man sich den Film nicht denken. Diese Zigeunerin Carmen wird keinen Moment unangenehm. Verkörpert durch diese fabelhafte Schöne und rassige Schauspielerin bekommt die Handlung ein neues Gesicht. Trotz der stark aufgetragenen Romantik wilder Schluchten, wo Schmuggler hausen, eines Stierkampfes und einer in einer Höhle hausenden Wahrsagerin, die furchtbare Prophezeiungen ausstößt (vielleicht wäre es sogar besser gewesen, diese Szene ganz zu streichen) läßt sich beim Erscheinen der Argentina manches aufdringlich gewaltsame aus dem Opernstil heraus empfundene übersehn. Man wundert sich nicht, wenn Herbert Maisch, der ja von der Oper kommt, diesen Film inszenierte. Photographisch gesehen, fesseln besonders die Großaufnahmen, Tanz und Musik klingen famos zusammen, sie sind spanischen Volksliedern entnommen.

Ada Hudrich: Eine Frau bezaubert
Duisburger General-Anzeiger, 27.8.1938

Das Drehbuch [...] bietet der Spanierin Imperio Argentina eine große und reizvolle Aufgabe. Sie kann ihr bedeutendes darstellerisches Können ebenso einsetzen wie ihre große Tanzkunst und ihre Stimme. [...]

Für den Regisseur Herbert Maisch ergab sich der Zwang, den Ablauf der Handlung immer wieder durch den Tanz und den Gesang der Argentina unterbrechen zu müssen. Er hat an vielen Stellen das Tempo des Films offenbar bewußt zugunsten seines Stars geopfert – wohl in der Erkenntnis, daß der Carmen-Stoff in seinen Grundzügen zu populär ist, um mit ihm noch große handlungsmäßige Überraschungen erzielen zu können.

Der Akzent, mit dem die Argentina unsere Sprache spricht, kommt der Rolle zustatten. Bei den Liedern drängt sich jedoch immer wieder der Wunsch auf, sie möge in ihrer Muttersprache singen. Schon um einige Refrains, wie das »Bin schon besetzt«, nicht so oft hören zu müssen. Als Schauspielerin füllt sie den weiten Bogen zwischen schillernder Koketterie und echt empfundenem Schmerz aus. [...]

José Muñoz Molleda und Juan Mostazo Murales standen vor einer schweren musikalischen Aufgabe.

Friedrich Benfer, Imperio Argentina

Imperio Argentina, Maria Koppenhöfer

Der Carmen-Stoff *ohne* die Bizet-Musik ist schon fast nicht mehr denkbar – um so schwieriger: diese Musik durch eigene zu überwinden.

Daß es gelang, ist das Verdienst dieser beiden Musiker – die in ganz ursprünglicher, dabei in allen europäischen Kenntnissen wohlgeschulter Musizierfreudigkeit das Temperament entwickeln und den Melos finden, der dem Film zukommt.

Georg Herzberg: Andalusische Nächte
Film-Kurier, Nr. 155, 6.7.1938

SPANISCHE TÄNZE

Wenn man absieht von der amerikanischen Spezialität des Step, von dem straffen rhythmischen Bewegungsexerzieren der Girls oder der reinen Tanzakrobatik, dann stellt man – trotz der vielen »Tänzerinnen«-Filme, die im Laufe der Jahre angekündigt und gezeigt wurden – mit einiger Verwunderung fest, daß der Tanz bisher eigentlich ein rechtes Stiefkind des Films gewesen ist. Es schien den Filmdichtern und Filmregisseuren zu unergiebig, die Rhythmik des Tanzes – beispielsweise eines Volkstanzes – als dramatisches Element in die Handlung einzubeziehen. Tanz war ihnen gut als schöne Arabeske, als Dekorationsstück gewissermaßen wie die schöne Landschaft, der prunkvolle Bau oder das schöne Kleid der Hauptdarstellerin – aber nicht zu mehr! Tanz als Element der Handlung brachte erst R. A. Stemmles DAPHNE UND DER DIPLOMAT [1937], wobei allerdings die Tanzszenen ausschließlich auf moderne Tanzschöpfungen beschränkt blieben.

Jetzt versucht Herbert Maisch in ANDALUSISCHE NÄCHTE weiter vorzustoßen. Zum ersten Male erscheint in diesem deutsch-spanischen Gemeinschaftsfilm eine Tänzerin internationalen Formats, die nicht dem staunenden Beschauer den knatternden Takt des Step vorexerziert, sondern die vor der Kamera uralte spanische Volkstänze in höchster künstlerischer Vollendung aufleben läßt. Und diese Tänze der Imperio Argentina, dieser schönen dunkeläugigen Frau, gehören unlösbar zu der Handlung wie etwa das Wort oder die Geste.

Die Tanzschöpfungen der Argentina gehen zurück auf die alten Volkstänze ihrer spanischen Heimat. Die wilde, im Dreivierteltakt getanzte

Eckardt (Kellnerin), Jac Diehl, Peter Busse.
Produktion: Tonfilmstudio Carl Froelich & Co., Berlin-Tempelhof;
für: Universum-Film AG (Ufa), Berlin / Hispano Film Produktion, Berlin.
Produzent: Carl Froelich.
Produktionsleitung: Friedrich Pflughaupt.
Aufnahmeleitung: Arthur Kiekebusch.
Drehzeit: Oktober 1937 (AA); Januar – 30.3.1938.
Drehort: Tonfilmstudio Carl Froelich Berlin-Tempelhof.
Außenaufnahmen: Sevilla und Umgebung.
Länge: 96 min, 2615 m / FSK: 93 min, 2549 m.
Format: 35mm, s/w, 1:1.33, Tobis-Klangfilm.
Zensur: 24.6.1938, B.48536, Jf.
Uraufführung: 5.7.1938, Berlin (Ufa-Palast am Zoo).
— *Arbeitstitel:* »Carmen (Andalusische Nächte)«.

ANDALUSISCHE NÄCHTE

Imperio Argentina, Friedrich Benfer

— Mehrsprachen-Version (MLV).
— Spanische Version: »Carmen la de Triána«, 1938, DE, R: Florián Rey.

Kopie: Bundesarchiv (35mm)

Sarabanda, die engherzige Moralwächter im Jahre 1598 verbieten zu müssen glaubten, weil sie in ihr eine Gefährdung der Sittlichkeit sahen, der ruhig bewegte, vom Knattern der Kastagnetten begleitete und immer wieder von Gesang unterbrochene Fandango (der etwa 1780 zum ersten Male getanzt wurde) sind etwas ganz anderes als der seelenlose Rhythmus des Girl-Tanzes.

Diesen wunderbaren alten Tänzen einen würdigen Rahmen zu geben, der über die üblichen Milieu-Andeutungen sogenannter Spanienfilme (links ein Melonenverkäufer, rechts zwei Frauen in der spanischen Mantilla und im Hintergrund ein paar undefinierbare Bootssegel) weit hinausgeht, war den Herstellern dieses Films selbstverständliche Pflicht. So zogen sie für die Kompositionen zwei bekannte spanische Musiker heran, den Komponisten José Munoz-Molleda und den berühmten Guitarristen Juan Mostazo-Murales, der die Argentina auf ihren Triumphzügen durch die ganze Welt, besonders aber durch das blutsverwandte Lateinamerika, begleitet hat: Ihre Kompositionen hat der deutsche Filmmusiker Milde-Meißner bearbeitet, der besondere Sorgfalt darauf verwandte, daß die Originalmusiken nichts von ihrer Ursprünglichkeit verloren.

Spanische Tänze: das Knattern der Kastagnetten, das scharfe Trippeln der hochhackigen Tanzschuhe, das weiche Klingen der Guitarre und der wilde und zugleich sehnsüchtige Gesang Spaniens in einem deutschen Filmatelier – es ist seltsam, daß die Vorstöße in unbekannte filmische Gebiete immer wieder von Deutschland ausgehen. Zugleich aber ist diese Gemeinschaftsarbeit deutscher und spanischer Künstler auch ein Beweis für die herzliche Freundschaft zwischen Deutschland und dem Spanien Francos, die nun sichtbaren Ausdruck auch auf kulturellem Gebiet gefunden hat!

Ch. G.: Wissen Sie, was eine Sarabanda ist?
Ufa-Information »Andalusische Nächte«, 1937

SPANISCHE LIEDER

In dem Ufa-Film ANDALUSISCHE NÄCHTE hat die spanische Sängerin Imperio Argentina einen schönen Beweis ihrer Begabung erbracht. Ihre gesangliche Eigenart lernt man jedoch erst voll einschätzen, wenn man sie spanisch singen hört. […] Die Schallplatten, die jetzt von ihr bei »Grammophon« erschienen sind, mit Liedern aus ANDALUSISCHE NÄCHTE in spanischer Sprache, legen diesen Gedanken einem wenigstens nahe.

Besonders zündend ist das von Imperio Argentina temperamentvoll gesungene Tanzlied »Los Piconeros«, in dem das orientalisch-maurische Kolorit stark vorherrscht. Die Rückseite der Platte (Nr. 300 36 J) bringt ein von Imperio Argentina dramatisch gesungenes Lied über Antonio Vargas Heredia, den König der Zigeuner, der seinen Rivalen ermordete. »Triana … Triana!« nennt sich das reizvolle Abschiedslied auf die gleichnamige Stadt (Nr. 300 37 J).

Die neue Schallplatte
Film-Kurier, Nr. 221, 21.9.1938

Imperio Argentina (rechts)

Imperio Argentina (rechts)

1938 CAPRICCIO

Hedi Höpfner, Lilian Harvey, Margot Höpfner

1938. DE. Capriccio
Regie: Karl Ritter.
Buch: Felix Lützkendorf, Rudo Ritter.
Kamera: Günther Anders.
Kamera-Assistenz: Adolf Kühn, Curt Fischer.
Standfotos: Ferdinand Rotzinger.
Bauten: Walter Röhrig.
Kostüme: Manon Hahn, Arno Richter.
Garderobe: Paul Haupt, Hellmer [= Maria Hellmer-Kühr?], Gertrud Wendt.
Maske: Atelier Jabs.
Regie-Assistenz, Schnitt: Gottfried Ritter; *Schnitt-Assistenz:* Friedrich Karl von Puttkamer.
Ton: Ludwig Ruhe.
Musik: Alois Melichar.
Liedtexte: Franz Baumann.
Musik-Titel: »Das Frauenherz«, »Mit Bravour«.
Choreografie: Werner Stammer.
Darsteller: Lilian Harvey (Madelone), Viktor Staal (Fernand), Paul Kemp (Henri), Aribert Wäscher (Präfekt Barberousse), Paul Dahlke (Vormund Cesaire), Anton Imkamp (General d'Estroux), Kate Kühl (Gräfin Malfougasse), Margot Höpfner (Eve Malfougasse), Hedi Höpfner (Anais Malfougasse), Ursula Deinert (Tänzerin); Werner Stock (Page), Annemarie Holtz (Madame Hélène), Erika Raphael (Tanzmädchen), Margot Erbst (Blumenmädchen Marie), Martha von Kossatzky (Barbara), Moja Petrikowsky (Oberin), Anna von Palen (Nonne), Friedrich Gnaß (1. Hahnenkämpfer), Nico Turoff (2. Hahnenkämpfer), Herbert Weißbach (Gerichtsvorsitzender), Paul Schwed (Gendarm), Georg Georgi

Damit sie sich gegen Mitgiftjäger zur Wehr setzen kann, ließ General d'Estroux seine Enkelin Madelone wie einen Mann erziehen. Und tatsächlich: Als nach seinem Tod Madelones Vormund Cesaire die junge Frau an den ältlichen Präfekten Barberousse verkuppeln will, gelingt ihr, als Mann verkleidet, die Flucht. In einer Schänke gerät sie an den Kavalier Fernand und seinen Freund Henri, denen sie sich als Don Juan de Casanova vorstellt. Bald hat Fernand, ein Vetter Barberousses, Madelones Maskerade durchschaut. Mehrfach versucht er, sie zu entlarven – doch vergeblich. Erst als sich beide ihre Liebe gestehen, streicht Madelone die Segel. Doch jetzt erhebt Barberousse Anspruch auf seine angebliche Ehefrau.

DREHBERICHT
Es ist gar nicht so einfach, in das Filmparadies hineinzugelangen, das das Ziel so vieler Mädchenträume und Zukunftshoffnungen ist. Hat man die Sperren und Verbotsschilder glücklich überwunden, steht man plötzlich in einer großen Halle, die den Besucher mitten in die Barockzeit hinein versetzt. Zur Rechten erblickt man eine massive

Lilian Harvey

Paul Kemp, Viktor Staal, Lilian Harvey

Schloßmauer mit zahlreichen Durchgängen, über denen Hirschgeweihe angebracht sind. Dahinter erstreckt sich ein prunkvoller Festsaal, in dem sich reichgekleidete Höflinge mit ihren Damen ergehen.

Plötzlich brüllt irgendwo ein Lautsprecher auf: »Ein zartes Mädchen – ich will es wagen!« In diesem Augenblick fassen sich Lilian Harvey, Paul Kemp und Viktor Staal, die im Vordergrund der Schauspielergruppe wartend dastanden, an den Händen und schreien mit berückendem Lächeln der Kamera entgegen. Ein Zeichen des Regisseurs läßt sie unvermittelt abbrechen und das Spiel von neuem beginnen. Immer wieder, stundenlang, wird diese Szene wiederholt, bis endlich alles klappt und der Regisseur zufrieden ist. Hundertmal schmettert der Lautsprecher dieselbe Strophe in den Saal, während der Schweiß den Darstellern in Strömen vom Gesicht rinnt und ihre Augen im grellen Scheinwerferlicht zu brennen beginnen.

»Lilian« in Hosen – Ein Singspiel in neuem Stil
Badische Presse (Karlsruhe), 13.3.1938

Die gründlichen Vorbereitungen und Vorbesprechungen zu der musikalischen Ausgestaltung haben dahin geführt, daß etwa 75 Prozent der Musik bereits komponiert und aufgenommen war, ehe der Film ins Atelier ging. Diese Planung war alles andere als Experiment, sie war das schöpferische Ergebnis einer künstlerischen Zusammenarbeit zwischen Regisseur und Komponist. [...]

Was dem Regisseur vorgeschwebt hat, die Übersetzung der Commedia dell'arte ins Filmische, übertrug sich auf den Komponisten. Hier galt es die alte Form der Opera buffa filmmusikalisch zu erneuern. [Alois] Melichars Partitur weist 230 Seiten auf, das entspricht etwa 70 Minuten reiner Musik im Film! »Demzufolge haben wir auch«, sagt Melichar, »im CAPRICCIO Ensemble-Sätze, Arien, Chöre und Duette, nur alles knapper, komprimierter und schlanker als in der Oper.« [...]

CAPRICCIO ist eine Filmpartitur, die konsequent den Versuch der musikalischen Parodie, im Einklang mit der burlesken Handlung, durchhält. Das Orchester ist mit den modernsten Instrumenten versehen. Da [Karl] Ritter die Handlung ins

(1. Wirt), Karl Hannemann (2. Wirt); Klosterschülerinnen: Gudrun Ady, Margit Dörr-Humbrecht, Lily Harich, Marianne Schleif [= Grund], Elfriede Vollmer, Elisabeth Veit, Thea Fischer; Brautwerber und Zechkumpane Barberousses: Josef Dahmen, Heinz Berghaus, Karl Wagner, Max W. Hiller, Willy Gerber, Wilhelm Egger-Sell, Franz Schöber, Michael von Newlinski; Zechkumpane des Generals: Leo Sloma, Kurt Getke, Arthur Reppert, Oskar Aigner, Albert Ihle, Friedrich Petermann, Herr Schröder, Fritz Wagner; Ellen Becker, Friedel Fibelkorn, Max Harry Ernst.
Produktion: Universum-Film AG (Ufa), Berlin [Herstellungsgruppe Karl Ritter].
Herstellungsleitung: Karl Ritter.
Aufnahmeleitung: Ludwig Kühr.
Drehzeit: 17.1. – 7.3.1938.
Drehort: Ufa-Ateliers Neubabelsberg.
Länge: 111 min, 3034 m / FSK: 95 min, 2643 m.

Lilian Harvey, Paul Kemp, Viktor Staal

Format: 35mm, s/w, 1:1.33, Tobis-Klangfilm.
Zensur: 15.6.1938, B.48484, Jv.
FSK: 11.1.1950, ab 16, nf.
Uraufführung: 11.8.1938, Berlin (Gloria-Palast).

Kopie: Bundesarchiv (35mm)

Zeitlose überhöht hat, ist es ein besonderer Witz der Partitur, daß der moderne Tanzrhythmus nicht übergangen wird. Melichar findet gerade in ihm die ergänzende musikalische und groteske Charakterisierung zur wechselnden Rhythmik des Bildes.

Dr. Hermann Wanderscheck: Filmmusik auf neuen Wegen
Film-Kurier, Nr. 184, 9.8.1938

KRITIKEN

Es war zu erwarten, daß Karl Ritter bei der Verfilmung eines heiteren Stoffes eigenwillige Wege gehen würde. Ihn, der auf dem Gebiete des ernsten, patriotischen Films so bahnbrechend vorgestoßen ist, mußte es reizen, auch im Bereich der heiteren Muse Neuland zu gewinnen.

Was Schünzel schon in AMPHITRYON vorgeschwebt hatte, mit musikalischer Laune in die Gefilde der romantischen Ironie einzudringen, versuchte Ritter noch konsequenter. Der spielerischen Welt einer barocken Verwechslungskomödie war mit den Mitteln einer naturalistischen Verfilmung nicht beizukommen. Diese Welt, in der eine Frau im Männerkostüm den Don Juan spielt und sich nach mancherlei burlesken Abenteuern einen Ehepartner erobert, entzieht sich zu weit der sachlichen Wirklichkeit, um durch die übliche, erdgebundene Filmsprache wiedergegeben zu werden. Es kam bei diesem Stoff darauf an, filmisch in die höhere Ebene einer romantischen Realität vorzudringen, in der eine spielerische Phantasie sich unbeschwert entfalten und mit parodierender Ironie die menschlichen Schwächen liebenswürdig glossieren konnte.

Ritter bediente sich dabei der Mittel der alten Stegreif-Komödie, der Commedia dell'arte, deren Improvisiertheit stilistisch den filmischen Bedingungen besonders entgegenkam. Als zweites dramaturgisch wichtiges Mittel kam die Musik hinzu, deren Schwebekraft in weitem Maße dazu benutzt wurde, das Spiel in eine Atmosphäre der tänzerischen Beschwingtheit und des munter parodierenden Singsangs zu entheben. Die Opera buffa gab für den Stil der Kompositionen die Voraussetzungen ab. Burlesker Stegreif-Komödienstil hält sich daher mit mehr oder weniger parodistischen Gesängen und Motiven der früheren oder späteren Musikliteratur die Waage.

Es fragt sich nun, wie dies Experiment geglückt ist. Vom Musikalischen her kann man nur sagen, überraschend gut. Die Kompositionen Alois Melichars haben die farbig instrumentierte Leichtigkeit und die kapriziöse Parodierlaune, die dem Titel des Films Ehre machen. Ein paar reizvolle Einfälle, die der Filmmusik neue Möglichkeiten eröffnen, sind besonders hervorzuheben: So wenn beim Aufschlagen einer dicken Klosterbibel der mahnende Nonnenchor daraus ertönt, der nach dem Zuschlagen sofort wieder verstummt. Sehr originell auch die Gerichtsszene, die durch das »Üb-immer-Treu-und-Redlichkeit«-Motiv, das der Vorsitzende und die Geschworenen mit kleinen Hämmern auf ihre Lampenglocken klingeln, eröffnet wird, und in der Kläger, Angeklagte, Verteidiger und selbst das Publikum singend ihre Stellungnahme bekunden.

Dann wieder die Nonnen eines Klosters, die im rhythmischen Gesang revueartig aufmarschieren. Entzückend der musikalische Auftritt einer Cavalcade. Und der Groteskhumor des Films gipfelt in dem »herzzerreißenden« Klagelied, das die prachtvolle Kate Kühl im Bänkelton einer Opernarien-Parodie vorträgt.

In den gesprochenen Szenen vermißt man teilweise die scharmante Leichtigkeit, die im Wesen eines spritzigen *Capriccios* liegt. Hier spürt man oft mehr kräftige Fäuste als eine spielerische Dirigentenhand. Der Humor artet gelegentlich zu breit in lauter Sauf- und Rauf-Rumor aus. Warum nicht ein paar Fortissimo-Stellen auch in einem Capriccio, aber ihrer sind zu viele, die Partitur des Spiels, wir meinen des Schauspiels, wird dadurch manchmal zu dick und lärmend. Hier fehlen feinere dynamische Abstufungen. Und so kommt es, daß zwischen der reizvollen Musik und dem eigentlichen Spiel teilweise ein gewisser Bruch spürbar wird.

Günther Schwark: Capriccio
Film-Kurier, Nr. 187, 12.8.1938

Friedrich Gnaß, Lilian Harvey

RETROPERSPEKTIV

CAPRICCIO von 1938 ist ein in jeder Hinsicht ausgefallener Film des Regisseurs Karl Ritter, dessen Bedeutung für die Festigung des militanten Nazifilms die von Harlan und Steinhoff weit übertrifft. Es ist kein üblicher Ritter-Film, der dem Heldentum faschistischer Flieger gilt, sondern dessen Ferne zum Produktionsalltag, selbst dem der Phantasie-Produktion, bemerkenswert ist. Dieses Potpourri von Volksmusik und Oper ist nicht sehr gewagt, was aber an Kulturporzellan zerschlagen und als Schuttberg aufgebaut wird, hat streckenweise eine Verve, die kein anderer deutscher Film der Zeit erreicht. Harvey hat hier die Hosen an und entfaltet ein frivoles Verwirrspiel um Geschlechterrollen. Die Staatstheater-Garde der deutschen Schauspieler darf endlich einmal ihr katastrophales Schmierentalent ohne Zügel ausagieren und in jedes Fettnäpfchen der Hochkultur eintappen. Die Grenzen des guten Geschmacks werden gründlich verletzt.

CAPRICCIO provoziert durch den völligen Mangel an Sinn, der nicht einmal mehr durch die Rollenüberschreitung der Harvey zu stiften ist. Das Mädel wollte keine Dame werden und schlug sich, zeitgemäß, auf die Seite der Männer. Immer übersprang sie Altersstufen, blieb wie der ewige Junge: Hans Albers, hoffnungslos unreif.

Karsten Witte: Zu schön, um wahr zu sein: Lilian Harvey.
In: Die Zeit, Nr. 27, 24.6.1977; Nachdruck in:
Lachende Erben, Toller Tag. Filmkomödie im Dritten Reich.
Berlin: Vorwerk 8 1995

DER MUSIKFILM, WIE WIR IHN UNS DENKEN
NATIONALSOZIALISTISCHE VORGABEN 1938/39

Der Musikfilm hat ja die größten Aussichten, auch ins Ausland zu gehen und vom deutschen Filmschaffen zu künden. Gerade er müßte so überzeugend in seiner Gesamtanlage sein, daß von hier aus eine Wesensart des deutschen Filmschaffens sichtbar werden könnte.

Dazu gehört unbedingt die *Glaubwürdigkeit der Handlung*. Sie ist auch eine Grundvoraussetzung für die musikalische Form. Wenn Kiepura im Schwimmbad singt [EIN LIED FÜR DICH, Joe May, 1932/33] oder Gigli in einer Kerkerzelle durch das Telefon, so sind das handlungsmäßige Zumutungen an den dramaturgischen Vorwand, die einem frühen Stummfilm alle Ehre gemacht hätten. Man empfindet aber auch den musikalischen Einsatz so willkürlich, daß von einer Übereinstimmung zwischen Handlung und Musik nicht gesprochen werden kann. Für einen großen Sänger oder eine bedeutende Sängerin einen *künstlerischen* Film zu schreiben, bleibt eine der dringlichsten Forderungen an die Industrie: einen Film, der sich rühmen darf, eine *lebensechte und überzeugende Handlung* zu besitzen und eine Musik, die nicht willkürlich aus deutschen oder italienischen Meistern Arien »komponiert«, um sie für den jeweiligen Gebrauch der filmischen Szene zurecht zu machen. Hier entscheidet die künstlerische Verantwortung vor dem, was wir im Film Kunst nennen wollen.

Dr. Hermann Wanderscheck:
Kunstgesang im Musikfilm
Film-Kurier, Nr. 236, 8.10.1938

Bei der Betrachtung der Filmmusiken dieser Woche wollen wir den Film voranstellen, der eine ganz besondere Bedeutung hat, weil er als ein gelungener Versuch eines neuen Stils des Musikfilms anzusehen ist, den Film CAPRICCIO.

Alois Melichar, der Schöpfer dieser Filmmusik, wurde vor eine ganz neue Aufgabe gestellt. »Capriccio« ist ein musikalisches Stück launischen Charakters in der Musikliteratur, in der bildenden Kunst versteht man unter dieser Bezeichnung eine phantastisch-komische Darstellung, dem Film soll dieses Wort nunmehr ein Begriff für neue Ausdrucksform werden. […]

> »Im allgemeinen versteht das Gros der Kinobesucher unter Tonfilmmelodie immer noch den Schlager«

Der Film spielt in der Romantik. Die Künstler dieser Zeit haben immer für sich das Recht in Anspruch genommen, aus der Sagen- und Märchenwelt zu schöpfen, Volkslieder zu benutzen, Themen, die in jedermanns Munde waren, Motive, die man überall kannte. Wir erinnern an Carl Maria von Webern, Lortzing, Nicolai; ja, selbst Richard Strauss hat in seiner romantischen Oper »Der Rosenkavalier« viele wunderbare Themen aus dem Volksleben verwandt, genial verarbeitet und leitmotivisch eingesetzt. Der Film darf, wenn er neue Wege beschreiten will, für sich ein gleiches Recht in Anspruch nehmen.

Nicht daß er nun die Oper in das Filmische übertragen sollte! Das wäre ein Grundfehler! Der Film hat seine eigenen Gesetze, die man nie verletzen darf, ohne ein Zwischending von Bühne und Film zu schaffen. Aber, wenn ein Komponist so ein romantisches Spiel wie CAPRICCIO schafft, so muß er sich in die Stimmung der Romantik versetzen, darf er, wie die Menschen der Romantik, nicht wählerisch in seinen Mitteln sein, muß er, wie diese Menschen, das Motiv herausschmettern, was ihm, bei irgendeiner Szene, gerade auf der Zunge liegt.

Fragen wir uns doch nicht, ob in der Wirklichkeit die Menschen bei dieser oder jener Stelle auch singen würden. Ein romantischer Film ist eben keine Wirklichkeit, ist eine liebenswürdige, launenhafte Phantasie eines Künstlers, der selbst Freude an seinem Filmspiel hat und nur den einen Ehrgeiz kennt, diese Freude auf seine Mitmenschen übertragen zu dürfen. Melichars Personen reden in einer genialen musikalischen Bearbeitung zu uns. Der Musikkenner wird die wunderbare Linienführung schmunzelnd in sich aufnehmen; der Musikfreund lacht und läßt sich mitreißen. Die handelnden Personen machen sich im Film über einander lustig, handeln aus Launen heraus. Deshalb mußte auch der Komponist seinen Launen nachgeben. Wahre Leckerbissen liegen in dieser Partitur, man muß sie nur richtig zu löffeln verstehen.

Ist auch dieser Film noch nicht letzte Erfüllung des Musikfilmes, wie wir ihn uns denken und wie er eines Tages erstehen wird, sehr zum Ärger derjenigen Pessimisten, die immer behaup-

Capriccio (Werkfoto)

ten, nur der Amerikaner kann den Musikfilm richtig anfassen, so haben Ritter und sein Komponist eine Pionierarbeit geleistet, die Dank und Anerkennung verlangt. Mutig auf diesem Wege weiter zu arbeiten, das Begonnene zu vervollkommen, ist eine Aufgabe, die sich lohnt und für die der deutsche Film und sein Publikum dankbar sein wird.

C. R. Martins: Filmmusik der Woche
Lichtbild-Bühne, Nr. 189, 13.8.1938

Die Linien, die sich im Ringen um den Musikfilm abzeichnen, verlaufen nach zwei Seiten: einmal strebt die Filmmusik nach der Eroberung eines breiten Einsatzes für die *dramatische* Akzentuierung ganz im allgemeinen, zum anderen wird der *Schlager* berechtigt als Charakterisierungsnotwendigkeit eingeführt. Dabei berührt es natürlich immerhin sonderbar, daß in fast jedem Film eine Tanzbar, eine Hotelhalle, ein Rummelplatz, eine Matrosenkneipe in Erscheinung tritt, die dann sofort den Einsatz der Schlagermusik »rechtfertigt«. Das wollen wir jedenfalls im Aufbau unserer dramaturgischen Forderungen *nicht* als Stichwort für die Propaganda einer Schlagermusik ansehen.

Da, wo der Schlager wirklich regiert und dem Film sein rhythmisches Profil gibt, muß er auch *dramaturgisch begründet* sein. Hier kann er sich auch in aller schöpferischen Breite entfalten, in sinfonischer, leitmotivischer Verarbeitung, kann von der Introduktion bis zur Coda die musikalische Thematik in motivischen Variationen durchbluten. Rhythmus hat noch nie ohne Melodie bestanden, und ein Film, der künstlerische Ambitionen hat, wird sich nicht allein auf »Tonfilmmelodien«, wie der Rundfunk so schön mitteilt, verlassen. Im allgemeinen versteht das Gros der Kinobesucher unter *Tonfilmmelodie* immer noch den *Schlager*. Er hat eine charakterisierende Berechtigung im Gesellschaftsfilm. Hier kann er eine bezeichnende Umgebung, sogar in seiner ironischen Ausweitung, treffend umreißen. Hier hat er dramaturgische Grundlagen.

Dr. Hermann Wanderscheck:
Charakterisierende Schlager und dramatische Höhepunkte
Film-Kurier, Nr. 6, 7.1.1939

1938/39 — BEL AMI

1938/39. DE. Bel Ami
Regie: Willi Forst.
Dialog-Regie: Otto Fliedner.
Buch: Willi Forst, Axel Eggebrecht.
Vorlage: Roman »Bel-Ami« (1885) von Guy de Maupassant.
Kamera: Ted Pahle.
Kamera-Führung: Erich Rudolf Schmidtke.
Kamera-Assistenz: Günther Peters.
Standfotos: Richard Wesel.
Bauten: Werner Schlichting, Kurt Herlth.
Kostüme: Luise Lehmann, Walter Leder; Theaterkunst GmbH Berlin.
Maske: Charlotte Pfeffermann, A. Paul Lange, Martin Gericke.
Regie-Assistenz: Viktor Becker.
Schnitt: Hans Wolff.
Ton: Erich Lange.
Musik, Musikalische Leitung: Theo Mackeben.
Liedtexte: Hans Fritz Beckmann.
Musik-Titel: »Du hast Glück bei den Frau'n, Bel ami!«.
Choreografie: Rudolf Kölling.
Darsteller: Willi Forst (Georges Duroy), Johannes Riemann (Laroche), Olga Tschechowa (Madeleine), Ilse Werner (Suzanne), Hilde Hildebrand (Frau von Marelle), Lizzi Waldmüller (Rachel), Marianne Stanior (Grisette), Aribert Wäscher (Walter), Will Dohm (Forestier), Hubert von Meyerinck (Varenne), Hadrian Maria Netto (Rival), Hans Stiebner (Stranoff), Kalout Ben Gassem (Der Kaid von Marakesch), Werner Scharf (Dolmetscher), Egon Brosig (Conferencier), Eleonore Tappert (Sängerin), Paul Samson-Körner (Betrunkener), Tatjana Sais (Tischdame),

Willi Forst, Lizzi Waldmüller (Mitte)

Deutsche Kinemathek

Nach seiner Rückkehr aus Marokko macht der galante Kolonialoffizier Georges Duroy in Paris Karriere als Journalist, indem er sich dem mit ihm befreundeten Chefredakteur Forestier als Kenner des Landes empfiehlt und die Interventionspolitik des Abgeordneten Laroche unterstützt. Von Madeleine Forestier – der Ehefrau seines Vorgesetzten, die zugleich die Geliebte des Abgeordneten ist – protegiert, steigt Duroy zum Chefredakteur auf und auch als Ehemann folgt er seinem Freund Forestier nach. Erst spät erkennt er, dass er sich zum Werkzeug des zum Kolonialminister aufgestiegenen Abgeordneten Laroche und dessen Verbündeter Madeleine hat machen lassen – doch nicht zu spät.

KRITIKEN

Wir schrieben unlängst an dieser Stelle, wie wichtig es für den Erfolg eines Films ist, dem einmal für ihn ausgesuchten Schlager mit allen Mitteln zum Durchbruch zu verhelfen, und führten bei dieser Gelegenheit die bisherigen Filme Willy [!] Forsts als Beispiele an. Sein neues Werk liefert die Probe aufs Exempel. Mit welcher Sorgfalt und Überlegung, um nicht zu sagen mit welchem Raffinement, ist hier das Lied vom Bel ami eingesetzt! Selbstverständliche Voraussetzung ist natürlich, daß Musik und Text die Anstrengung lohnen. Diese Voraussetzungen sind erfüllt: Theo Mackebens Musik geht ins Ohr, und [Hans] Beckmanns Text hält mit seinem treffend charakterisierenden Refrain

Ilse Werner, Willi Forst

Willi Forst, Lizzi Waldmüller

Du hast Glück bei den Frau'n, bel ami!
Soviel Glück bei den Frau'n, bel ami!
Bist nicht schön, doch charmant,
bist nicht klug, doch sehr galant,
bist kein Held, nur ein Mann, der gefällt
die Linie und das Niveau des Films.

Man sollte den Regieschülern der Filmakademie diesen Film allein schon aus dem Grunde zeigen, damit sie sehen, wie Forst die Chance wahrnimmt, die ein solcher Schlager bietet. Wie er ihn immer wieder erklingen läßt, ohne je die Hörer zu ermüden, wie er zwei Kabarett-Szenen mit ihm füllt, ohne daß ein Mensch dies als Wiederholung empfindet, wie er mit Hilfe der gleichen Melodie frech und herausfordernd und dann wieder zärtlich sein kann.

Georg Herzberg: Bel ami
Film-Kurier, Nr. 45, 22.2.1939

Wie Mackeben den Schlager durch den Film zieht, verrät den Könner auf dem Gebiet. Damit distanziert sich Mackeben aber zugleich von einer immer noch weitverbreiteten Auffassung, der »Filmkomponist« sei ein »Schlagerkomponist«. Er ist es nicht, und er ist es auch dann nicht, wenn, wie in BEL AMI, ein Schlagerlied in Dur und moll, im Presto und Adagio abgewandelt wird. Nur klären sich die Fronten: da, wo dramaturgisch musiziert wird, steht man dem Komponisten die Berechtigung zu. Da, wo komponiert wird, um die leere Szene aufzupulvern, hat der Schlager *keine* Berechtigung, denn er fällt einer so durchsichtigen und architektonisch gezügelten Komposition wie BEL AMI in den Rücken. Ein solcher Film ist die prachtvollste Entschuldigung jener ernsthaften Komponisten, die dem musikalischen Rhythmus unserer Zeit durch das Tanzlied den höheren Geist der Musik verleihen. […]

Richard Ludwig (Butler bei Laroche), Ilse Petri (Zofe bei Frau von Marelle), Hildegard Busse (Zofe bei Madeleine), Erich Dunskus (Maschinenmeister), Hanns Waschatko (Sekretär), Walter Gross (Stenotypist), Bruno Ziener (Parlamentsdiener), Ewald Wenck (Standesbeamter), Joe Furtner (Zugschaffner), Joachim Below (Verehrer Suzannes), Walter Lieck (Ausrufer), Rosita Serrano (Sängerin), Lotte Spira, Leo Sloma, Max Harry Ernst, Hasso

Willi Forst, Hilde Hildebrand

Sherief-Ossmann, Heinrich Krill, Willy Witte, Charly Berger, Ferdinand Robert, Olga Engl, Alfred Karen, Otto Kronburger, Toni Birkmeyer, Wilhelm Kaiser-Heyl, Louise Mentges, Harry Nelson-Kleinschmidt.
Produktion: Deutsche Forst-Film Produktions GmbH, Berlin; *für:* Tobis-Filmkunst GmbH, Berlin [Herstellungsgruppe Dr. Herbert Engelsing].
Produzent: Willi Forst.

Musik im Film der Gegenwart hat mit der lieben alten Kinomusik nichts mehr zu tun. Immer stärker wird der Anspruch an die hochpotenzierte musikalische Gestaltung. Mackeben hat, wie Melichar jüngst zur Frage der Verwendung klassischer Musik im Film, eine klare Entscheidung für die Berechtigung des Tanzschlagers gegeben. Das ist für jede aufbauende Musikbetrachtung unverkennbar die Erfüllung ihrer Forderungen.

*Dr. Hermann Wanderscheck:
Ein Schlager schlägt ein in »Bel ami«
Film-Kurier, Nr. 48, 25.2.1939*

RETROPERSPEKTIV

Der Schlagersänger ist weniger als ›Interpret‹ einem Lied verpflichtet, denn das Lied dem Sänger als Mittel der Darstellung der Star-Persönlichkeit. Nicht selten besitzt einer von dessen Schlagern den Status eines ›Markenzeichens‹, wofür weniger der Verkaufserfolg verantwortlich sein wird als die Übereinstimmung von Text und Musik mit dem Image des Sängers. Die Identifikation eines solchen ›Markenzeichen-Liedes‹ mit der dazugehörigen Filmfigur und von dort aus mit dem der Künstlerpersönlichkeit zugeschriebenen Charakter lässt sich am Beispiel des BEL AMI studieren [...].

BEL AMI | 1938/39

Auf den ersten Blick scheint es, als werde der gleichnamige Schlager im Film gar nicht so sehr mit Forst verbunden. Zwar ist er ständig präsent: in instrumentaler Version als Titelmusik, durchweg als filmmusikalisches Leitmotiv und insgesamt dreimal gesungen; nur einmal ist es jedoch die Hauptperson Duroy (Forst), aus deren Mund er erklingt, und an dieser Stelle wird er bereits als Parodie eines ›von Mund zu Mund‹ gehenden Liedes behandelt. […]

Durch die Kopplung des Liedes mit der Stimme Forsts wird der »Bel ami« zugleich auf den Star Willi Forst übertragen. Für das Vorhalten dieser Bindung dürfte allerdings vor allem der Charakter der Figur Duroy maßgeblich sein, die dem Image des Schauspielers weitgehend entsprach. […] Die Funktion von BEL AMI als musikalisches Markenzeichen des Künstlers blieb lange im Gedächtnis des Publikums aktuell. Dies zeigen noch Distributionsprodukte aus der Nachkriegszeit, etwa eine unmittelbar nach dem Krieg erschienene Notenausgabe »Willi Forst in Bild und Ton«, die auf dem Umschlag ein Filmfoto aus BEL AMI zeigt. […] Ein weiterer Hinweis ist die Tatsache, dass Forst in dem 1953 gedrehten Film BEI DIR WAR ES IMMER SO SCHÖN in einem Kurzauftritt »Bel ami« singt. Als jüngstes Dokument für diese nahezu zum Mythos gewordene Identifikation sei die Formulierung in einem Lexikon von 1991 zitiert: »Der unvergessene ›Bel ami‹ ist am 11.8.1980 in einem Krankenhaus in Wien gestorben.«

Rebecca Grotjahn: »Ein Lied wie dieses muss gebracht werden, ausgestattet – wie ein Theaterstück«. Willi Forst und die Inszenierung des Singens. In: Armin Loacker (Hg.): Willi Forst. Ein Filmstil aus Wien. Wien: Filmarchiv Austria 2003

Gesamtleitung: Hans L. Somborn.
Herstellungsleitung: Herbert Engelsing.
Produktions-Assistenz: Walter Lehmann.
Aufnahmeleitung: Josef Aschenbrenner, Fritz Renner.
Drehzeit: 24.10. – Ende Dezember 1938.
Drehort: EFA-Atelier Berlin-Halensee, Tobis-Ateliers Berlin-Johannisthal.
Länge: 100 min, 2749 m.
Format: 35mm, s/w, 1:1,33, Tobis-Klangfilm.
Zensur: 7.2.1939, B.50602, Jv, fv.
Uraufführung: 21.2.1939, Berlin (Gloria-Palast).

Kopie: Bundesarchiv (35mm)

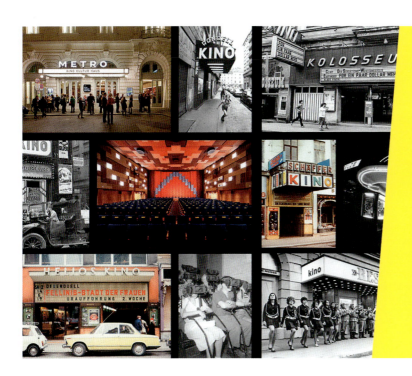

DIE WIENER KINOS
Dokumentation 1896–2022

In vier Bänden präsentiert das Filmarchiv Austria die über 125-jährige Geschichte der Kinos in Wien. Das umfassende Datenmaterial und der opulente Abbildungsteil laden zu einer spannenden kulturhistorischen Zeitreise ein und legen Fährten für weitere Forschungen.

Band 1: Bezirke I bis III
Band 2: Bezirke IV bis IX
Erhältlich auf www.filmarchiv.at

Band 3: Bezirke X bis XV
Band 4: Bezirke XVI bis XXIII
Erhältlich ab Dezember 2023

BERUFENE STIMMEN ZUM MUSIKFILM
DIE MUSIKFILMDEBATTE IM NATIONALSOZIALISMUS

DER REDAKTEUR: HOLLYWOOD AUS DEM FELDE SCHLAGEN

Deutschland ist ein Musikland. Es hat die größten Komponisten auf dem Gebiete der ernsten und heiteren Musik hervorgebracht. [...] Nur im *Film* ist noch verhältnismäßig wenig von der außerordentlichen musikalischen Begabung unseres Volkes zu verspüren. [...]

Diese Frage ist jetzt um so aktueller, als der deutsche Film im Zuge der militärischen und außenpolitischen Entwicklung wachsenden Eingang in einer Reihe von europäischen Ländern gefunden hat, in denen er vorher nicht so stark vertreten war und in denen teilweise der unterhaltende Charakter der Filmwerke bevorzugt wird. Hier kann der deutsche Film den Ausfall der amerikanischen Unterhaltungsproduktion ausgleichen durch Filme der beschwingten Muse, die im Wesen zwar erkennbar auf einem anderen Boden gewachsen ist als die Hollywoodware, aber dennoch Anziehungskraft genug erlangen, um nach dem Kriege eine wieder wirksam werdende amerikanische Konkurrenz aus dem Felde schlagen zu können.

Warum haben wir noch so wenig künstlerisch befriedigende, beschwingte und mitreißende musikalische Filme? OPERETTE steht in letzter Zeit allein auf weiter Flur. Der Forst-Film war ein verheißender Anfang von internationaler Gültigkeit. Aber nun mehr Filme dieser Art! [...]

Es ist ein leidiges Übel der Gesangsfilme, daß die Gesänge mit Vorliebe auf die *Bühne* verlegt werden. Dies geschieht, weil es die einfachste Methode ist, das Singen zu motivieren. Die Verfilmung von Bühnenauftritten widerspricht aber den filmischen Gesetzen. Man versucht, den Bühnenstil in filmischen Formen auszudrücken. Das Resultat ist immer enttäuschend. [...]

Wenn gesungen wird, muß dies durchaus nicht immer durch einen Bühnenauftritt begründet werden. Die Lebensfreude in einem Filmablauf kann zu einem derartigen Grade beschwingt und gesteigert werden, daß der Übergang vom Gesprochenen zum Gesungenen zur selbstverständlichen Äußerung wird.

Um diese Steigerungen zu erreichen, um dramaturgisch das Singen als einen selbstverständlichen Gefühlsausdruck aus der Stimmung herauswachsen zu lassen, bedarf es allerdings des *Primats* des Komponisten bei der Anlage des Films. Er muß die Partitur schreiben, nach der sich das andere dann zweckentsprechend richtet. [...] Welche gewaltigen Perspektiven eröffnen sich da den großen musikalischen Geistern, wenn sie sich dessen bewußt werden, daß ihre Konzeptionen beim Musikfilm nicht mehr an die Enge von Raum und Zeit der Bühne gebunden sind, sondern daß der Film technisch imstande ist, dem Flügelschlag der Musik in unbegrenzte Weiten zu folgen.

Unser Appell ergeht deshalb an die Komponisten, vor allem an die großen Talente, die bisher immer noch abseits standen, zur Mitarbeit am Film, oder wir wollen besser sagen, zur Ergreifung der schöpferischen Initiative zur Schaffung des deutschen Musikfilms auf einer breiten Grundlage.

Günther Schwark:
Appell an die Komponisten zur Mitarbeit am Film – Die schöpferische
Initiative zur Verwirklichung des Musikfilms muß von den Musikern ausgehen
Film-Kurier, Nr. 157, 8.7.1941

Der außerordentliche Publikumserfolg von Willi Forsts auf BEL AMI *folgenden Film, dem historischen »Wien-Film« Operette (1940), zog im Sommer/Herbst 1941 im Film-Kurier eine »Musikfilm-Diskussion« nach sich, in deren Verlauf eine ganze Reihe programmatischer Forderungen an das Genre formuliert wurden. In Auszügen wird sie hier wiedergegeben.*

FILMKOMPONIST I: WIE MAN MUSIKFILME MACHEN SOLLTE ... UND MACHT

Während fast jeder Film der letzten Produktionsjahre eine Filmmusik hatte, sind die wirklichen Musikfilme selten gewesen. Bei einem Musikfilm *sollte* und *muß* die Musik eine dominierende Stellung einnehmen, das heißt, daß die Musik als primäres Element den ganzen Film beherrschen muß, und sich alle anderen Produktionsvorgänge sekundär diesem zu unterstellen haben. [...]

Es wäre also durchaus derselbe Weg nötig und erforderlich, wie beim Schreiben einer Oper oder einer Operette, nur mit den Gegebenheiten des heutigen Films. Hierzu gehört, genau wie bei der Oper und der Operette, zunächst ein Autor, der auch die technischen Belange des Films kennen muß, weiterhin ein Stoff, der auch schon im Aufriß oder Exposée dem Komponisten alle musikalischen Möglichkeiten gibt, gemeinsam mit seinem Textdichter dann die verschiedenen Szenen und musikalischen Komplexe zu komponieren. […] Damit wäre die dichterische und kompositorische Arbeit zum größten Teil beendet.

In jetzt einsetzenden Besprechungen mit dem Regisseur, dessen ausgeprägtes Gefühl für Musik eine wichtige Voraussetzung ist, würde dann die Besetzung besprochen und festgelegt werden. Dann kämen die Schauspieler, die die betreffenden Rollen musikalisch zu studieren haben, so daß nach einer gewissen Zeit mit den sogenannten Play-Back-Aufnahmen begonnen wird. Nach restlos erfolgter Beendigung der musikalischen Tonaufnahmen würde der Film ins Atelier gehen. Im produktionsmäßigen Ablauf wäre dies nach meiner Ansicht der einzig mögliche Weg, einen 100prozentigen Musikfilm herzustellen. […]

Demgegenüber sieht es *in der Praxis leider ganz anders* aus. Fast immer wird der Komponist (ich selbst habe es fast ausschließlich erlebt) ziemlich kurz vor Drehbeginn eines Films verpflichtet, und es spielt gar keine Rolle, ob Spiel- oder Musikfilm.

Franz Grothe: Engste Zusammenarbeit
zwischen Autor und Musiker ist nötig
Film-Kurier, Nr. 160, 11.7.1941

FILMKOMPONIST II: NÄMLICH UNTER ZEITDRUCK!

Man vergleiche in diesem Zusammenhange doch einmal die quantitative Arbeitsleistung eines Opernkomponisten mit der eines Filmkomponisten. Richard Strauss, dieser vollendete Meister der Instrumentierungskunst, hat an der Partitur einer Oper (etwa 500 Seiten) meist länger als ein Jahr gearbeitet, nachdem er ebenso viel *oder noch mehr* Zeit für die Komposition aufgewendet hatte. Von einem Filmkomponisten aber wurde nicht selten verlangt, in 8 Tagen die Musik zu einem Film *zu komponieren und außerdem in Partitur* zu setzen, d. h. 120–150 Seiten Partitur zu schreiben. Zu dem hier naheliegenden Einwand, daß man die Musik des »Rosenkavaliers« nicht mit der Musik zu irgendeinem Tonfilm vergleichen könne, wäre zu sagen: Für Richard Strauss bedeutete die Niederschrift einer Seite der Rosenkavalier-Partitur – rein arbeitsmäßig betrachtet – wohl kaum eine größere Anstrengung als für den Filmkomponisten X oder Y, eine Seite seiner von ihm komponierten Musik zu instrumentieren.

Franz R. Friedl: Arbeitsgemeinschaften von Komponisten
und Autoren müßten vermittelt werden
Film-Kurier, Nr. 160, 11.7.1941

FILMKOMPONIST III: VOM MUSIKALISCHEN FILM ZUM MUSIKFILM

Auch ich teile die Meinung, daß OPERETTE ein mitreißender musikalischer Film ist. Aber OPERETTE ist kein »verheißender Anfang«. Ganz im Gegenteil ist er ein Film, der nach altbekanntem Muster geschaffen wurde. […] Solange ein Film gelegentlich oder oft Möglichkeiten zu gegebenen oder neu zu komponierenden *einzelnen* Musikstücken gibt, ist er ein musikalischer Film. Einen *Musikfilm* werden wir erst dann haben, wenn wir *etwas ganz Neues*, bisher noch nicht Geschaffenes auf die Leinwand bringen, nämlich den Film, der sich genau so vom musikalischen Film unterscheidet wie die Oper vom Schauspiel mit Musik.

Ich will damit natürlich nicht sagen, daß wir nun Filmopern schreiben sollen. Nein – so wie der Tonfilm sein Eigenleben hat und nicht fotografiertes Schauspiel sein darf, so müßte auch der Musikfilm seine besonderen, der Oper wohl verwandten, aber nicht ihr entlehnten Gesetze haben. Dabei wissen wir noch gar nicht, *welches* die Gesetze, welches die Linien sein werden, denen er folgen wird. Wird das gesungene Wort das Primäre sein oder wird das Melos des Orchesters das entscheidende Ausdrucksmoment sein? All das wissen wir noch nicht. Aber von einem bin ich überzeugt: die Gewohnheit des musikalischen Films, die Hauptdarstellerin oder den Hauptdarsteller bei gegebenen oder nicht gegebenen Möglichkeiten vom gesprochenen zum gesungenen Wort und dann sofort wieder vom gesungenen zum gesprochenen Wort übergehen zu lassen, wird man dann als stillos ablehnen. […] Solange man sich nicht entschließt, den beim Theater schon vor Jahrhunderten getanen Schnitt zwischen Schauspiel und Oper auch beim Film durchzuführen, solange wird der Film *musikdramaturgisch* immer nur dutzendfach Wiedergekäutes bringen!

Kurt Schröder: Zur Diskussion um den Musikfilm
Film-Kurier, Nr. 169, 22.7.1941

BERUFENE STIMMEN ZUM MUSIKFILM
DIE MUSIKFILMDEBATTE IM NATIONALSOZIALISMUS

FILMKOMPONIST IV: VOM STUMMFILM ZUM MUSIKFILM

Um zum Wesentlichen des Musikfilms vorzudringen, müssen wir uns weit umschauen. Zunächst erinnern wir uns einmal – und das bitte in der Art, wie man sich stets idealisierend erinnert – an die letzte Zeit des Stummfilms! Uns Musiker, die wir schon für stumme Filme Musik komponiert haben, überkommt oft ein schmerzliches Gefühl. Wir haben den Tonfilm bekommen, der die herrlichsten Orchesterklänge im Film selbst enthält, aber wir haben die Musik verloren! Diese ist untergegangen in der Redseligkeit der Stoffe. Gewinn auf der einen Seite wurde zum Verlust auf der anderen. – Gehen wir doch einmal aus von der Stummfilmtechnik. […] Mit wenigen Titeln mußte der unbedingt notwendige Dialog zu erledigen sein. Es gab sogar mal einen titellosen Film! Was war die Folge dieser Ökonomie? Man transponierte die stoffliche Seite des Films immer mehr vom reingeistigen zum seelischen Erleben hin. Weil die mehr oder minder geistigen Ergüsse in langen Titelreden als »unfilmisch« empfunden wurden. Damals war man dem Musikfilm am nächsten! […]

Dann folgt daraus aber zwingend, daß als erste Forderung an den Musikfilm die stoffliche Behandlung auf der rein – oder vorwiegend – *seelischen* Ebene zu stehen hat. Darüber nachzudenken ist zur Erfassung des Problems unerläßlich. Dazu einen Rückblick auf die Oper: […] Die Domäne der Oper, des Musikfilms ist und wird immer sein: Liebe, Haß, Sehnsucht, Freude, Schmerz, Angst, Heroismus – der ganze Sektor der Gefühle und Empfindungen. […]

Wie kommen wir nun zum Musikfilm?
Gewiß nicht, indem wir einen so seelisch disponierten Film komponieren – also nachsynchronisieren. Das wäre widernatürlich. Das Manuskript ist – wie bei der Oper – vom Komponisten zu gestalten, einerlei ob es von ihm selbst oder von einem anderen stammt. Der Musikfilm wird also nach der fertigen Partitur gemacht. Die Musik wird über playback zur Aufnahme gespielt und »gespielt«. Der Dialog – hoffentlich sind es nur wenige Worte! – wird sowieso nicht gleich aufgenommen, sondern nachgesprochen. […]

»Gebt der Oper, was der Oper ist und dem Film, was des Films ist!«

Um zu einem wirklichen Musikfilm zu gelangen, müssen manche scheinbar eisernen Gesetze der Film»herstellung« über den Haufen gerannt werden. Sollte dazu der Mut bestehen? Dann würde der Tonfilm uns schöpferischen Musikern gegenüber manches wieder gutmachen. Wir würden dafür mit einem Gegengeschenk aufwarten: Der Musikfilm ist kaum an Sprachgrenzen gebunden!

Marc Roland: Die stoffliche Behandlung des Musikfilms hat auf der vorwiegend seelischen Ebene zu stehen
Film-Kurier, Nr. 170, 23.7.1941

DER MUSIKJOURNALIST: DAS BILD DER MUSIK ANGLEICHEN

Musik und Bild gehören organisch zusammen. Bisher haben wir das Bild, und die Musik diente als Schmuck. Versuchen wir einmal den Musikfilm zu schaffen, indem wir die Musik in den Mittelpunkt stellen und das Bild der Musik angleichen. Denken wir an Parallelerscheinungen in der Oper, als man sich uneinig war, ob die Musik die »gehorsame Tochter« des Wortes sein sollte oder aber – umgekehrt. Wir werden nicht umhin können, auch im Film einmal von der anderen, der musikalischen Seite an das Problem heranzutreten.

Dr. Fritz Stege: Die Diskussion um den Musikfilm
Film-Kurier, Nr. 183, 7.8.1941

DER FILMWISSENSCHAFTLER: DAS GESPROCHENE WORT KÖNNEN WIR NICHT ENTBEHREN!

Die Kamera müßte das Wesen der Musik zu erfassen und zu deuten versuchen […]. Die Zukunft des lebensfähigen und künstlerisch echten Musikfilms […] wird nicht in der »Filmoper« liegen, sondern im Filmwerk, das aus dem Geiste der Musik geschaffen wird. Darin liegen die fast unerschöpflichen Möglichkeiten des Musikfilms, und nur dies kann seine wirkliche Aufgabe sein. Nicht die Form kann von der Musik beherrscht werden, aber das Thema und sein Gehalt. Um der dramatischen Handlung willen können wir das gesprochene Wort nicht entbehren, so wahr wir mit dem Film auf der realen Welt der Historie oder Gegenwart bleiben wollen.

Bel Ami (Lizzi Waldmüller)

So ergeben sich ganz von selbst zwei Grundmöglichkeiten des Musikfilms:
1. Eine Handlung um den Musikschöpfer und sein Werk.
2. Eine Handlung um die Gestalt, die uns die Musik in vollendeter Weise darbietet, sei es durch eigene Stimme oder Instrument.

Die Handlung, die uns des Künstlers Schicksal, sein Verhalten zur Umwelt vor Augen führt, wird bei diesem Menschen auch immer im Zeichen seiner heiligen Berufung stehen: Im Zeichen der Musik.

Beide Arten sind uns schon bekannt aus zwei Werken der jüngsten Zeit: Auf der einen Seite ist es FRIEDEMANN BACH [1940/41, Traugott Müller], der dem Wesen des Musikfilms sicher am nächsten kommt, auf der anderen mag es der Film OPERETTE sein. Jedes der beiden ist geschaffen aus dem Geiste der Musik. Aber die Zahl der bisherigen Schöpfungen, die dieses Ziel eindeutig verfolgten, ist noch sehr gering.

Freilich sollten die Stoffe sich nicht nur mit den tatsächlich existierenden Meistern der Komposition und vorhandener Musik begnügen, sondern man müßte auch neue Komponisten erfinden mit neuer Musik und nicht nur Sängerinnen, sondern auch Geigern, Pianisten und Kapellmeistern zu neuen Tönen verhelfen. Hier liegt das schöpferische Arbeitsfeld des Filmkomponisten, das ihm neue große Aufgaben bietet. Und zwar hier wie da unter der Voraussetzung, daß *Dichter* und *Komponist* an der Konzeption des Werkes *gemeinsam* schaffen.

Wenn wir diesen Weg beschreiten, werden wir eine neue künstlerische Prägung schaffen: den *Musikfilm*, der zum Hymnus werden möge an die göttliche Kraft der Musik.

Ekkehard Scheven (z. Zt. »im Felde«):
Gebt der Oper, was der Oper ist und dem Film, was des Films ist!
Film-Kurier, Nr. 205, 2.9.1941

1941/42 SYNCOPATION

Bonita Granville, Adolphe Menjou

Park Circus/Cohen Film Collection

1941/42. US. Syncopation
The Story of a Nation from Ragtime to Boogie-Woogie.
Regie: William [= Wilhelm] Dieterle.
Dialog-Regie: Peter Berneis, Michael Audley.
Buch: Philip Yordan, Frank Cavett, [Wilhelm Dieterle].
Vorlage: Story »The Band Played On« von Valentine Davies.
Kamera: J. Roy Hunt;
Background: Russell A. Cully.
Optische Effekte: Vernon Walker.
Art Direction: Albert S. D'Agostino.
Set Decoration: Alfred Herman, Darrell Silvera.
Kostüme: Edward Stevenson.
Regie-Assistenz: Dewey Starkey, John E. Pommer.
Schnitt: John Sturges;
Montage: Douglas Travers.
Ton: James G. Stewart, Richard Van Hessen.
Musik, Musical Direction: Leith Stevens.
Vocal Direction: Hall Johnson.
Liedtexte: Rich Hall.
Musik-Titel: »American Rhapsody« (Stevens); »Under a Falling Star« (Stevens / Hall).
Choreografie: Ernst Matray (Dance Dir.).
Darsteller: Adolphe Menjou (George Latimer), George Bancroft (Mr. Porter), Todd Duncan (Rex Tearbone), Conny [= Connee] Boswell (cafe singer), Ted North (Paul Porter), Frank Jenks (Rags Jackson), Jessie Grayson (Ella), Mona Barrie (Lillian Latimer), Lindy Wade (Paul Porter #1), Peggy McIntire (Kit Latimer #1), Jackie Cooper (Johnny), Bonita Granville (Kit

Der Film verfolgt über ein Vierteljahrhundert lang, wie sich aus der Musik der schwarzen Sklaven, die nach Amerika verschleppt wurden, zuerst der Blues, Boogie Woogie, Ragtime und Jazz entwickeln. Die neue Musik ist unwiderstehlich, drückt die Gefühle der Menschen aus, bringt ihre Füße zum Schwingen und verbreitet sich langsam über ganz Amerika. In dieser Zeit lebt die weiße Architektentochter und Pianistin Kit Latimer. Sie wächst in New Orleans auf, zieht aber mit dem Vater und der schwarzen Haushälterin Ella nach Chicago, während Ellas kleiner Sohn Rex, genannt Reggie, in New Orleans bleibt, um in einer Band zu spielen. In Chicago lernt Kit den Straßenmusiker Johnny kennen, den sie später heiratet. Johnny findet zwar ein Engagement in einem großen Jazz-Orchester, ist aber bald frustriert darüber, immer dasselbe zu spielen. Schließlich holt ein Promoter, den er einst auf einer Party in Chicago kennengelernt hat, ihn in eine neue Band nach New York City. Sie spielen einen neuen Stil, den Swing.

1941/42

Jackie Cooper, Todd Duncan

Bonita Granville, William Dieterle (Dreharbeiten)

KRITIKEN

William Dieterle is evidently a stickler for details and realism. He starts the saga of jazz with a few shots of African slaves being rounded up for shipment and subsequent sale on the block. This is digging down pretty deep to get at the source of the concoctions offered.

Theme of the film is the vicissitudes suffered by those who cast their lot in the musical world but the story itself is on the dull side and could have been cut rather generously. The point brought out is merely that once a great name is established in the musical world it lives on eternally. But it is a heck of a long time unfolding. […]

The struggle of up and coming musicians is a little stale but possibly those of the older generation will find food for fond reminiscences in this pic, and the kids should certainly go for the grand finale which includes the All American Band with their favorite orchestra leaders pooling talents. There is some excellent photography but the direction could have been stepped up.

Bonita Granville is very good and really holds the picture together with her fine performance. [Jackie] Cooper is also to be commended on his work. Todd Duncan, Jessie Grayson, George Bancroft and Adolphe Menjou have all contributed generously.

Syncopation
The Film Daily, 7.5.1942

In line with recent cinema celebrations by Paramount and Warner Brothers of the birth of the blues, William Dieterle and RKO are now adding their collective tribute to that musical fruition in a ponderous, unrhythmical picture called SYNCOPATION, which came to the Palace yesterday. Don't let the title deceive you. For Mr. Dieterle's studied attempt to build something picturesque and glowing around a trumpet's mournful wail turns out to be a lot of shoddy, stylized pretense. A bang-up film about early jazz music is yet to be made, definitely.

In this case, the story is a limp one about a New Orleans lassie and a Chicago lad who are passionately devoted to hot music and the poetry of Walt Whitman. Bonita Granville and Jackie Cooper play the youngsters in random, uneven moods, while Adolphe Menjou, Frank Jenks and Todd Duncan do practically nothing in minor roles. Mr. Dieterle has dragged in a great many turgid montage sequences to suggest the sweep and surge of jazz

Latimer), The All American Dance Band [with: Charlie Barnett, Benny Goodman, Harry James, Jack Jenny, Gene Krupa, Alvino Rey, Joe Venuti], Hall Johnson Choir, Robert Benchley (Doakes), Walter Catlett (Spelvin), Charles Collins (Fred Freddy), Jack Thompson (Reggie Tearbone), Sherrill Luke (Reggie's friend), Walter Baldwin (Tom Jones), Jeff Corey (Kit's attorney), Rex Stewart (King Jeffers), Clinton Rosemond (Professor Topeka), Frank McGlynn (Simon Goodwill), Maurice Cass (Archibald Travers), Edwin Stanley (Goodwill's attorney), Bob [= Robert] McKenzie (bartender at party), Thelma White (singer at party), Martha Bamattre (Polish woman), Al Roberts (juggler), James Clemons (dancer), Emory Parnell (judge), Frank Darien (court bailiff), Madame [Nina] Borget (jury woman), William Reid (drunk dancer), Charles Flynn (army officer), Frank O'Connor (railroad conductor), J. Louis Johnson (preacher), Ralph Dunn, Bill Lally (police officers), Sonny Bupp (boy), Mimi Doyle (Jackson's secretary), Eddie Hart (military police), John Hamilton (Mr. Ames), Lillian West (Ames's secretary), Michael Audley, Robert Dudley (bartenders), Tom Quinn (guard in guard house), Jane Patten (girl in canteen), Dick Paxton (Al), Sidney Miller (Herbert), Joe Brown Jr. (Bill), Jack Finch (Al), Joe Bernard (old hobo), Reginald Barlow (hobo reading paper), Bobby Stebbins (page boy), Hollis Jewell (young hobo), William J. O'Brien (singing hobo), Frank Mills (taxi driver), Mickey Simpson (policeman at country club), Joe Devlin (house detective), Spec O'Donnell (messenger boy), Hallene Hill (Salvation Army worker), John

1941/42

J. Louis Johnson, Jessie Grayson

Tettemer (Salvation Army worker), Dudley Dickerson (musician), Gordon Hart (Eddie), Armando & Lita [= Thomas McIntyre, Lita McIntyre] (dance team), Leith Stevens (Ted Browning), Effie Parnell [= Laird] (woman in bookstore), Jerry Hausner (Cockeye), Dewey Robinson (Henchman), Earle Hodgins (slave auctioneer), Gus Glassmire (floorwalker), Ken Terrell, Eddie Dew, Max Wagner, Charles Sullivan, Sammy Stein (gangsters), Jeanette Bradley (Cockeye's girlfriend), Jack Stewart (doorman), Dolly Jarvins (Potter's girlfriend), Francisco Marán (Mario), Charles R. Moore, Sunny Boyne, Louis Adlon.
Produktion: William Dieterle Productions, Hollywood;
für: RKO Radio Pictures Inc., New York.
Produzent: William [= Wilhelm] Dieterle.
Associate Producer: Charles L. Glett.
Drehzeit: 13.10. – 17.12.1941; 23.2.1942 (Jam Session).
Drehort: RKO Radio Pictures-Studio Los Angeles; Fox Movietone Studios New York (Jam Session). Außenaufnahmen: New York City, Chicago.
Länge: 88 min, 7915 ft = 2412 m.
Format: 35mm, s/w, 1:1.33, RCA Sound System.
Copyright: 22.5.1942, (c) LP11371.
Uraufführung: 22.5.1942, Release; 28.5.1942, New York (Radio City Music Hall).
— Titel in der Schweiz: »Syncopation – Die Geschichte des Jazz«.

music, but his comprehension of its spirit is obviously nil. And his concept of the American Negro seems to have been derived from a Summer revival of "Show Boat." It is hard to believe he is the same man who directed that excellent film, THE LAST FLIGHT [1931], or even the Warners' memorable five-foot shelf of LIVES.

Bosley Crowther: Syncopation
The New York Times, 29.5.1942

Die Handlung in SYNCOPATION, die von New Orleans in den Ragtime-Zeiten um 1906 über Chicago nach New York in die Gefilde des »Boogie-Woogie« führt, ist ein dünnes, immer wieder angeknotetes Fädchen. Die Musik ist ein ähnlich schwaches, mühselig weitergesponnenes Produkt. Da die Hersteller mit diesen Erzeugnissen lustloser Stunden nicht viel anfangen konnten, so übergaben sie es den geschicktesten Technikern des Studios zur Montage. Vor allem aber ließen sie noch Heroen der Swing music wie Benny Goldman, Gene Krupa, den Schlagzeugmatador, Jack Jeny, Alvino Rey und Schauspieler vom Range Adolphe Menjous Rettungsversuche unternehmen. Diese Hilfstruppen taten ihr Bestes. Aber ein guter Film entstand auf diese Weise nicht.

Syncopation
Aufbau (New York), 12.6.1942

ZEITSCHRIFT FÜR FILM UND KINO
**6 × 100 SEITEN
FILMLIEBE IM JAHR**

**PRINT UND
DIGITAL
ERHÄLTLICH**

FILMBULLETIN.CH

1941/42 — DIE GROSSE LIEBE

1941/42. DE. Die große Liebe
Regie: Rolf Hansen.
Buch: Peter Groll, Rolf Hansen.
Vorlage: Idee von Alexander Lernet-Holenia.
Kamera: Franz Weihmayr.
Optische Effekte: Gerhard Huttula.
Bauten: Walter Haag.
Schnitt: Anna Höllering.
Ton: Werner Pohl.
Musik: Michael Jary.
Liedtexte: Bruno Balz.
Gesang: Zarah Leander.
Musik-Titel: »Davon geht die Welt nicht unter«, »Mein Leben für die Liebe«, »Ich weiß, es wird einmal ein Wunder gescheh'n«, »Blaue Husaren (Heut' kommen die blauen Husaren)«.
Choreografie: Jens Keith.
Darsteller: Zarah Leander (Hanna Holberg), Grethe Weiser (Käthe, Hanna Holbergs Zofe), Viktor Staal (Oberleutnant Paul Wendlandt), Paul Hörbiger (Alexander Rudnitzky, Komponist), Wolfgang Preiss (Oberleutnant von Etzdorf), Hans Schwarz jun. (Alfred Vanloo), Leopold von Ledebur (Herr Westphal), Julia Serda (Frau Westphal), Victor Janson (Mocelli); – ferner: Wilhelm Althaus, Paul Bildt, Erich Dunskus, Olga Engl, Karl Etlinger, Hugo Froelich, Ilse Fürstenberg, P. W. [= Wilhelm P.] Krüger, Walter Lieck, Henry Lorenzen, Hermann Pfeiffer, Gothart Portloff, Grete Reinwald, Just Scheu, Erna Sellmer, Armin Schweizer, Ewald Wenck, Agnes Windeck, Jakob Tiedtke, Walter Steinweg, Albert Florath, Ernst Bader, Jac Diehl, Angelo Ferrari, Lotte Goebel, Antonie Jaeckel, Alfred Karen, Ferdinand Robert, Ernst Rotmund, Charles Francois, Rudolf Woldrich, Elena Lauri, Grete Beck, Curt Breitkopf, Gerd

Zarah Leander, Viktor Staal

Nach einem Auftritt in der Berliner Scala verbringt die gefeierte Sängerin Hanna Holberg die Nacht mit dem Jagdflieger Paul Wendlandt – zunächst im Luftschutzkeller, dann in ihrer Wohnung. Bald darauf geben die beiden Liebenden ihre Verlobung bekannt, sehr zur Bestürzung des Komponisten Rudnitzky, der die Künstlerin seit langem verehrt und begehrt. Doch schon während der Verlobungsfeier wird Paul an die Front befohlt. In der Folge verpassen sich die beiden immer wieder – wegen Hannas Gastspielreisen nach Rom und Paris oder wegen Pauls Kampfeinsätzen. Erst als Pauls Flugzeug über der Ostfront abgeschossen wird und Hanna ihn im Lazarett gesundpflegt, kommen die beiden endlich zusammen.

LIEDERFOLGE

Wir sprechen einen Augenblick Zarah Leander. Sie äußert sich sehr erfreut darüber, endlich einmal in einem Gegenwartsfilm mitwirken zu können. Michael Jary hat ihr drei Lieder geschrieben, von deren Publikumswirkung man sich viel verspricht. Das eine ist ein witzig-pointiertes Chanson mit sex appeal, das sie in der Berliner Scala singt. Bei einem Wehrmachtskonzert in Paris bringt sie ein Schunkellied zum Vortrag und in Rom singt sie ein einschmeichelndes Chanson. Ihr Gesang wird also nicht unvermittelt aus heiterem Himmel fallen, sondern durch öffentliches Auftreten auf einer Bühne stets motiviert sein.

Kammerspielszene mit Zarah Leander
Film-Kurier, Nr. 262, 7.11.1941

DREHARBEITEN MIT DER LEIBSTANDARTE SS ADOLF HITLER

Es bedurfte der ganzen Breite des Froelich-Ateliers in Tempelhof, um die riesige Scala-Bühne erstehen zu lassen. Die Mitte ist für den Star reserviert, der inmitten der Männer emporschwebt, ohne daß das Publikum das Wie erahnen kann. Der Hintergrund zeigt gemalte Flammen, die im Lichte von mehr als 700 Glühbirnen aufflackern. Der Auftritt Zarah Leanders ist flankiert von je drei breiten, übereinander angebrachten Galerien, die mit je zehn Tänzern besetzt sind.

Diese sechs Galerien gilt es schaukelartig zu bewegen. Dazu gehört ein sinnreicher und genau überlegter Mechanismus, der der erheblichen Belastung gewachsen ist. Die Rückseite der Dekoration zeigt dann auch ein dem Laien rätselhaftes Gewirr von Drahtseilen, Rollen, Trägern und Schienen. Es hat manchen Schweißtropfen und manche schlaflose Nacht gekostet, ehe alles so klappte wie es gedacht war.

»Sehen Sie«, erzählte uns [der Filmarchitekt] Walter Haag, »es kommt bei solchen Dekorationen nicht nur, wie viele glauben, auf die Idee an. Die ist verhältnismäßig leicht gefunden. Weit schwerer ist es schon, die Idee in die Tat umzusetzen und solange zähe und verbissen zu arbeiten, bis alle Widerstände überwunden sind und der Bau drehfertig ist. […]«

Zu den sechzig Männern auf den Galerien, die sich während der Szene ihrer Frackmäntel und Zylinderhüte entledigen und sich mit gladiatorenhaft nackten Oberkörpern präsentieren, kommen noch vierzig Tänzer im Frack. Jens Keith, der Tanzverantwortliche, stand also vor einer großen Aufgabe. […]

Endlich ist es so weit. Das Licht der Dekoration leuchtet auf, das Lied Zarah Leanders ertönt, die Tänzer gleiten auf die Glasplatten im Vordergrund der Bühne, die großen Schaukeln setzen sich in Bewegung, und emporsteigt, in schwarzem Kleid und mit weißer Perücke, der Star Zarah Leander.

G. H. [= Georg Herzberg]:
Große Dekoration für Zarah Leander
Film-Kurier, Nr. 29, 6.2.1942

Zarah Leander, Paul Hörbiger

KRITIKEN

Zarah Leander fällt die schwere Aufgabe zu, den ganzen Film hindurch verlassen zu werden. Verlangen, Enttäuschung, Entsagung zu zeigen und immer wieder zuversichtlich und gläubig zu warten – eine Solveig der Scala. Ihre tiefe Stimme taucht tief hinab bis auf den Grund der Gefühle, und von dort steigt es auf in mächtigen Wallungen: Zärtlichkeit und Sehnsucht, kecke Forderung und schmerzlicher Verzicht. Ihre Chansons trägt sie mit Schmiß und Kultur vor. Mit ihrem »Mein Leben für die Liebe – jawohl!« singt sie sich dem Flieger ins Herz hinein, und ihre Versicherung: »Ich verschwende mich ohne Ende« bringt ihn auf höchste Touren. Ihr heiter-überwindendes Lied: »Wenn mal mein Herz unglücklich liebt« mit dem flotten Kehrreim: »Davon geht die Welt nicht unter, sie wird ja noch gebraucht …« begeistert die Verwundeten im Zuschauerraum nicht minder, als ihre kriegsversehrten Kameraden auf der Leinwand. Und ihr Liebesgesang: »Ich weiß, es wird einmal ein Wunder gescheh'n« überzeugt sogar ihren hartnäckigen Verehrer, den Nebenbuhler des Kampffliegers, von der Größe ihrer Liebe.

Werner Fiedler: Der Flieger und die Sängerin
Deutsche Allgemeine Zeitung, 13.6.1942

Es war ein lohnender Entschluß, Zarah Leander einmal in einem Stoff unserer nahen Gegenwart herauszustellen. Befreit vom Pathos exotischer Gebärde und von der kostümlichen Repräsentation früherer Jahrhunderte überrascht sie in den schlichten Kammerspielszenen, in denen sich das natürliche Erleben einer Frau von heute spiegelt, durch eine Wärme und Unmittelbarkeit des Ausdrucks, die ihre Fähigkeiten in einem neuen Lichte erscheinen lassen. […]

Ihr neuer Film beweist, daß sie uns in den privaten, menschlichen Szenen, in denen sie echte Herzensempfindung ausströmen kann, wesentlich näher kommt, als im großartigen Revuegepräge.

Castner, Hella Gantzert, Heinz Giebner, Hans Henryk, Carl Martin Kemper, Friedel Müller, Siegbert Preuss, Joachim Schwer, Carlo Trebuth, Maria Zidek-Meck. — Mitglieder der Leibstandarte SS Adolf Hitler (»Showgirls«).
Produktion: Ufa-Filmkunst GmbH, Berlin [Herstellungsgruppe Walter Bolz].
Herstellungsleitung: Walter Bolz.
Aufnahmeleitung: Alfred Henseler.
Drehzeit: Drehzeit: 23.9. – Anfang Oktober 1941 (Atelier), 13.10. – 18.3.1942 (außen).
Drehort: Atelier Wien-Rosenhügel, Tonfilmstudio Carl Froelich Berlin-Tempelhof.
Außenaufnahmen: Rom (Hotel Citta).
Länge: 100 min, 2738 m / DP: 100 min, 2732 m / FSK: 83 min, 2253 m [1962] / 96 min, 2632 m [1980].
Format: 35mm, s/w, 1:1.33,

1941/42 | DIE GROSSE LIEBE

Zarah Leander, Paul Hörbiger

Tobis-Klangfilm.
Zensur: 10.6.1942, B.57295, Jf. /
DP: 18.04.1944, B.60163, Jf. 14.
FSK: 20.11.1962, 28846, njf, nff. /
11.8.1980, 28846, ab 6, ff.
Uraufführung: 12.6.1942, Berlin
(Ufa-Palast am Zoo, Germania-Palast).
— *Prädikat: Staatspolitisch wertvoll,
Künstlerisch wertvoll, Volkstümlich
wertvoll.*
— *Von den Alliierten Militärbehörden
verboten.*

Kopie: Friedrich-Wilhelm-Murnau-
Stiftung, Wiesbaden (DCP)

Ja, wir behaupten sogar, daß der ausladende Revueaufwand um des Stars willen in diesem Film gar nicht nötig war, daß Zarah Leanders Gesangskunst auf einer intimeren Chansonbühne weit persönlicher, lebendiger und reizvoller zur Geltung gekommen wäre. Denn um einen dekorativen Großrevueraum dynamisch und bewegungsmäßig im Filmbilde durchdringen, beherrschen und daraus zwingende Wirkungen ableiten zu können, bedarf es zusätzlich zum faszinierenden Timbre einer eigenwilligen Stimme des tänzerischen Bewegungsrhythmus im Dreidimensionalen. Da man weiß, daß Zarah Leander keine singende Tänzerin im Sinne Marika Rökks oder amerikanischer Revuestars ist, beschränkt sich das Revuebild Walter Haags in DIE GROSSE LIEBE auf die zweidimensionale Flächendekoration, in deren vorderer Mitte die singende Hauptdarstellerin steht. Dieser Verzicht auf die Tiefenbewegung beraubt die Revueauftritte der mitreißenden Motorik.

Abgesehen davon, ließe es sich auch psychologisch leichter denken, daß der auf Urlaub befindliche Fliegeroberleutnant aus der Intimität einer Chansonbühne das rasche Verhältnis zu der Sängerin findet, die ihn bestimmt, sie auf Biegen oder Brechen kennenzulernen. [...] Die Dialoge verzichten auf konventionelles Liebesgewäsch, ergeben sich natürlich aus der Situation, sagen das, was zwei liebende Menschen, die das Schicksal immer wieder trennt, zwischen Pflicht und Neigung fordernd, verzichtend und entschuldigend vorzubringen haben. Die Thematik des Stoffes findet heute ihre Parallelen in so vielen vom Kriege bewegten Menschenschicksalen, daß der Film schon deshalb auf eine starke Publikumsresonanz rechnen darf.

*Günther Schwark: Die große Liebe
Film-Kurier, Nr. 136, 13.6.1942*

PUBLIKUMSERFOLG

Einen »Rekord aller Rekorde«, wie er ihn seit seiner Gründung nicht erlebt hat, konnte der Ufa-Palast am Valentinskamp mit der Aufführung des Zarah-Leander-Films DIE GROSSE LIEBE (Ufa) verzeichnen. Nachdem dieser Film bereits vier Juliwochen ununterbrochen in demselben Haus gelaufen war, konnte er durch sich ständig steigernde Besucherziffern auch noch in die erste Hälfte des Augusts übernommen werden. Insgesamt erreichte er nicht ganz eine runde Viertelmillion Besucher. Das ist die höchste Zahl, die bislang erreicht worden ist.

*»Die große Liebe« erzielte Rekordbesuch –
Der August in Hamburg
Film-Kurier, Nr. 209, 7.9.1942*

Von Arthouse bis Zombie

2 Ausgaben GRATIS lesen:
epd-film.de/probeabo

TREFFENDE TÖNE – LIEDER MIT KOMMENTARFUNKTION
VON GUIDO HELDT

Hier geht es um diegetische Musik, die von der Narration als Kommentar verwendet wird. Wichtig ist die Ambiguität der Bezüge: Die Lieder sind sowohl Bestandteil der privaten Geschichte der Protagonisten als auch Reflexionen der ›großen‹ Geschichte, in der sich die privaten Biographien abspielen und mit der sie verwoben sind. […]

Die große Liebe (Zarah Leander)

Das bekannteste Beispiel dafür sind einige der Lieder in DIE GROSSE LIEBE, besonders »Davon geht die Welt nicht unter« und »Ich weiß, es wird einmal ein Wunder gescheh'n«. Sie werden so eingesetzt, dass man sie auf die biographische Situation der Figuren des Films beziehen kann, besonders auf die von Hanna Holberg selbst, aber auch die ihres glücklosen Verehrers Alexander Rudnitzky (Paul Hörbiger), der nachts in einer Bar in Rom »Ich weiß, es wird einmal ein Wunder gescheh'n« komponiert. Wir wissen so gut wie er selbst, dass für ihn im Hinblick auf Hanna nie ein Wunder geschehen wird. Das Lied ist aber auch auf Hanna und Paul Wendlandt beziehbar, die ein Wunder brauchen, um in den Wirren des Krieges zueinander zu finden. Ebenso aber kommentieren beide Lieder die Situation Deutschlands mitten im Krieg. Der Film macht das deutlich, wenn »Davon geht die Welt nicht unter« bei einem Auftritt Hannas in Paris lauthals von den Soldaten im Publikum mitgesungen wird, und noch deutlicher, wenn am Ende »Ich weiß, es wird einmal ein Wunder gescheh'n« instrumental im Hintergrund erklingt, von Bildern von Flugzeugen begleitet, die über das Krankenhaus in den Bergen hinwegfliegen, dem Feind und dem erhofften Endsieg entgegen.

Durch die Mehrdeutigkeit der Lieder wird Hanna (und durch ihre Figur hindurch Zarah Leander als einer der großen Stars des NS-Kinos) zu so etwas wie einer Verkörperung der Nation oder zumindest der ›Heimatfront‹, und die Botschaft von der Aufgabe privaten Glücks im Dienst einer größeren Sache, die der Film an Hanna durchexerziert, wendet sich an die im Kinopublikum verkörperte Nation. Dabei war die Möglichkeit des mehrdeutigen Verstehens der Lieder, wenn auch vom Film angestrebt, durchaus nicht unproblematisch: Der Sicherheitsdienst berichtet in einem seiner Lageberichte, dass daraus auch Witze gemacht werden konnten, wie der, dass Zarah Leander ins Führerhauptquartier bestellt wird, um Hitler mit »Ich weiß, es wird einmal ein Wunder gescheh'n« Mut zu machen.

Aus: Guido Heldt: Wirklichkeit und Wochenschau.
Die Fiktionalisierung des Krieges im Musikfilm des Dritten Reiches.
In: Christoph Henze (Hg.): Musik im Unterhaltungskino des Dritten Reichs.
Würzburg: Königshausen & Neumann 2011

YOUR SHOT OF CULTURE

INGREDIENTS: ART (21%) **DIALOGUES**, PHOTOGRAPHY (16%), **METROPOLES**, CONTROVERSY (13%) HUMOUR, **ARTIFICIAL INTELLIGENCE**, BOOTY SHAKING, NUDE (9%) **TALKING VULVAS**, ACTIVISM, UNEXPECTED IDEAS, CHAOS (1%)

TWIST: THE CULTURE MAGAZINE. SUNDAYS ON ARTE AND ARTE.TV

1951 | HEIDELBERGER ROMANZE

1951. BRD. Heidelberger Romanze
Regie: Paul Verhoeven.
Buch: Willy Clever, Karl Peter Gillmann.
Vorlage: Idee von Willy Clever.
Kamera: Konstantin Tschet.
Kamera-Assistenz: Gerhard Peters.
Bauten: Fritz Maurischat, Paul Markwitz;
Ausführung: Alfred Bücken.
Kostüme: Alfred Bücken.
Maske: Josef Coesfeld, Gertrud Coesfeld, Arthur Schramm.
Regie-Assistenz: Rolf von Schmidt-Pauly.
Schnitt: Ilse Voigt.
Ton: Martin Müller, Benne Locher.
Musik: Werner Richard Heymann.
Liedtexte: Hans Fritz Beckmann.
Musik-Titel: »Drunt am Neckarstrand«, »Schlaf gut, träum süß«.
Darsteller: O. W. Fischer (Hans-Joachim, Prinz von Reiningen), Liselotte Pulver (Susanne Edwards), Gardy Granass (Fannerl Brückner), Gunnar Möller (William Edwards, jung), Hans Leibelt (William Edwards, Fabrikant aus Chicago), Ruth Niehaus (Gabriele Altendorf), Hans Reiser (Erwin Turner, Chemiestudent), Margarete Haagen (Tante Amalie Brückner, Wäscherin), Paul Verhoeven (Detektiv Schulze), Melanie Horeschowsky (Alte Fannerl), Joachim Brennecke (Thomas Altendorf, Dirigent und Komponist), Heinz Lausch, Walter Sedlmayr, Günther Voigt, Liselotte Malkowsky (Sängerin), Franz Schafheitlin, Margit Saad.
Produktion: Meteor-Film GmbH, Wiesbaden.
Produzent: Paul Jonen.
Produktionsleitung: Max Koslowski.

Gardy Granass, Gunnar Möller

Als in Chicago Susanne Edwards erfährt, dass sich ihr Verlobter in Heidelberg in eine junge Deutsche verliebt hat, reist sie sofort dorthin – begleitet von ihrem Vater, dem vermögenden Geschäftsmann William Edwards, der vor dem Ersten Weltkrieg selbst in Heidelberg studiert hat. Nachdem er seiner Tochter von einer unerfüllten Liebe zur Nichte seiner damaligen Vermieterin erzählt hat, verliebt sich auch Susanne: in den Studenten Hans-Joachim, der sie für eine arme Kleptomanin hält und von dem sie nicht ahnt, dass er ein Prinz ist. Während Susannes Vater nach Fannerl, seinem früheren Schatz, noch fahnden lässt, finden die beiden jungen Leute rascher zueinander.

DREHBERICHT

Schier dreißig Jahre ist es her, seitdem Heidelberg zum letzten Male die in Jahrhunderten gewachsene Kulisse für einen abendfüllenden Spielfilm abgegeben hat. Schon damals waren es Deutsche und Amerikaner, die gemeinsam das romantische und malerische Bild der Stadt für den Film entdeckten, als Ernst Lubitsch sein ALT-HEIDELBERG [THE STUDENT PRINCE IN OLD HEIDELBERG, USA 1927] mit dem Herzensbrecher Roman Novarro und Norma Shearer in den Hauptrollen drehte. [...]

Deshalb ist man in Heidelberg nicht unzufrieden, daß die Meteor-Filmgesellschaft in Wiesbaden

Margit Saad, Liselotte Pulver, O. W. Fischer

Liselotte Pulver, O. W. Fischer

derzeit die umfangreichen Außenaufnahmen für ihren Farbfilm Heidelberger Romanze an Ort und Stelle dreht. Die Filmleute arbeiten dabei mit der Herbstsonne um die Wette, um bis Mitte Oktober fertig zu sein. Sämtliche Atelier-Aufnahmen waren schon vorher in Bendestorf bei Hamburg abgeschlossen worden, wo auch der historische Faßkeller des Schlosses und der alte Karzer der Universität naturgetreu aufgebaut wurden. Die beiden Räume gehören ebenso wie das Bild der alten Stadt und ein prächtig illuminiertes Fest im Schloß zu der Atmosphäre dieses Films, der wiederum in einem deutsch-amerikanischen Milieu spielt. […]

Einer der Höhepunkte der Filmaufnahmen war für die Heidelberger der nächtliche Studentenulk am Herkulesbrunnen auf dem Marktplatz. Zu dem malerischen Bild der Pickelhauben, der bunten Mützen und der Vorkriegsmode gesellte sich hier der imponierende Einsatz von technischen Mitteln, die dem Kameramann Konstantin Tschet […] zur Verfügung standen. Die Lichtkraft aller Scheinwerfer betrug 6000 Ampère, eine Leistung, die nur durch das Zusammenwirken der führenden deutschen Filmfirmen möglich gewesen ist.

eb.: Heidelberg wieder einmal Filmkulisse
Stuttgarter Zeitung, 11.10.1951

Im Hof des Heidelberger Schlosses dirigierte [Werner Richard] Heymann ein großes Orchester. Die Zuschauer saßen mit Fackeln im Schlosshof.

Auf dem Heimweg von den Dreharbeiten sah sich Heymann – wie immer in Begleitung von Elisabeth Millberg [= seine spätere Ehefrau] – den Dom von Speyer an. Dann fuhren sie nach Dinkelsbühl, wo sie im Hotel Deutsches Haus übernachteten. […] Der Hotelbesitzer brachte stolz das Gästebuch, das in einer geschnitzten Holzschatulle lag. Es war in Leder gebunden, handgeschöpftes Büttenpapier mit Goldschnitt, eine Kostbarkeit. Heymann schlug es auf, und gleich auf der ersten Seite stolperte er über die offensichtlich nachträglich eingeklebte und in riesigen Buchstaben vermerkte Eintragung: »Wer gegen den Juden kämpft, ringt mit dem Teufel – Julius Streicher, 1939«. Es folgten die Sprüche einiger weiterer Nazigrößen.

Heymann studierte das Buch daraufhin sehr genau. […] Er selbst schrieb auf eine schöne neue Seite in großen Buchstaben: »Meine Antwort zu Seite 1: Den gab's nur einmal, der kommt nie wieder,

Aufnahmeleitung: Rudolf Kley, Martin Sternberg.
Drehzeit: Mitte August – Ende September 1951.
Drehort: Atelier Bendestorf.
Außenaufnahmen: Heidelberg und Umgebung.
Länge: 97 min, 2654 m.
Format: 35mm, Eastmancolor, 1:1.33, Ton.
FSK: 13.12.1951, FSK 03584, ab 12, nff.
Uraufführung: 23.12.1951, Frankfurt/Main (Metro im Schwan); 4.3.1952, Berlin/West (Capitol).
— Deutscher Filmpreis 1952: Goldene Dose (Beste Nachwuchsschauspielerin) an Gardy Granass (ex aequo).
— Titel in Österreich: »Zwei Herzen in Alt-Heidelberg«.

Hans Leibelt

doch tausend Streicher spiel'n noch meine Lieder –
Werner Richard Heymann, Hollywood/München.«

Hubert Ortkemper (Hg.), Werner Richard Heymann:
Liebling, mein Herz lässt dich grüßen. Der erfolgreichste
Filmkomponist der großen Ufa-Zeit erinnert sich.
Berlin: Henschel 2001

KRITIKEN

In seiner Farbentechnik leistet der Film Beachtliches, sonst aber ist Heidelberg doch wieder nur Filmkulisse geblieben, ohne daß das echte Leben der Stadt richtig zur Geltung käme. […] Weder die Werkstudenten von heute, noch die alten Couleurstudenten, deren ungebundenes Leben vor dem ersten Weltkrieg in ausführlichen Szenen allzu einseitig und bierselig dargestellt wird, werden mit dieser oberflächlichen und harmlosen filmischen Schilderung ihres Daseins zufrieden sein.

eb.: »Heidelberger Romanze« uraufgeführt
Stuttgarter Zeitung, 7.1.1952

Mit HEIDELBERGER ROMANZE wollte Regisseur Paul Verhoeven anscheinend einen netten, idyllischen, harmlosen Unterhaltungsfilm drehen, war aber leider in diesem Bemühen allzu gründlich: nach Ausmerzung allen Ernstes und aller Probleme blieb ein Nichtslein übrig, das zufriedenstellend zu finden man schon sehr genügsam und müde sein müßte.

K. H.: Heidelberger Romanze
Münchener Abendzeitung, 5.1.1952

Man schicke einen Filmproduzenten nach Heidelberg – er mag noch so genau wissen, welch furchtbares Schicksal seine Vorgänger dort betroffen hat, es hilft alles nichts: am Schluß kleben die Schmalzflecken an seinem Werk, vor denen er sich doch so sehr hüten wollte, und er kann sie nicht mehr wegwischen. Niemand auf der Welt wischt das Schmalzige vom Heidelberger Schloß weg. Es quillt aus ihm heraus; man sollte es dort lassen und nicht durch die Lande herumschmieren. […]

In der Straßenbahn hörte ich eine Dame sagen: »So schlimm, wie man sich's vorgestellt hat, war der Film nicht.« Das mag gelten. *Ich* hab mein Wochenend in Heidelberg verloren.

Johann: Nach dem Wochenende
Stuttgarter Zeitung, 7.1.1952

RETROPERSPEKTIV

Der zu Weihnachten 1951 in die bundesdeutschen Kinos gekommene und in Agfacolor gedrehte Film scheint von Karl Hartls EIN BURSCHENLIED AUS HEIDELBERG [1930, mit Betty Bird, Willi Forst, Musik: Hans May] stark inspiriert. […] Die Handlung ist allerdings etwas verwickelter. […] Das Bemerkenswerte an diesem Film ist die angedeutete Kontrastierung studentischen Lebens um 1914 mit dem um 1950. Dem sozial- und mentalitätsgeschichtlichen Wandel Rechnung tragend, wird

HEIDELBERGER ROMANZE | 1951

nämlich das studentische Verbindungsleben in der Gegenwart als nunmehr historisches Sujet erkannt: Die Corps und Burschenschaften spielen in dem zweiten Abschnitt des Films keine tragende Rolle mehr und sind im Heidelberger Stadtbild optisch nicht mehr präsent. […] Wenn melancholische Anwandlungen ob dieses Verlusts bei William Edwards durchaus zu beobachten sind, so ist das allein der Tatsache einer Perspektivität der Figuren geschuldet und keinesfalls als generelle Aussage des Films zu werten.

Oliver Fink: »Memories vom Glück«. Wie der Erinnerungsort Alt-Heidelberg erfunden, gepflegt und bekämpft wurde. Heidelberg, Basel: Verlag Regionalkultur 2002

Gunnar Möller

Die Heimat, die Heimat – so oft wird in der HEIDELBERGER ROMANZE über die Stadt, auf das Schloss und auf den Neckar geschaut. Endlich einmal sind deutsche Ruinen pittoresk, fast lieblich; in ihren Erkern küssen sich die Liebespaare, in den Bäumen singt die Nachtigall. Im Heimatfilm schwenkt die Kamera von höherer Warte über das Städtchen, die Landschaft, die Berge. Ein Liebespaar sitzt auf einer Bank unter einem Baum, auf der Alm oder, wenn es moderner sein soll, auf einer Caféterrasse. Vor oder unter dem Paar liegt die Landschaft, gern auch blühend, wie ein Blick in die rosige Zukunft. […]

Heidelberg ist ja wirklich sehr schön und übervoll an inneren Werten, aber mit dem materiellen Reichtum der Amerikaner kommt erst das wahre Glück ins Haus. So viel vergoldete Vergangenheit – alle sind wohlbehalten aus dem Krieg zurückgekehrt, nicht ein jüdisches Schicksal, nicht ein Emigrant stören diese Geschichte aus Vergangenheit und Gegenwart. Regisseur Verhoeven erlaubt sich sogar einige ironische Töne: die Nachtigall im Baum über der Parkbank ist kein Vogel, sondern ein Student, der sich als Vogelstimmenimitator ein paar Mark dazu verdient. Die Romanze gönnt sich den Realismus als hübsche, augenzwinkernde Arabeske. Aber generell ist man natürlich lieber reich und sitzt mit seiner Liebsten auf der Parkbank statt als Werkstudent im Baum darüber.

Konstantin Irmen-Tschet filmt in knalligen Farben, Fritz Maurischats Bauten sind wie aus dem Bilderbuch entsprungene Schnurren.

*Werner Sudendorf: Filme der Fünfziger. VIII: Heidelberger Romanze
newfilmkritik.de, 12.3.2013*

RUF NACH UNTERHALTUNG
MUSIKFILME IM DDR-KINO DER 1950er-JAHRE

VON MICHAEL HANISCH

Reminiszenzen an eine gewöhnliche Kinovorstellung in einem DDR-Kino der 1950er-Jahre: die ideologische Auseinandersetzung, der Kalte Krieg beginnt schon im Vorprogramm. Die Wochenschau DER AUGENZEUGE zeigt eine Horde Jugendlicher irgendwo im Westen, die sich beim Rock'n'Roll-Turnier wilden Zuckungen hingeben; im rasanten Überschlag stellen die Mädchen ihre gewaltigen Petticoats zur Schau; dann ein harter Schnitt von den lauten, lärmenden Bildern auf ein Publikum, das irgendwo »bei uns« ein Klavierkonzert verfolgt, »ordentlich« gekleidet und korrekt frisiert. Der Kommentar unterstreicht, was die schwarz-weißen Bilder demonstrativ zeigen: hier gesitteter Kulturgenuss, dort schrill-dekadente Unkultur. Anschließend folgt der Hauptfilm, etwa eine Produktion aus den Studios vom Wiener Rosenhügel, aus dem sowjetisch besetzten »Ost-Wien« also, VERLORENE MELODIE vielleicht. Ein farbiger Musikfilm von Eduard von Borsody, die Geschichte eines Komponisten in der Schaffenskrise. Der stellt sich im Traum vor, wie die Zukunft jener Musik aussehen wird, die er schreiben soll, aber nicht aufs Papier bekommt: sich hektisch verrenkende Figuren »tanzen« zu den Klängen elektronischer Musik; jene Art von Unterhaltungsmusik, die jede Bindung an die Wiener Walzerseligkeit verloren zu haben scheint.

KEINE SPUR VON FROHSINN

Die Traditionen, auf denen jene Rosenhügel-Produktion aufzubauen versuchte, personifizierten einige der Filmemacher: Regisseur von Borsody hatte 1940 WUNSCHKONZERT für die Ufa und 1950 neben anderen Filmen auch BALL IM SAVOY gedreht, die Musik komponierte Willy Schmidt-Gentner, vor der Kamera standen Elfie Mayerhofer, Evelyn Künneke und Annie Rosar, das Buch stammte von Johannes Mario Simmel. Klassenkampf im Kino. Die Progress-Filmillustrierte, das DDR-Filmprogramm, das hier – im Gegensatz zu den üblichen Gepflogenheiten – die Namen aller Mitwirkenden von VERLORENE MELODIE verschwieg, resümierte sehr parteilich den Plot: »… zwei musikalisch begabte Menschen, die Sängerin Gretl und der Komponist Franz. Beide haben die gleichen Sorgen. Sie wollen sich der ernsthaften Kunst widmen, finden aber damit bei den Musikverlegern und Künstleragenturen wenig Gegenliebe. Überall macht man ihnen den Vorschlag, Jazzmusik zu singen und zu komponieren. Beide sträuben sich zwar dagegen, aber sie sehen zunächst keinen anderen Ausweg. Arbeitslosigkeit und Geldsorgen zwingen sie zu diesem schweren Entschluss.« Im Traum erscheint dem Komponisten der alte Johann Strauß: »Der Meister der Töne fordert seinen jungen Kollegen auf, mit ihm das Wien des Jahres 2000 zu besuchen. Von der schönen Musik der alten Donaustadt ist nichts mehr übrig. Zuckende Tänzer bewegen sich mit ausdruckslosem Gesicht nach den monotonen Rhythmen einer Musikmaschine. Alles ist kalt, leblos, ohne eine Spur von Frohsinn und Entspannung. Entsetzt sieht Franz diese abschreckenden Zukunftsbilder, die Auswirkungen der amerikanischen Jazzmusik.«

> »Dass ein in Westberlin wohnender, in Babelsberg arbeitender Regisseur nicht unbedingt den sozialistischen Musikfilm erfinden würde, hätte man wissen können«

War es Zufall, dass VERLORENE MELODIE nie in die bundesdeutschen Kinos kam? Freilich arbeiteten die Macher solcher Filme – vor und hinter der Kamera – schon bald darauf im deutschen Westen bzw. weiterhin am Rosenhügel, wo die Russen dann nichts mehr zu sagen hatten. Sie drehten fortan das, was sie schon vor 1945 produzierten: in erster Linie Musikfilme ohne »fortschrittliche« Botschaft. Diese Produktionen gelangten nur noch vereinzelt in die DDR-Kinos: SCHWARZWALDMÄDEL von Hans Deppe, WENN DER WEISSE FLIEDER WIEDER BLÜHT und Arthur Maria Rabenalts VOGELHÄNDLER. Einzelne Operettenfilme also, dazu einige Schlagerpotpourris wie GITARREN DER LIEBE mit Vico Torriani sowie die Mehrzahl der Arbeiten mit Caterina Valente und Marika Rökk. Dafür kein einziger amerikanischer Musikfilm – weder die großen MGM-Musicals der 1950er-Jahre noch die Produktionen mit Elvis Presley. In der DDR dominierte das bundesdeutsche Unterhaltungskino nahezu monopolartig, was mancher DDR-Kulturfunktionär zähneknirschend zur Kenntnis nahm – wenn er »als Mensch und ganz privat« vielleicht nicht ebenfalls begeisterter Konsument dieser Art von Unterhaltung war.

RUF NACH UNTERHALTUNG

Von Beginn an wurde von der DEFA gefordert, eigene Musikfilme herzustellen, weil man sich nicht allein auf den Import von Unterhaltungsware aus dem Westen verlassen wollte. Der Ruf nach dem Unterhaltungsfilm zieht sich fast gebetsmühlenartig durch alle SED-Beschlüsse, die sich mit dem DDR-Kino befassten. Es war die ständige Begleitmusik aller Parteitage, Konferenzen und Plenumssitzungen: das Heitere, Genossen, wo bleibt das Heitere im Kino, wo unsere eigene Unterhaltung? Die Babelsberger Filmleute wussten um das Dilemma und machten mit gutem Grund einen großen Bogen um dieses Gebiet, auf dem sie keinerlei Erfahrung hatten und ahnten, was auf sie warten würde: der Vorwurf, »neuen Wein in alte Schläuche« zu füllen.

Die »alten Schläuche«, die Ufa-Produktionen oder die Musikfilme aus Wien oder Hamburg, waren in der DDR gut bekannt und außerordentlich populär. Wie der »neue Wein« schmecken sollte, wusste dagegen niemand so ganz genau. Deshalb übten sich die Filmemacher in Abstinenz. Man wollte sich nicht die Finger verbrennen und zog sich auf das »kulturelle Erbe« zurück, verfilmte Mozart (FIGAROS HOCHZEIT) oder Otto Nicolai (DIE LUSTIGEN WEIBER VON WINDSOR) und suchte bei der klassischen Operette nach geeigneten Filmstoffen. Die unverfänglichen Opern- und Operettenfilme drehten in Babelsberg zumeist Regisseure, die aus dem Westen kamen und von denen wenig Neues zu erwarten war. Deshalb richtete man später das Augenmerk auf die wenigen jungen Studio-Regisseure, die nicht durch die Ufa geprägt waren, etwa auf Konrad Wolf. Dessen Debüt EINMAL IST KEINMAL, eine Art musikalischer Heimatfilm, signalisierte jedoch, dass dies nicht unbedingt das Terrain war, auf dem Wolf sich Meriten verdienen konnte. Das Publikum ignorierte den Film. Einige Kulturfunktionäre meinten indes genau zu wissen, wie Unterhaltung auszusehen habe, die auf »unserem Boden« gewachsen ist. Ein Politbüro-Mitglied empfahl den Schlagertextern allen Ernstes, ihre Augen und Sinne von den Schönheiten Italiens ab- und den glänzenden Dächern Moskaus oder Pekings zuzuwenden. Als »der Gegner« versuchte, mit einem neuen Tanz, dem Twist, »unsere Jugend« zu beeinflussen, kreierte man im wackeren Abwehrkampf den DDR-eigenen »Lipsi«-Schritt.

Meine Frau macht Musik (Manon Damann)

Bei der DEFA wagte sich, skeptisch beäugt von den Kulturbürokraten, erst 1957 wieder ein Pionier aufs glatte Parkett des Musikfilms: Hans Heinrich drehte MEINE FRAU MACHT MUSIK, die Geschichte eines braven Ehemannes, der vergeblich zu verhindern versucht, dass seine Frau als Schlagersängerin auftritt – eine banale A STAR IS BORN-Geschichte. Dass ein in Westberlin wohnender, in Babelsberg arbeitender Regisseur nicht unbedingt den sozialistischen Musikfilm erfinden würde, hätte man wissen können; dennoch soll über das Ergebnis pures Entsetzen geherrscht haben. Nicht nur die Besetzung der Hauptrolle – den biederen Kleinbürger spielte Günther Simon, eine Lichtgestalt des DDR-Kinos, der drei Jahre zuvor Ernst Thälmann war – irritierte die Funktionäre; der ganze Film sah fast so aus wie die (geheimen) Vorbilder aus Wien und Hamburg. Das Publikum störte das nur wenig, die Kritiker schon eher. Die Entscheidungsträger allerdings lehnten ab, als Heinrich ein Folgeprojekt anbot. »So nicht!«, mag mancher gedacht und sich weiterhin selbstkritisch die »berechtigten Forderungen« nach der DEFA-Unterhaltung angehört haben. Immer mehr entwickelte sich das Thema zur Quadratur des Kreises.

Gekürzt aus:
Michael Hanisch: Wo bleibt das Heitere? Quadratur des Kreises:
Musikfilme aus Babelsberg
In: Filmdienst. Sonderheft 2006: 60 Jahre DEFA-Film

1957/58 — MEINE FRAU MACHT MUSIK

1957/58. DDR. Meine Frau macht Musik
Regie, Drehbuch: Hans Heinrich.
Szenarium: Walter Niklaus.
Dramaturgie: Marieluise Steinhauer.
Kamera: Eugen Klagemann.
2. Kamera: Karl Drömmer.
Kamera-Assistenz: Herbert Wagner.
Standfotos: Eduard Neufeld.
Optische Effekte: Ernst Kunstmann.
Bauten: Oskar Pietsch;
Ausführung: Karl Drömmer.
Requisite: Ferdinand Schwarzer.
Kostüme: Gerhard Kaddatz.
Maske: Lydia Braatz, Stephan Jerzierski.
Regie-Assistenz: Eleonore Dressel.
Schnitt: Friedel Welsandt.
Ton: Gerhard Wiek.
Musik-Aufnahmen: Günter Lambert.
Musik: Gerd Natschinski.
Ausführung: Rundfunktanzorchester Leipzig,
Leitung: Kurt Henkels;
Trompeten-Solo: Horst Fischer; Großes DEFA-Orchester, Hanhausen-Sextett, Hemmann-Quintett, Trio Harmonie.
Gesang: Die Ping-Pongs, Evelyn Künneke, Die Bergols.
Musik-Titel: »Meine Frau macht Musik«, »Dieser Rhythmus reißt uns mit«, »Küß mich, Angelina«, »Vergiß nie die Zeit«, »Du bist so jung«, »Caramba Señores«.
Choreografie: Gertrud Steinweg (KOB), Jens Keith (FPB).
Darsteller: Lore Frisch [Gesang: Gitta Lind] (Gerda Wagner), Günther Simon (Gustl Wagner), Maly Delschaft (Susi Rettig), Alice Prill (Eva Rettig), Herbert Kiper (Fritz Rettig), Evelyn Künneke (Daisy),

Gustl Wagner, Leiter der Schallplattenabteilung im HO-Warenhaus, ist wenig erfreut, als ihm seine Ehefrau Gerda verkündet, dass sie die ihm zuliebe aufgegebene Gesangskarriere wieder aufnehmen und an der Seite des italienischen Schlagersängers Fabiani auftreten wird. Frustriert sucht er Trost bei der Sängerin Daisy und im Alkohol. Als er betrunken einen Auftritt Gerdas stört, legt Fabiani dies als lustiges Interrompu aus – fortan gilt Gustl im Varieté als »komische Nummer«. Gemeinsam mit der Ehefrau seines Freundes Fritz Rettig, die Gustls Eifersucht gezielt schürt, plant er daraufhin, bei der kommenden großen Premierenvorstellung Gerdas und seines vermeintlichen Nebenbuhlers Fabiani einen Skandal auszulösen.

BESETZUNGSFRAGEN

Die »Junge Welt« hat sich in der letzten Zeit einem Kapitel unserer Kulturpolitik zugewandt, das ernstliche Beachtung verdient. Es ist das Problem der Beschäftigung von Künstlern in der Deutschen Demokratischen Republik, die ihren Wohnsitz außerhalb der Deutschen Demokratischen Republik, insbesondere in der Bundesrepublik haben. […] Wenn ich auch nicht den Standpunkt vertrete, daß wir keine Künstler aus anderen Ländern, vor allem aus Westdeutschland, beschäftigen sollten, so kommt es doch auf den Grundsatz an, von dem aus man an dieses Problem herangeht. Tatsache ist, daß wir in unserer Republik auf den verschiedensten Gebieten über hervorragende Vertreter ihres Faches verfügen. […]

Lore Frisch, Günther Simon

Lore Frisch

Deutsche Kinemathek / © DEFA-Stiftung/Eduard Neufeld

Jeder einzelne Fall muß daher individuell behandelt werden. […]

Was nun Evelyn Künneke, die Tochter des bekannten Operettenkomponisten betrifft, so war sie für den DEFA-Film Meine Frau macht Musik wegen ihrer Parodien auf Entartungen der Unterhaltung gewonnen worden. Ihre Monroe-Parodie konnte nicht übernommen werden, da ein Frankfurter Verlag über die Rechte verfügt. Sie schlug dann eine Calypso-Parodie vor, deren Text von [Karl ?] Anton und deren Musik von [Siegfried] Wegener stammt. Da Wegener derzeit Kommissarischer Leiter der Abteilung für Unterhaltungsmusik beim Rias [= Rundfunk im amerikanischen Sektor] ist, kann selbstverständlich auch diese Parodie nicht in den Film übernommen werden. Gerd Natschinski hat daher eine entsprechende Nummer entwickelt. […] Wir hoffen, daß diese Entscheidung von den Kinobesuchern gebilligt wird, denn wir glauben, daß Gerd Natschinski, der im demokratischen Sektor von Berlin wohnt, eine seine bisherigen Schöpfungen noch übertreffende, wirklich melodiöse und volkstümliche Musik geschaffen hat. Gerd Natschinski ist ja schon aus vielen DEFA-Filmen bekannt, so z. B. aus Star mit fremden Federn [DDR 1955, R: Harald Mannl], wo er für Brigitte Rabald in der Bar-Szene das Lied »Bist du's oder bist du's nicht« schuf. Insgesamt wird der Film Meine Frau macht Musik ein erster Versuch der DEFA auf dem Gebiet des heiter-musikalischen Films sein. Wir sind bestrebt, dieses Genre, das von der Bevölkerung mit ganz besonderem Nachdruck gefordert wird, weiter zu entwickeln.

Prof. Dr. [Albert] Wilkening, Hauptdirektor der DEFA:
Für einen konsequenten Weg
Junge Welt, 24.9.1957

KRITIKEN

Über diesen ersten Revuefilm unserer DEFA – so heiter er sich auch immer gibt – sind wir nicht recht froh. Man kann nämlich beim besten Willen nicht behaupten, daß der entscheidende Schritt weg von der gutbürgerlichen Amüsierschablone hiermit nun getan ist. Der sowjetische Lacherfolg Nun schlägt's 13 [Karnavalnaya noch, R: Eldar Ryazanov, 1956], jene satirische Revue um einen humorlos-dogmatischen Gernegroß von Klubleiter, hätte uns da beispielsweise eine von vielen möglichen Richtungen weisen können. Was sich

Alexander Hegarth [Gesang: Klaus Groß] (Fabiani), Mario Lerch (Francesco), Lou Seitz (Jette), Kurt Schmidtchen (Arthur Papke), Paul Heidemann (Direktor Nielsen), Else Korén (Frau des Hutkäufers), Alfred Maack (alter Pförtner), Hans Klering (Hutkäufer), Paul R. Henker (U-Bahn-Kontrolleur), Walter E. Fuß (Barmixer), Guido Goroll (Mann in Loge), Katina Imme (Katharina), Ruth Kommerell (Verkäuferin am Papierwarenstand), Genia Lapuhs (Autogrammjägerin), Werner Lierck (Kunde), Hannelore Lottis (Nummerngirl), Ingeborg Nass (Direktrice), Dieter Perlwitz (Kunde), Heinz Schubert (Spießer), Nico Turoff (Theaterdiener), Brigitte Stroh (Verkäuferin), Sabine Nebauer (Stubenmädchen), Friedrich Teitge (Bühnenarbeiter), Hans Schwenke (Alter Artist), Wolf Lucas (Kunde), Christiane von Trümbach (Zuschauerin), Gerd Michael Henneberg (Mann in Loge), Karl-Heinz Weiß (Zuschauer),

1957/58 | MEINE FRAU MACHT MUSIK

Friedrich Wilke (Genießer), Hilde Püsch (Spießerin), Albert Zahn (Spießer), Axel Dietrich (Rigi), Guido Thielsch (Sigi), Inge Ungnad. — *Tänzer:* Ballett der Komischen Oper Berlin, *Solisten:* Manon Damann, Wladimir Marof, Werner Höllein; Ballett des Friedrichstadt-Palasts Berlin, Ballett Brasiliana.
Produktion: DEFA-Studio für Spielfilme, Potsdam-Babelsberg.
Produktionsleitung: Werner Dau.
Aufnahmeleitung: Christian Urban;
Assistenz: Egon Schlarmann.
Drehzeit: ab 1957.
Drehort: DEFA-Studio für Spielfilme Babelsberg.
Länge: 91 min, 2501 m.
Format: 35mm, Orwocolor, 1:1.33, Ton.
Uraufführung: 3.4.1958, Berlin (Babylon); 4.4.1958, Kino DDR.
— *Arbeitstitel:* »Solo zu viert«.

Kopie: Deutsche Kinemathek – Museum für Film und Fernsehen, Berlin (DCP)

Günther Simon, Evelyn Künneke

jedoch in unserem DEFA-Film tut, ist altbacken – nicht in manchem formalen Detail, wohl aber in seinem Kern – und es wäre durchaus nicht absurd gewesen, hätte man die Fabel, etwas umgemodelt, zur Grundlage einer hinreißenden Persiflage auf Retortenkomik, Beinchenparaden und Schnulzenseligkeit gemacht. Autor und Regisseur Hans Heinrich (DER KAHN DER FRÖHLICHEN LEUTE [DDR 1949/50]) hat die Sache im Ganzen jedoch *ernst* genommen. Die paar ironisch-abfälligen Bemerkungen, mit denen der Inspizient bisweilen das Geschehen aus der Kulissenperspektive bedenkt, vermögen jedenfalls keine genügend kritische Distanz zu schaffen, (die zumindest da am Platze ist, wo es kitschig wird). […]

[Das] ganze wenig originelle Hin und Her vollzieht sich in einem gelackt-anonymen Milieu. Würde man nicht mitunter daran erinnert, daß der [Ehe-]Mann bei der HO arbeitet, und würde nicht auch einmal das Bild eines unserer Regierungsmitglieder dezent im Hintergrund hängen, so fiele der Beweis schwer, daß die Geschichte in der DDR spielt, so gekonnt ist hier alles »störende« Gesellschaftsbezogene aus dem Weg geräumt. – »Hätte nicht geglaubt« – sagte jemand auf dem Heimweg – »daß die DEFA auch so schöne Filme fertigbringt, wie [DIE] FRAU MEINER TRÄUME [D 1943/44, R: Georg Jacoby] …« – Da bleibt einem allerdings das Lachen im Halse stecken.

W. [= Winfried] Junge: Meine Frau macht Musik
Forum, Berlin/DDR, 24.4.1958

Eine recht hübsche Geschichte, die sich sogar bei uns zutragen könnte, zumal der Film sich müht, seinen Helden freundlich-alltägliche Züge zu geben. So hat der aufgehende Stern am Schlagerhimmel daheim zwei muntere Knaben zu versorgen, und auch der naiven Selbstherrlichkeit des Ehemannes ist man schon irgendwo begegnet. Die beiden Hauptgestalten sind denn auch der eigentliche Gewinn des Films. Man wartet schon immer auf den nächsten Auftritt von Günther Simon, dem es gelingt, uns weiszumachen, er wolle gar nicht komisch sein.

Hans Heinrich gehört zu der seltenen Art westlicher Künstler, die der DEFA ihr Bestes geben. Auch dieser Film ist handwerklich saubere Arbeit, und vom Regisseur offenbar in dem sympathischen Ehrgeiz gedreht, ihn um kein Deut schlechter zu machen, als die entsprechenden Produkte von drüben. […] Die Nummer mit dem Schmalztenor wirkte durch die leise Ironie aus den Kulissen schon recht erfrischend. Doch die große Schlußszene pflanzte dann einfach die eben noch so belächelten San-Remo-Rosen ins traute deutsche Heim um. Als ob sie dort weniger nach Kitsch dufteten. Überhaupt hätte man sämtlichen Revuenummern mehr Tempo, mehr Humor, weniger, viel weniger Gemüt gewünscht. Beängstigend fast der große Aufwand: Ballett Brasiliana – nehmen wir so ganz nebenbei mit. Unerfindlich blieb mir, warum man den Reizen der reizenden Lore Frisch so wenig vertraute, und ihr seltsame Panzer anmaß, die der natürlichen Füllung gar nicht bedurft

Kurt Henkels (links)

hätten. Ich fragte mich auch, ob Schlagerfilme immer im Varietémilieu spielen müssen, ob die Heldin stets ein großes Abendkleid zur Hand haben muß, der Schmalztenor stets Menjoubärtchen und seidenen Hausrock, ob das Ganze, einschließlich eventuell vorkommender Kinderchen, so auf Traumglanz poliert sein muß und – ob Frau Evelyne [!] Künneke durchaus mitspielen mußte. Alle anderen erfreuten oder belustigten, ihren Rollen entsprechend: Alexander Hegarth, Kurt Schmidtchen, Maly Delschaft, die unglückliche Alice Prill, die sich in Westberlin aus wirtschaftlicher Not aus dem Fenster stürzte und schon monatelang in Gips liegen muß.

Vielleicht sollte die DEFA um den »fröhlichen Heinrich« ein ganzes fröhliches Kollektiv scharen, das nach diesem gar nicht so erfolglosen ersten Versuch mit vereinter Kraft nun einmal probieren müßte, eine ähnlich leichte Filmkost aus den Ingredienzien unseres Lebens herzustellen.

Rosemarie Rehahn: Meine Frau macht Musik – Ein Das-können-wir-auch-Filmchen der DEFA Wochenpost, Berlin/DDR, 26.4.1958

RETROPERSPEKTIV

Gerade in den Filmen der 1950er-Jahre ist die Neuverhandlung der sozialen Rollen von Männern und Frauen eines der Kernthemen. Es gehörte zum Projekt des von der Partei proklamierten »Neuen Menschen«, die Geschlechter gleichzustellen, ihre Interessen geltend zu machen, sie als Mitarbeitende am kollektiven Wirtschafts- und Lebensprojekt anzusehen. […] Und immer wieder sind es individuelle Anliegen, die Frauen in Konflikt mit ihren männlichen Zeitgenossen stürzen. In MEINE FRAU MACHT MUSIK kommt das Drama in Gang, weil die Frau einen Auftritt als Soubrette am Theater realisieren will, ein Vorhaben, gegen das ihr Ehemann vehementen Widerstand anmeldet. […] Und schon in DER KAHN DER FRÖHLICHEN LEUTE ist es gleichzeitig die Tatsache, dass die Besitzerin des nachgelassenen Schiffes Frau und auch noch 19 Jahre alt – also minderjährig – ist, die die Männer in Stand setzt, ihr Vorhaben zu verhindern. Es ist ein Beweis der Tatkraft, des Selbstbewusstseins, ja Eigensinns der jungen Frau, ihren Kahn wieder flott zu machen […]. DER KAHN DER FRÖHLICHEN LEUTE ist der erste DEFA-Musikfilm, der den Ausbruch der Frauen aus den Geschlechterrollen explizit thematisiert. Er steht in einer ganzen Reihe von Filmen, die ähnliche dramatische Konflikte entfalten.

Unter rein ökonomischen Aspekten waren die DDR-Musikfilme große Erfolge. MEINE FRAU MACHT MUSIK erreichte mehr als sechs Millionen Zuschauer, DER KAHN DER FRÖHLICHEN LEUTE mehr als vier Millionen.

Hans J. Wulff: »Mit der Liebe – das haben wir noch nicht in der Hand!«. Die Revue- und Schlagerfilme der 1960er-Jahre. In: Stefanie Mathilde Frank, Ralf Schenk (Hg.): Publikumspiraten. Das Genrekino der DEFA und seine Regisseure (1946–1990). Berlin: Bertz + Fischer 2022 (Schriftenreihe der DEFA-Stiftung)

SANG & KLANG

EIN KLEINES LEXIKON VON RIEKE ADRIAN, HANS-MICHAEL BOCK, LEA PRASSE

PAUL ABRAHAM
(Ábrahám Pál)
* 2. November 1892, Apatin
† 6. Mai 1960, Hamburg

Abraham studiert 1913–16 Komposition bei Victor von Herzfeld an der Königlich-Ungarischen Musikakademie. Später arbeitet er als Angestellter und dirigiert nebenbei kleine Ensembles in Cafés und Jazzkellern. 1927 wird er Kapellmeister am Budapester Hauptstädtischen Operettentheater. Sein erstes eigenes Musiktheaterstück ist 1930 »Der Gatte des Fräuleins«. Eines der Lieder daraus steuert Abraham zum ersten Ufa-Tonfilm Melodie des Herzens (1929, →Hanns Schwarz) bei, den Erich Pommer in Ungarn produziert. Nachdem die Operette »Viktória« ebenfalls erfolgreich in Budapest uraufgeführt wird, übersiedelt er nach Berlin. Dort wird er Anfang der 1930er zum gefragtesten Komponisten seiner Zeit, schreibt mit »Viktoria und ihr Husar«, »Die Blume von Hawaii« und »Ball im Savoy« mit den Librettisten Alfred Grünwald und →Fritz Löhner-Beda die erfolgreichsten musikalischen Bühnenstücke der Zeit. Daneben komponiert er die Musik zu zahlreichen Filmen, die zum Teil auch als Mehrsprachen-Versionen entstehen, so u. a. ▫ Die Privatsekretärin / Dactylo (1931, →Wilhelm Thiele). 1933 verlässt er Deutschland und kehrt nach Budapest zurück. Dort dreht er mit zahlreichen Exilierten ▫ Ball im Savoy (1934, HU/AT, István Székely). In Wien bringt er in den 1930ern die Operetten »Märchen im Grandhotel«, »Dschainah« und »Roxy und ihr Wunderteam« heraus, muss jedoch auch von dort fliehen. Über Paris und Kuba gelangt er 1940 nach New York, wo er jedoch nicht Fuß fassen kann. Wegen einer Verschlechterung seiner psychischen Gesundheit verbringt er viele Jahre in einer psychiatrischen Klinik in Queens. 1956 kehrt Abraham auf Initiative eines Paul-Abraham-Komitees nach Deutschland zurück. Er verbringt einige Zeit in der psychiatrischen Klinik des UK Eppendorf, ehe er in Hamburg stirbt. Seit den 1950er Jahren werden zahlreiche seiner alten Operetten-Erfolge für Kino und Fernsehen neu verfilmt.

GITTA ALPÁR
(Regina Klopfer)
* 5. Februar 1903, Budapest
† 17. Februar 1991, Palm Springs

Die Tochter des jüdischen Kantors Ignác Klopfer nimmt gemeinsam mit ihren zwei Brüdern 1917 den Namen Alpár an. Sie studiert bei Laura Hilgermann Gesang. An der Oper in Budapest debütiert sie 1923 als Koloratursopranistin und geht 1927 an die Berliner Staatsoper. 1930 spielt sie in »Schön ist die Welt« mit Richard Tauber und 1931 in →Paul Abrahams Operette »Ball im Savoy«. Im Film erscheint sie erstmals 1932 in Gitta entdeckt ihr Herz von Carl Froelich. 1932–35 ist sie mit ihrem Kollegen Gustav Fröhlich verheiratet, eine Tochter. 1933 verlässt Alpár Deutschland und setzt ihre Karriere zunächst in Österreich (Ball im Savoy, István/Stefan Székely) und Großbritannien fort. Es entstehen die Filme I Give My Heart (Marcel Varnel), Guilty Melody (Richard Pottier) und Everything in Life (J. Elder Wills). Dabei stoßen ihr Aussehen und Akzent gelegentlich auf Kritik. Auf einer Welttournee ab 1937 wird sie vom Ausbruch des Zweiten Weltkriegs überrascht. Sie lässt sich daraufhin in Hollywood nieder. An ihre Erfolge in Europa kann sie dort nicht mehr anknüpfen. Sie arbeitet zeitweilig als Vocal Coach und tritt in René Clairs The Flame of New Orleans (1940) als Opernsängerin auf, ist jedoch fast nur von hinten zu sehen. Nach Kriegsende besucht sie Deutschland nur ein einziges Mal, um 1987 in Berlin ein Filmband in Gold für langjähriges Wirken im deutschen Film entgegenzunehmen.

IMPERIO ARGENTINA
(Magdalena Nile del Río)
* 26. Dezember 1910, Buenos Aires, Argentinien
† 22. August 2003, Benalmádena, Spanien

Bereits früh fördern die spanischen Eltern (Schauspielerin Rosario del Río und Gitarrist Antonio Nile) das musikalische Talent ihrer Tochter Magdalena, indem sie sie zu Auftritten mitnehmen. Dabei lernt sie die Schauspielerin Pastora Imperio kennen. 1916 gibt Magdalena im Alter von sechs Jahren ihr Bühnendebüt als »Petite Imperio«. Bei einer Konzertreise ihrer Familie lernt sie in Lima den spanischen Dramatiker Jacinto Benavente kennen, der ihrem Vater empfiehlt, nach Spanien zu reisen und Magdalena den Künstlernamen »Imperio Argentina« (Zusammensetzung aus den Namen der Künstlerinnen Pastora Imperio und Antonia »la Argentina« Mercé) zu geben. 1923 zieht ihre Familie daraufhin nach Spanien. Argentina tritt am Teatro Romea auf und gibt 1927 ihr Leinwanddebüt im Film La hermana san sulpicio, den der Schauspieler und Regisseur Florián Rey inszeniert. Sie reist 1928 nach Deutschland, um dort Herzen ohne Ziel /

Corozones sin rumbo zu drehen. 1931 spielt sie neben Maurice Chevalier in dem Kurzfilm El cliente seductor und 1932 neben dem Tango-Star Carlos Gardel in La casa es seria und Melodía de arrabal. Sie heiratet 1934 Florián Rey und dreht mit ihm während ihrer fünfjährigen Ehe in den 1930ern eine Reihe von Filmen. 1937 wird sie nach Deutschland eingeladen, wo sie 1938 auf ein persönliches Treffen mit Adolf Hitler eingeht. Dieser bietet ihr allerhand Erleichterungen an, um im Land zu bleiben, einschließlich einer Hauptrolle in einer Superproduktion, welche sie jedoch ablehnt. Sie spielt in jeweils einer deutschen und einer spanischen Version der Filme 🎞 Andalusische Nächte (1938) und Hinter Haremsgittern (1940) mit und verlässt anschließend Deutschland. In den Jahren 1942–66 ist Argentina an sieben Filmen beteiligt (vier davon mit dem Regisseur Benito Perojo), bevor sie als Filmstar an Popularität verliert. Nach Jahren geringer Aktivität wird sie auf dem Internationalen Filmfestival von San Sebastián wiederentdeckt.

PAUL DESSAU
* 19. Dezember 1894, Hamburg
† 28. Juni 1979, Königs Wusterhausen

Der Sohn eines Zigarrenarbeiters erhält mit 6 Jahren Violin-Unterricht. 1910 Studium am Klindworth-Scharwenka-Konservatorium in Berlin. Ab 1918 wieder in Hamburg an den Kammerspielen. Kapellmeister der Kino-Orchester in Wiesbaden und Berlin, ab Juni 1928 im Alhambra Kurfürstendamm. Gemäß seinem Motto »Die modernste, aktuellste und lebendigste Kunstgattung, ›Das lebende Bild‹, sollte auch durch die modernste, lebendigste Musiksprache begleitet werden« (Dessau, 1928) begleitet er mit einem 15-Mann-Orchester vorwiegend internationale Unterhaltungsfilme. 1929 dirigiert er seine Illustration zum »Zille-Film« Mutter Krausens Fahrt ins Glück (Phil Jutzi). Zu Trickfilmen von Ladislaus Starewitsch und zur Alice-Serie von Walt Disney schreibt er 1928 Original-Musiken, die er im Alhambra-Kino aufführt. Nach einem Tonfilm-Experiment für die Tobis komponiert er ab 1929 für Spielfilme, zunächst Filmoperetten mit dem Tenor Richard Tauber wie 🎞 Ich glaub' nie mehr an eine Frau. Bei Das Land des Lächelns und 🎞 Die grosse Sehnsucht hat er die musikalische Leitung der Melodien von Franz Lehár bzw. →Friedrich Hollaender. Daneben schreibt er die Musik für Arnold Fancks Bergfilme Stürme über dem Montblanc, SOS Eisberg. 1933 emigriert Dessau nach Paris. Dort komponiert er für Spielfilme deutscher Emigranten, so Robert Siodmaks Cargaison blanche (1936) und Le Roman de Werther (1938, Max Ophüls) unter dem Pseudonym »Henry Herblay«. Mitte der 1930er beginnt er Zwölfton-Studien, engagiert sich politisch und schreibt u. a. die Lieder »No pasaran« und »Thälmannkolonne«. 1939 flieht er nach New York, arbeitet als Musiklehrer und auf einer Hühnerfarm. 1942 lernt er Bertolt Brecht kennen und übersiedelt nach Hollywood, wo er bei Warner Bros. als Instrumentator arbeitet. In den späten 1940er Jahren komponiert er wieder einige Filmmusiken. Noch in den USA schreibt er die Musik zu Brechts »Der gute Mensch von Sezuan«, kehrt 1948 nach Ost-Berlin zurück. In den nächsten Jahren komponiert er für Brecht Bühnenmusiken. Ihre Oper »Das Verhör des Lukullus« wird 1951 verboten und muss umgearbeitet werden. In den nächsten Jahren entstehen zahlreiche Lieder (nach Texten von Brecht, Johannes R. Becher, Heiner Müller, Karl Mickel, Volker Braun), Tanzszenen (nach Szenarien seiner Frau, der Choreografin Ruth Berghaus) und mehrere Opern (»Puntila«, 1957–59; »Einstein«, 1971–73). Ab Mitte der 1950er Jahre komponiert er – mehrfach mit dem DDR-Nationalpreis ausgezeichnet – wieder für den Film, vor allem für Dokumentarfilme von Andrew und Annelie Thorndike.

WILLI FORST
(Wilhelm Anton Frohs)
* 7. April 1903, Wien
† 11. August 1980, Wien
→Siehe S. 59

ROBERT GILBERT
(David Robert Winterfeld)
* 29. September 1899, Berlin
† 20. März 1978, Minusio (Tessin), Schweiz

Der Sohn des Musikers Max Winterfeld (11.2.1879, Hamburg – 20.12.1942, Buenos Aires) wächst in Berlin auf, wo der Vater unter dem Namen Jean Gilbert zum erfolgreichen Operetten-Komponisten (»Die keusche Susanne«, mehrfach verfilmt) aufgestiegen ist. 1923 schreibt Robert für seinen Schulfreund Fritz Löwe (in den USA: Frederick Loewe) den Schlagertext »Kathrin, du hast die schönsten Beine von Berlin« sowie Texte für seinen Vater. Er engagiert sich auch in der Arbeiterbewegung und arbeitet unter dem

Pseudonym David Weber mit Hanns Eisler 1927 an der Kantate »Tempo der Zeit«. Ihr »Stempellied« wird 1929 – gesungen von Ernst Busch – zum linken Schlager. Im selben Jahr macht Gilbert zusammen mit Willi Kollo erste Filmerfahrungen. Der Ufa-Komponist →Werner Richard Heymann engagiert ihn als Texter für den Film DIE DREI VON DER TANKSTELLE (1930, →Wilhelm Thiele), »Ein Freund, ein guter Freund« und »Liebling, mein Herz lässt dich grüßen« werden Evergreens, ebenso »Das ist die Liebe der Matrosen« aus BOMBEN AUF MONTE CARLO (1931, →Hanns Schwarz), »Das gibt's nur einmal« aus DER KONGRESS TANZT (1931, Erik Charell) und »Irgendwo auf der Welt« aus EIN BLONDER TRAUM (1932, Paul Martin). Gilbert arbeitet auch an Mehrsprachen-Versionen u. a. von Richard Oswald, Richard Eichberg und Wilhelm Thiele mit. 1930 trägt er zur Charell-Produktion »Im weißen Rößl« mit Ralph Benatzky und Robert Stolz den Song »Was kann der Sigismund dafür, dass er so schön ist« bei. Als Linker jüdischer Abstammung nutzt Gilbert die Uraufführung einer Operette seines Vaters in Wien, um 1933 ins Exil zu gehen, flieht 1938 weiter nach Paris, von dort 1939 in die USA, wo die Familie den Namen »Gilbert« offiziell annimmt. Seit 1944 US-Staatsbürger, veröffentlicht er 1946 einen Band mit Exil-Gedichten. Im September 1949 kehrt Gilbert nach Europa zurück, und lässt sich in München nieder. Er bearbeitet mit Charell Paul Burkhards »Feuerwerk« und überarbeitet »Im weißen Rößl«. Während seine Songtexte wenig Erfolg haben, konzentriert er sich auf die Übersetzung amerikanischer Musicals, so wird seine Fassung von Frederick Loewes »My Fair Lady« ein großer Erfolg.

MAX HANSEN
(Max Josef Haller)
* 22. Dezember 1897, Mannheim
† 13. November 1961, Kopenhagen

Der Sohn einer dänischen Schauspielerin nimmt früh Gesangsunterricht, den er mit Auftritten in Kabaretts und Varietés finanziert. 1923 wird er vom Theater an der Wien für die Rolle des Csupan in »Gräfin Mariza« engagiert, die nach 900 Aufführungen vom Metropol-Theater in Berlin übernommen wird. In Berlin gründet Hansen 1924 mit →Paul Morgan und Kurt Robitschek das Kabarett der Komiker. Er tritt u. a. mit eigenen Liedern wie »War'n Sie schon mal in mich verliebt?« (1932) auf, in dem sich Hansen – für die Branche ungewöhnlich direkt – über Hitler lustig macht. Gleichzeitig startet auch seine Filmkarriere. 1925 steht er im Stummfilm HUSARENFIEBER erstmals vor der Kamera. Im folgenden Jahr spielt er Hauptrollen in DIE KLEINE VOM VARIETÉ (→Hanns Schwarz) und in Richard Oswalds IM WEISSEN RÖSSL. Hansens Gespür für visuelle Wirkung und körperliches Timing sowie seine einprägsame, leicht näselnde Stimme machen ihn zum idealen Tonfilmkomiker. So dreht die Tobis 1929 Kurzfilme mit seinen Varieté-Schlagern. 1930 spielt Hansen unter der Regie von Richard Oswald neben zahlreichen Berliner Schauspielern im Musik- und Liebesfilm WIEN, DU STADT DER LIEDER den Fleischermeister Burgstaller. Im gleichen Jahr gründet er mit Paul Morgan und Carl Jöken die Trio-Film GmbH. Ihre einzige Produktion, die Filmparodie DAS KABINETT DES DR. LARIFARI, ist zwar kein Publikumserfolg, aber ein Beispiel für den frühen Tonfilm, der noch an die Exzentrik der Stummfilmzeit anknüpft. Bei der Premiere des Anfang 1933 gedrehten Films DAS HÄSSLICHE MÄDCHEN (die Namen der jüdischen Urheber →Kosterlitz und →Joachimson werden nicht mehr genannt) kommt es zu einem von den Nazis gegen Hansen inszenierten Eklat. Er verlässt sofort Deutschland und geht nach Wien. Hier ist er als Schauspieler am Theater und im Film aktiv, außerdem beginnt er bei schwedischen Filmen mitzuwirken. 1938 eröffnet Hansen im Kopenhagener Tivoli ein eigenes Sommertheater. In den folgenden Jahren spielt er auch in Oslo, Stockholm, Helsinki und in der Schweiz und arbeitet für den skandinavischen Rundfunk. 1939–51 ist er an schwedischen Musik-Komödien beteiligt, für die er unter dem Pseudonym »Sylvester« auch die Filmmusik komponiert. Ab 1951 tritt Hansen wieder in Deutschland auf und spielt erneut den Leopold in »Im weißen Rößl«, zuerst in der Flora in Hamburg, dann im Berliner Theater am Nollendorfplatz, ehe er sich nach Kopenhagen zurückzieht.

WERNER RICHARD HEYMANN
* 14. Februar 1896, Königsberg
† 30. Mai 1961, München
→Siehe S. 71

FRIEDRICH HOLLAENDER
(USA: Frederick Hollander)
* 18.Oktober 1896, London
† 18. Januar 1976, München

Als Sohn des Komponisten Victor Hollaender und der Sängerin Rosa Perl lernt er bereits als Kind Klavier spielen und tritt in seiner Jugend gelegentlich als Kino-Pianist auf. Er studiert u. a. an der Königlich-Preußischen Kunstakademie Kontrapunkt und Harmonielehre. 1919 beteiligt er sich als Musikalischer Leiter und Pianist an Max Reinhardts Kabarett Schall und Rauch. Für die Schauspielerin und Diseuse Blandine Ebinger (1899–1993), die er 1919 heiratet, schreibt er u. a. die »Lieder eines armen Mädchens«. Mitte der 1920er entwickelt er als Texter, Komponist und Regisseur das Genre »Revuette«, das Zeitkritik, Parodien und Songs mit einer Rahmenhandlung verbindet. Erstmals für den Film komponiert er die Begleitmusik für Martin Bergers Sittenfilm KREUZZUG DES WEIBES (1926). Auch verfasst er weiterhin Bühnenmusiken. Für Revuen wie »Das spricht Bände« (1929) und »Der rote Faden« (1930) schreibt er die Texte zu Rudolf Nelsons Melodien. Begleitorchester sind dabei zumeist die →Weintraubs Syncopators, denen Hollaender 1927/28 vorübergehend angehört. Für Erich Pommers Ufa-Produktion DER BLAUE ENGEL (1930, Josef von Sternberg) komponiert er u. a. den Weltschlager »Ich bin von Kopf bis Fuß auf Liebe eingestellt« für Marlene Dietrich. Noch im gleichen Jahr entstehen weitere Filmmusiken, u. a. der Foxtrott »Ich wünsch mir was« für die Tonfilm-Parade DIE GROSSE SEHNSUCHT (Stefan/István Székely). 1931 eröffnet er seine eigene Bühne, das Tingel-Tangel-Theater. Star vieler Produktionen ist die Schauspielerin Heidi Schoop, die Hollaender 1932 heiratet. Im Winter 1932/33 debütiert Hollaender als Spielfilm-Regisseur mit der Ufa-Produktion ICH UND DIE KAISERIN. 1933 flieht er über Paris nach Hollywood. Sein Versuch, das Tingle-Tangle-Theater dort wieder aufleben zu lassen, scheitert. Für RKO Pictures übernimmt Hollaender die Film-Regie des Western-Musicals BANDITS AND BALLADS (1934). In der Folgezeit ist er als Filmkomponist in Hollywood tätig. So untermalt er 1937 Ernst Lubitschs ANGEL mit Marlene Dietrich und →Henry Kosters 100 MEN AND A GIRL (1937, 100 Mann und ein Mädchen), dessen Musik mit einem Oscar ausgezeichnet wird. Weitere Oscar-Nominierungen erntet er für vier Filme, u. a. für den Score zum Musical THE 5,000 FINGERS OF DR. T. (1952/53, Roy Rowland). In Billy Wilders A FOREIGN AFFAIR (1947/48) tritt er mit Dietrich als Pianist im zerstörten Berlin auf. 1955 kehrt Hollaender in die BRD zurück, wo er u. a. 1960 für Kurt Hoffmanns populäres »Grusical« DAS SPUKSCHLOSS IM SPESSART komponiert. Seine Lieder werden in zahlreichen TV-Shows gefeiert. Er betätigt sich auch schriftstellerisch und veröffentlicht 1941 den Exilantenroman »Those Torn From Earth« (deutsch: »Menschliches Treibgut«, 1995) und 1965 seine Autobiografie »Von Kopf bis Fuß«.

MICHAEL JARY
(Maximilian Michael Andreas Jarczyk)
* 24. September 1906, Laurahütte, Oberschlesien
† 18. Juli 1988, München

Als Kind tritt er einem Missionskloster bei und ist dort bald Solosänger im Knabenchor. Schon mit 18 Jahren leitet er drei Chöre. 1930 beginnt er sein Kompositionsstudium in Berlin und erhält dort 1931 den Beethoven-Preis. Beim Abschlusskonzert 1933 wird er vom »Kampfbund für Deutsche Kultur« angefeindet, sodass nun niemand mehr wagt, Jarczyk aufzuführen. Er ändert seinen Namen zu Jary und arbeitet als Pianist, Arrangeur und Komponist für Tanzmusik. 1935 gründet er ein Kammer-Tanzorchester aus den Solisten der einstigen »Goldenen Sieben« und leitet 1938 das von ihm geschaffene Deutsche Tanz- und Unterhaltungsorchester in Berlin. Seine ersten Kompositionen für einen Film liefert Jary 1936 für DIE UN-ERHÖRTE FRAU (Nunzio Malasomma). Von 1937 bis 1945 komponiert Jary kontinuierlich Tanz- und Illustrationsmusik für den Film, zumeist zu Texten von Bruno Balz, so die Schlager »Das kann doch einen Seemann nicht erschüttern« für PARADIES DER JUNGGESELLEN (1939, Kurt Hoffmann) und »Ich weiß, es wird einmal ein Wunder gescheh'n« für den →Zarah-Leander-Film DIE GROSSE LIEBE (1941/42, Rolf Hansen). Einen Monat nach Kriegsende baut Jary mit sowjetischer Unterstützung das Radio-Tanzorchester Berlin auf. Im Mai 1946 gibt er die Leitung auf und widmet sich bis in die 1960er – oft bei der Real-Film in Hamburg-Wandsbek – wieder vor allem der Komposition, oft mit Balz als Texter. Neben einem Musikverlag betreibt er 1954–56 die Film-Produktion Burg-Film Michael Jary in Hamburg.

FELIX JOACHIMSON/JACKSON
* 5. Juni 1902, Hamburg
† 7. Dezember 1992, Woodland Hills, CA
→Siehe S. 104

JENNY JUGO
(Eugenie Anna Walter)
* 14. Juni 1904, Mürzzuschlag, Österreich-Ungarn
† 30. September 2001, Königsdorf

Jugo besucht ab 1910 eine Volks- und eine Klosterschule in Graz und heiratet bereits mit 16 Jahren. 1922 folgt sie ihrem Mann nach Berlin und lernt dort Ben Blumenthal kennen. So kommt sie zu einem 3-Jahres-Vertrag mit der Ufa, ohne je Schauspielunterricht gehabt zu haben. Ihren ersten Film dreht sie 1924. Kurz darauf nimmt sie ein Angebot der Phoebus-Film an, um nicht mit den großen Ufa-Stars konkurrieren zu müssen. Jugo probiert sich in verschiedenen Rollen und Genres und entdeckt schließlich ihr Talent für Komik. Die Hose (1927, Hans Behrendt, nach dem Bühnenstück von Carl Sternheim) wird ein großer Erfolg, besonders Jugos Auftritt wird gefeiert. 1928 handelt Jugo einen neuen Vertrag mit der Ufa aus, der ihr viele Vorteile einräumt. Sie wird zum »It Girl« des deutschen Stummfilms. Um auch den Anforderungen des Tonfilms gerecht zu werden, nimmt Jugo erstmals Sprech- und Schauspielunterricht und trifft schließlich Erich Engel (1891–1966). Die Zusammenarbeit zwischen den beiden klappt hervorragend und sie steht in insgesamt 11 seiner Filme vor der Kamera. Darunter Wer nimmt die Liebe ernst? (1931), Engels erster Tonfilm, und ▭ Fünf von der Jazzband (1932), in dem Jugo zusammen mit →Max Hansen das Publikum verzaubert. 1933 arbeitet sie in Es gibt nur eine Liebe (Johannes Meyer) erstmals mit dem Produktionsleiter Eberhard Klagemann zusammen, der ihr Lebensgefährte und Ehemann wird. Mit seiner Klagemann-Film produziert er ab 1934 die meisten ihrer Filme. Jugo ist mit der Familie Goebbels gut befreundet, trotzdem zieht sie sich während der NS-Zeit etwas aus der Filmwelt zurück und nimmt weniger Rollen an. Ein letzter Film der Kombination Jugo-Klagemann-Engel, Land der Sehnsucht (CoR: Camillo Mastrocinque), kann 1950 aus Geldmangel nicht fertiggestellt werden. Danach zieht Jugo sich aus der Öffentlichkeit zurück.

HERMANN KOSTERLITZ / HENRY KOSTER

* 1. Mai 1905, Berlin
† 21. September 1988, Camarillo, CA
→Siehe S. 104

ZARAH LEANDER

(Sara Stina Leander)
* 15. März 1907, Karlstad, Schweden
† 23. Juni 1981, Stockholm

Leander bekommt schon als junges Mädchen Klavierunterricht, allerdings nie Schauspiel- oder Gesangsunterricht. Trotzdem ist sie in Schweden bereits ein gefeiertes Talent der Theaterwelt, als →Max Hansen sie 1936 nach Wien holt, um dort an seiner Seite in »Axel an der Himmelstür« die weibliche Hauptrolle zu spielen. Auch wenn das Wiener Publikum zunächst nicht weiß, wie es auf Leanders tiefe, besondere Stimme reagieren soll, gewinnt schließlich die Begeisterung und sorgt für Leanders internationalen Durchbruch. Sie ist an einigen österreichischen Film- und Theaterproduktionen beteiligt, bevor sie 1936 einen Vertrag bei der Ufa unterschreibt. Zwischen 1937 und 1943 entstehen ihre bekanntesten Filme, darunter 1937 Zu neuen Ufern und La Habanera unter der Regie von Detlef Sierck [= Douglas Sirk] sowie ▭ Die grosse Liebe (1941/42, Rolf Hansen). Leander wird zu einem der größten Filmstars im nationalsozialistischen Deutschland und somit auch ein wichtiger Bestandteil der Propaganda, auch wenn sie sich selbst im Nachhinein als unpolitische Künstlerin bezeichnet. Eine Ernennung zur deutschen Staatsschauspielerin lehnt sie ab. Nach dem Krieg setzt sie ihre Karriere zunächst in der Schweiz fort, später tritt sie auch wieder in Deutschland und Schweden auf und dreht im Laufe der 1950er einige Filme, die jedoch längst nicht so erfolgreich sind wie die früheren Produktionen. Leander konzentriert sich schließlich auf ihre Gesangskarriere und tritt in Musicals und Operetten auf. 1975 erleidet sie einen Schlaganfall und zieht sich von der Bühne zurück.

FRITZ LÖHNER-BEDA

(Bedřich/Friedrich Löwy)
* 24. Juni 1883, Wildenschwert [Ústí nad Orlicí], Böhmen
† verm. 4. Dezember 1942, KZ Auschwitz III Monowitz

Als die Familie 1887 nach Wien zieht, beantragt der Vater, ein wohlhabender Kaufmann, zur Assimilation die Änderung des Namens von Löwy in Löhner. Während Fritz Löhner 1901–06 in Wien Jura studiert, veröffentlicht er in Zeitungen Gedichte. Seine ersten Bücher deuten die kritische Distanz des engagierten Zionisten »Beda« (so sein Pseudonym) zur Assimilation an: »Getaufte und Baldgetaufte« (1908) und »Israeliten und andere Antisemiten« (1909). Den Beruf als Rechtsanwalt gibt er bald auf und widmet sich ganz den Texten für Zeitschriften und Kabarett. Nach Kriegsende schreibt Löhner Texte für Songs, die u. a. von den Komponisten Richard Fall und Willy Engel-Berger vertont werden. Einige werden in den 1920ern Evergreens, so »Was machst du mit dem Knie, lieber Hans?«, »In der Bar zum Krokodil«, »Oh, Donna Clara« oder seine Übersetzung »Ausgerechnet Bananen« (nach: »Yes! We Have No Bananas«). Ab 1917 schreibt er Drehbücher für den Film. Dabei arbeitet er zumeist mit dem Dreigespann Anton Kolm, Luise & Jakob Fleck in der Wiener Kunstfilm / Vita-Film zusammen. Zu den Regisseuren gehören Max Neufeld und Karl Ehmann. Ab Ende der 1920er intensiviert er in Berlin die Arbeit für den Film durch Mitarbeit am Drehbuch wie durch Songtexte, u. a. für Richard Tauber in ◻ ICH GLAUB' NIE MEHR AN EINE FRAU (1929/30, Max Reichmann). In ◻ DIE SCHWEBENDE JUNGFRAU (1931, Carl Boese) vertont Mihály Eisemann seine Texte. Mehrmals ist die Ondra-Lamač-Film sein Auftraggeber, so bei mehreren in Wien gedrehten Hans-Moser-Kurzfilmen und der deutschen Version des Edgar-Wallace-Krimis DER HEXER (1932). Ab den späten 1920ern schreibt er für Franz Lehárs Operetten »Das Land des Lächelns« (1928), »Schön ist die Welt« (1930) und »Giuditta« (1934) die Liedtexte. Zu Beginn der 1930er wird Alfred Grünwald sein Arbeitspartner. Ihr Komponist ist →Paul Abraham. Ihr Erfolg »Viktoria und ihr Husar« (1930) wird bereits im folgenden Jahr verfilmt. Auch »Die Blume von Hawaii« (1931) und »Ball im Savoy« (1932) werden internationale Erfolge und erleben zahlreiche Kino- und TV-Fassungen. Nach dem Machtantritt der Nazis weichen die drei Juden nach Wien aus. Ihr ◻ BALL IM SAVOY wird 1934 von István/Stefan Székely in Budapest verfilmt, im folgenden Jahr auch in England (BALL AT SAVOY, Victor Hanbury). Während Abraham und Grünwald in die USA emigrieren, bleibt Löhner in Österreich. Nach dem »Anschluss« 1938 wird er in das KZ Dachau deportiert, 1939 nach Buchenwald. Dort schreibt er mit dem Mithäftling Hermann Leopoldi das »Buchenwald-Lied«.

Während seine zweite Frau und die beiden Töchter im Ghetto Minsk ermordet werden, wird er im Oktober 1942 nach Auschwitz transportiert und im Buna-Lager der I.G. Farben Monowitz erschlagen.

HANS MAY
(Johannes Mayer)
* 11. Juli 1886, Wien
† 31. Dezember 1958, Beaulieu-sur-mer, Frankreich
→Siehe S. 50

PAUL MORGAN
* 1. Oktober 1886, Wien
† 10. Dezember 1938, KZ Buchenwald

Nachdem Morgan 1906 in der Schule versagt hat, gelingt es ihm, seinen Vater davon zu überzeugen, die Akademie für Bildende Kunst in Wien besuchen zu dürfen. Nach zweijährigem Studium wird er Kabarettist und Operettendarsteller, seine humorvolle und charmante Art macht ihn zum beliebten Komiker. Während des Ersten Weltkriegs entgeht Morgan durch ein Engagement am Berliner Künstlertheater der Einberufung zum Kriegsdienst. Er wird als Conférencier Star des Berliner Kabaretts und gründet 1924 mit →*Max Hansen* und Kurt Robitschek das Kabarett der Komiker. Schon das Eröffnungsprogramm erregt mit der Hitler-Parodie »Quo Vadis« viel Aufsehen. Auch im Film ist Morgan als Drehbuchautor, Schauspieler und Produzent äußerst aktiv. Er wirkt in über 100 Filmen mit, arbeitet u. a. mit Fritz Lang, Ernst Lubitsch, E. A. Dupont, Richard Oswald, Georg Jacoby und Hans Steinhoff. 1930 gründet er mit Max Hansen und Carl Jöken die Trio-Film GmbH. Ihre erste und einzige Produktion, die Filmparodie DAS KABINETT DES DR. LARIFARI, ist kein Publikumserfolg. Für ◻ WIEN, DU STADT DER LIEDER (1930) schreibt Morgan mit Ernst Neubach und Max Ehrlich das Drehbuch, steht außerdem in der Rolle des Schneidermeisters vor der Kamera und tritt, mit Max Ehrlich, im humorvollen Vorspann auf. Im gleichen Jahr dreht er neben Buster Keaton die deutsche (CASANOVA WIDER WILLEN, Edward Brophy) und französische Sprach-Version (BUSTER SE MARIE, Brophy, Claude Autant-Lara) von dessen PARLOR, BEDROOM AND BATH (Edward Sedgwick) in Hollywood. Über seine Erfahrungen dort veröffentlicht er 1934 ein Buch. 1933 endet Morgans Filmkarriere in Deutschland wegen seiner politischen Haltung und seiner offenen Sprache. Auch auftreten kann er in Berlin nicht mehr. Er geht, nach kurzem Aufenthalt in der Schweiz, zurück nach Wien, tritt weiterhin als Komiker und Conférencier auf, allerdings nicht mit dem gleichen Erfolg wie in Berlin. 1938 wird Morgan in Wien verhaftet und in das KZ Dachau, später in das KZ Buchenwald gebracht. Hier organisiert er mit Kollegen Kabarettvorstellungen. Im Dezember des gleichen Jahres stirbt Morgan im KZ Buchenwald, nach offiziellen Angaben an einer Lungenentzündung.

JOE PASTERNAK
(József Paszternák)
* 19. September 1901, Szilágysomlyó, kuk Ungarn
† 13. September 1991, Beverly Hills, CA
→Siehe S. 104

LEWIS RUTH
(Ludwig Rüth)
* 30. Januar 1889, Landau/Pfalz
† 2. April 1941, Durban, Südafrika

Der Sohn eines Generaloberarztes wendet sich nach dem Studium der Musik, Musikwissenschaft und Philosophie an der Königlichen Akademie für Tonkunst in München dem Flötenspiel und dem Dirigieren zu. Rüth flötet in Stuttgart, Leipzig und München. Nach dem Krieg leitet er ein Orchester in München und das Landes-Orchester für die Pfalz und das Saarland. Der vom Jazz beeinflussten Tanzmusik folgend, wechselt er zum Saxophon und stellt 1925 in Berlin die »Lewis Ruth-Band« zusammen, die im Herbst 1928 für die Uraufführung von Brecht/Weills »Die Dreigroschenoper« engagiert wird, Co-Leader und Arrangeur ist Theo Mackeben. Die Musiker spielen auch in der Verfilmung DIE 3-GROSCHEN-OPER / L'OPÉRA DE QUAT'SOUS (1930/31, G. W. Pabst). Beginnend mit DER UNSTERBLICHE LUMP (1929/30, Gustav Ucicky) arbeitet die Lewis-Ruth-Band im Tonfilm. Die Partner sind häufig der Komponist Robert Stolz und der Regisseur Geza von Bolvary, so auch in der Komödie ▢ DER HERR AUF BESTELLUNG mit →*Willi Forst* und Paul Hörbiger. Bei den Aufnahmen zu →*Wilhelm Thieles* Erfolgsfilm DIE DREI VON DER TANKSTELLE dirigiert der Komponist →*Werner Richard Heymann* eine durch Studiomusiker verstärkte Besetzung des Orchesters. Bei DER SCHLEMIHL (1931, Max Nosseck) stammt die Musik von Mischa Spoliansky. In Victor Trivas' pazifistischem Film NIEMANDSLAND (1931) und in KUHLE WAMPE ODER WEM GEHÖRT DIE WELT? (1931/32, Slatan Dudow) spielt die Band Lieder von Hanns Eisler. Ab 1933 muss sich Lewis Ruth gemäß einer Nazi-Vorschrift, ausländische Künstlernamen betreffend, wieder Ludwig Rüth nennen. Er leitet 1934 im Metropol-Theater das Orchester. 1936 wird er durch Werner Schmidt-Boelcke, der vorher schon mit Rüth als Dirigent alterniert hat, ersetzt. Damit endet die Bandleader-Karriere des »jazzenden Symphonikers«, von der ca. 400 Schallplatten-Aufnahmen zeugen. Sein langjähriger Arrangeur Hans Carste übernimmt die Leitung des Orchesters. 1937 reist Rüth zu Verwandten nach Windhuk in Südafrika. Im folgenden Jahr heiratet er seine jüdische Partnerin Vera Cohn-Moser. Aus dem Urlaub wird ein Exil, in dem er jedoch seine Karriere nicht fortsetzen kann. Er stirbt bei einem Badeunfall.

FRANZ SCHULZ
* 22. März 1897, Karlín/Karolinenthal bei Prag
† 4. Mai 1971, Muralto, Tessin, Schweiz
→*Siehe S. 62*

HANNS SCHWARZ
(Ignatz Schwarz)
* 11. Februar 1888, Wien
† 27. Oktober 1945, Hollywood

Schwarz studiert Innenarchitektur und Kunst in Wien, Düsseldorf und Paris. Während seines Studiums reist er viel, was Anfang der 1920er dazu führt, dass er von der bulgarischen Regierung den Auftrag erhält, einen Kulturfilm herzustellen. Dies bringt ihn mit dem Medium Film in Kontakt. 1923 inszeniert er in Berlin seinen ersten Spielfilm ZWEI MENSCHEN. Ab 1925 arbeitet Schwarz ausschließlich bei der Ufa. Er dreht einige Stummfilme, darunter DIE KLEINE VOM VARIETÉ (1926) mit Ossi Oswalda und →*Max Hansen*, nach einem Drehbuch von →*Wilhelm Thiele*, mit dem (sowie Ladislaus Vajda) er auch bei der stummen Verfilmung der Kálmán-Operette DIE CSARDASFÜRSTIN zusammenarbeitet. Die meisten seiner Ufa-Filme entstehen unter der Produktion von Erich Pommer, darunter UNGARISCHE RHAPSODIE und DIE WUNDERBARE LÜGE DER NINA PETROWNA, die stumm gedreht, dann aber mit Ton-Passagen versehen werden. Pommer vertraut ihm auch 1929 die Regie des ersten komplett vertonten Ufa-Spielfilms an: MELODIE DES HERZENS. Die nächsten Musikfilme von Pommer/Schwarz – zumeist mit der Musik von →*Werner Richard Heymann* – entstehen für den europäischen Markt in mehreren Sprachversionen, so 1931 ▢ IHRE HOHEIT BEFIEHLT sowie ▢ BOMBEN AUF MONTE CARLO. 1932 endet der Vertrag mit der Ufa und Schwarz arbeitet in Frankreich (LA PETITE DE MONTPARNASSE / DAS MÄDEL VOM MONTPARNASSE). Nach einem letzten Film in Deutschland emigriert der aus einer jüdischen Familie stammende Schwarz 1933 über London – wo er mit PRINCE OF ARCADIA ein Remake von Karl Hartls DER PRINZ VON ARKADIEN (1932) inszeniert – in die USA. Dort schreibt er mit →*Franz Schulz* und Billie/Billy Wilder das Drehbuch zu LOTTERY LOVER (1934/35), wird als Regisseur jedoch durch Wilhelm Thiele ersetzt. Wie viele andere Filmexilanten erhält er einen Vertag als Drehbuchautor, ohne dass jedoch ein Film daraus entsteht. 1937 kann er in London noch einmal Regie führen: THE RETURN OF THE SCARLET PIMPERNEL ist die Fortsetzung des Historienfilms THE SCARLET PIMPERNEL (1934, Harold Young). Schwarz bleibt bis zu seinem Tod in den USA und arbeitet für die Filmabteilung des Geheimdienstes Office of Strategic Service (OSS).

WILHELM THIELE
(USA: William Thiele)
* 10. Mai 1890, Wien
† 7. September 1975, Woodland Hills, Kalifornien
→*Siehe S. 42*

LIZZI WALDMÜLLER
(Felizitas Karoline Waldmüller)
* 25. Mai 1904, Knittelfeld
† 8. April 1945, Wien

Die Tochter des Direktors einer Wanderbühne und später eines Stadttheaters steht schon als Mädchen auf der Bühne und ist mit 12 Jahren Teil des Innsbrucker Stadttheaters. Später besucht sie eine Kunstgewerbeschule und nimmt Schauspiel-, Gesangs- und Ballettunterricht. Bis 1928 bleibt sie in Innsbruck, tritt dann in verschiedenen Städten auf, darunter Graz, Wien und Berlin. In Berlin steht sie u. a. als Partnerin ihres Ehemanns →*Max Hansen* im Metropol-Theater in »Bezauberndes Fräulein« auf der Bühne. Ab 1931 tritt sie auch vermehrt im Sprechtheater auf und steht im Schwank DIE SPANISCHE FLIEGE (1931, Georg Jacoby) das erste Mal vor der Kamera. Im Film wird sie zunächst nur in Nebenrollen besetzt. 1933 zieht Waldmüller mit Hansen nach Wien, der wegen seines politischen Kabaretts in Deutschland Schwierigkeiten mit den Nazis bekommen hat. 1936 gehen die beiden nach Schweden, dort ist Waldmüller an der deutschen Version der österreichisch-schwedischen Produktion RENDEZVOUS IM PARADIES (1935/36, Fritz Schulz) beteiligt. Nach der Scheidung von Hansen kehrt sie nach Deutschland zurück und hat 1938 in →*Willi Forsts* Film □ BEL AMI vor allem mit ihrem Lied »Du hast Glück bei den Frau'n, Bel Ami!« großen Erfolg. Danach ist sie als Tänzerin und Sängerin an mehreren Operettenfilmen beteiligt, u. a. in der Titelrolle der FRAU LUNA (1941, Theo Lingen) nach der Paul-Lincke-Operette. Ihr letzter Film ist Hans Deppes EIN MANN WIE MAXIMILIAN, der im März 1945 in die Kinos kommt. Kurz vor Kriegsende kommt Waldmüller bei einem Bombenangriff auf Wien ums Leben.

WEINTRAUBS SYNCOPATORS

1924 gründen Stefan Weintraub (1897, Breslau – 1981, Sydney) und Horst Graff (1905, Berlin – 1994, Spanien) mit Freunden eine Tanzkapelle in Berlin, die sich 1926 in Weintraubs Syncopators umbenennt und mit Ansco Bruinier, Paul Aronovici und John Kaiser verstärkt. Das kollektiv organisierte Musikensemble wird 1927 von →*Friedrich Hollaender* (der mit ihnen auch Piano spielt) erstmals für »Was Sie wollen!« sowie für weitere Revuen engagiert:. »Es begann ein regelrechtes Hollaender-Weintraub-Zeitalter« (Hollaender). Später ersetzt Franz Wachsmann Hollaender und Cyril »Baby« Schulvater (1907, Johannesburg – 1979, Australien) Aronovici am Banjo. 1928 machen sie erste Schallplatten-Aufnahmen, gehen im In- und Ausland auf Tournee und treten in Kinos live als Rahmenprogramm auf – schließlich auch im Film. Zunächst im Tonfilm-Experiment EIN TAG FILM, das Max Mack für die Tri-Ergon Musik AG dreht, im folgenden Jahr in der kurzen »Tonfilm-Schlager-Revue« □ UND NELSON SPIELT ... (Hans Conradi). 1929/30 folgt mit Wilhelm Thieles Mehrsprachen-Version □ LIEBESWALZER / THE LOVE WALTZ ihr erster Ufa-Film, produziert von Erich Pommer. Es folgt – fast gleichzeitig gedreht – DER BLAUE ENGEL (Josef von Sternberg), in dem Marlene Dietrichs Songs von Friedrich Hollaender stammen. Fortan arbeiten sie mit wechselnden Komponisten zusammen: Bei DAS KABINETT DES DR. LARIFARI (Robert Wohlmuth), einer Satire auf das Filmemachen, sind es Robert Stolz und Wachsmann, bei Richard Oswalds DIE ZÄRTLICHEN VERWANDTEN stammen die Songs von Willy Rosen, bei Alexis Granowskys Experiment DAS LIED VOM LEBEN sind es Hollaender, Wachsmann und Hanns Eisler, die Texte hat u. a. Walter Mehring verfasst. In MUSS MAN SICH GLEICH SCHEIDEN LASSEN? (1932, Hans Behrendt) hat Mischa Spoliansky die Musik zu Texten von Fritz Rotter komponiert. Von ihm stammt auch der Schlager »Mein Gorilla hat 'ne Villa im Zoo«, den Bronislaw Kaper und Walter Jurmann für Kurt Gerrons HEUT KOMMT'S DRAUF AN (1932/33) geschrieben haben, in dem es um einen Wettbewerb zwischen mehreren Kapellen geht, eine davon dargestellt durch die Weintraubs Syncopators. Erich Waschnecks Spionagefilm HÄNDE AUS DEM DUNKEL (Musik: Allan Gray) wird 1933 erst nach zweimaligem Verbot von der Zensur freigegeben. Schließlich kann Carl Boeses Komödie GRUSS UND KUSS – VERONIKA! im Februar 1933, also nach dem Machtantritt Hitlers, noch gedreht werden. Da alle Band-Mitglieder jüdischer Herkunft sind, gehen sie – auf Grund einer Warnung ihres Managers Heinz Barger – nach dem Reichstagsbrand 1933 ins Exil, zunächst nach Prag und Amsterdam. Von dort unternimmt die Band Tourneen u. a. nach Österreich, Dänemark, Italien, Ungarn, die Sowjetunion, Japan und gelangt 1937 nach Australien. Nach anfänglichen Erfolgen werden die Bandmitglieder nach Kriegsbeginn 1939 als Spione und »Enemy Aliens« behandelt. Sie werden interniert und verlieren Auftrittsmöglichkeiten. 1942 löst sich die Band auf.

AUSWAHLBIBLIOGRAFIE
VON JÖRG SCHÖNING

Helga Belach (Red.): Wir tanzen um die Welt. Deutsche Revuefilme 1933–1945. München, Wien: Hanser 1979, 271 S.

Attila E. Láng: Melodie aus Wien. **Robert Stolz** und sein Werk. Wien, München: Jugend und Volk 1980, 157 S.

Robert Stolz, Einzi Stolz: Servus Du. **Robert Stolz** und sein Jahrhundert. Nach Erzählungen, Tonbändern und Dokumenten von Robert Stolz aufgezeichnet von Aram Bakshian. München: Blanvalet 1980, 558 S. [Neuausgabe: Die ganze Welt ist himmelblau, 1986].

Eberhard Fechner: Die **Comedian Harmonists**. Sechs Lebensläufe. Weinheim, Berlin: Quadriga 1988, 452 S.

Géza von Cziffra: Ungelogen. Erinnerungen an mein Jahrhundert. Frankfurt, Berlin: Ullstein 1989, 298 S. [Neuausgabe von: Kauf dir einen bunten Luftballon, 1975].

Kerstin Bartel: Faszination Operette. Vom Singspiel zum Film. Laaber: Laaber-Verlag 1992, 154 S.

Alfred A. Fassbind: **Joseph Schmidt**. Ein Lied geht um die Welt. Spuren einer Legende. Eine Biographie. Zürich: Schweizer Verlagshaus 1992, 263 S. [Neuausgabe 2021].

Peter Czada, Günter Große: **Comedian Harmonists**. Ein Vokalensemble erobert die Welt. Berlin: Edition Hentrich 1993, 202 S.

Hans-Michael Bock, Marie-Luise Bolte (Red.): **Paul Dessau**. FilmMaterialien 6, Hamburg: CineGraph / Berlin: Deutsche Kinemathek 1994, 54 S.

Marie-Luise Bolte: Dessaus Filmkompositionen im Zeitraum 1928–1933. In: Klaus Angermann (Hg.): Paul Dessau. Von Geschichte gezeichnet. Symposion **Paul Dessau** Hamburg 1994. Hofheim: Wolke 1995, S. 47–59.

Fred Ritzel: »… vom Paradies ein gold'ner Schein«. Schlagerpräsentationen im Tonfilm der Weimarer Republik. In: »Es liegt in der Luft was Idiotisches …«. Populäre Musik zur Zeit der Weimarer Republik. Baden-Baden: Coda 1995, S. 157–180.

Klaus Kanzog: »Wir machen Musik, da geht euch der Hut hoch!«. Zur Definition, zum Spektrum und zur Geschichte des deutschen Musikfilms. In: Michael Schaudig (Hg.): Positionen deutscher Filmgeschichte. 100 Jahre Kinematographie. Strukturen, Diskurse, Kontexte. München: Diskurs-Film-Verlag Schaudig und Ledig 1996, S. 197–240.

Volker Kühn: Spötterdämmerung. Vom langen Sterben des großen kleinen **Friedrich Hollaender**. Berlin: Parthas 1996, 175 S.

Friedrich Hollaender: Von Kopf bis Fuß. Mein Leben mit Text und Musik. Hg. von Volker Kühn. Bonn: Weidle 1996, 396 S. [Erstausgabe: München 1965].

G. G. von Bülow: **Franz Schulz**, ein Autor zwischen Prag und Hollywood. Biographie. Prag: Vitalis 1997, 304 S.

Fritz Hennenberg: Es muß was Wunderbares sein … **Ralph Benatzky** - zwischen »Weißem Rößl« und Hollywood. Wien: Zsolnay 1998, 294 S.

Katja Uhlenbrok (Red): MusikSpektakel-Film. Musiktheater und Tanzkultur im deutschen Film 1922–1937. München: edition text+kritik 1998 (CineGraph Buch), 174 S.

Malte Hagener, Jan Hans (Red.): Als die Filme singen lernten. Innovation und Tradition im Musikfilm 1928–1938. München: edition text+kritik 1999 (CineGraph Buch), 222 S.

Thomas Elsaesser: Das Lied ist aus oder … Wem gehört die Operette? In: T. E.: Das Weimarer Kino – aufgeklärt und doppelbödig. Berlin: Vorwerk 8 1999, S. 252–279.

Stefan Grissemann: Wiener Mädeln. In: Gottfried Schlemmer, Brigitte Mayr (Hg.): Der österreichische Film von seinen Anfängen bis heute. Wien: Synema 2000 [Loseblattsammlung].

Michael Jürgs: »Gern hab' ich die Frau'n geküßt«. Die **Richard-Tauber**-Biographie. München: List 2000, 430 S.

Günther Schwarberg: Dein ist mein ganzes Herz. Die Geschichte von **Fritz Löhner-Beda,** der die schönsten Lieder der Welt schrieb, und warum Hitler ihn ermorden ließ. Göttingen: Steidl 2000, 215 S.

Werner Richard Heymann, Hubert Ortkemper (Hg.): Liebling, mein Herz lässt dich grüßen. Der erfolgreichste Filmkomponist der großen Ufa-Zeit erinnert sich. Berlin: Henschel 2001, 368 S.

Helmut Peschina, Barbara Denscher: Kein Land des Lächelns. **Fritz Löhner-Beda** 1883–1942. Residenz: Salzburg 2002, 224 S.

Ralph Benatzky: Triumph und Tristesse. Aus den Tagebüchern von 1919 bis 1949. Hg. von Inge Jens und Christiane Niklew. Berlin: Parthas 2002, 443 S.

Günter Krenn u.a. (Hg.): Zauber der Boheme. **Marta Eggerth, Jan Kiepura** und der deutschsprachige Musikfilm. Wien: Filmarchiv Austria 2002, 624 S.

Tobias Nagl: »Afrika spricht!«. Modernismus, Jazz und »Rasse« im Kino der Weimarer Republik. In: Andrea Pollach (Hg.): Singen und Tanzen im Film. Wien: Zsolnay 2003, S. 171–186.

Thomas Koebner: Wenn »Fortuna winke winke macht«. Die Tonfilm-Operette: Das bedeutendste Kino-Genre in der Endzeit der Weimarer Republik. In: T. K. (Hg.): Diesseits der ›Dämonischen Leinwand‹. Neue Perspektiven auf das späte Weimarer Kino. München: edition text+kritik 2003, S. 341–372.

Armin Loacker (Hg.): **Willi Forst**. Ein Filmstil aus Wien. Wien: Filmarchiv Austria 2003, 651 S.

Günter Krenn (Hg.): **Walter Reisch**. Film schreiben. Wien: Filmarchiv Austria 2004, 368 S.

Arthur-Maria Rabenalt: Metamorphosen der Operette (1980). In: A-M. R.: Gesammelte Schriften. 3. Schriften zu Operette, Film, Musical und Tanz. Hildesheim, Zürich: Olms 2006, S. 73–128.

Michael Wedel: Der deutsche Musikfilm. Archäologie eines Genres 1914–1945. München: edition text+kritik 2007, 476 S.

Rainer Rother, Peter Mänz (Hg.): Wenn ich sonntags in mein Kino geh'. Ton - Film - Musik 1929–1933. Berlin: Deutsche Kinemathek / Bönen: Kettler 2007, 176 S.

Antonia Grunenberg: »Wunschkonzert«. Schlager als Instrument der Propaganda. + Volker Kühn: »Mit Musik geht alles besser«. Schlagermacher im Nationalsozialismus. In: Petra Rösgen (Red.): Melodien für Millionen. Das Jahrhundert des Schlagers. Begleitbuch zur Ausstellung im Haus der Geschichte der Bundesrepublik Deutschland. Bielefeld, Leipzig: Kerber 2008, S. 84–91 + S. 94–105.

Willi Kollo: »Als ich jung war in Berlin …« Literarisch-musikalische Erinnerungen. Mainz: Schott 2008, 367 S.

Fritz Hennenberg: **Ralph Benatzky.** Operette auf dem Weg zum Musical. Lebensbericht und Werkverzeichnis. Wien: Edition Steinbauer 2009, 238 S.

Francesco Bono: **Willi Forst.** Ein filmkritisches Porträt. München edition text+kritik 2010. 342 S.

Joachim Puttkammer: Du hast Glück bei den Frau'n, Bel Ami. **Lizzi Waldmüller** (1904–1945). Filmstar, Plattenstar, Bühnendiva. Rostock, Bargeshagen: BS-Verlag 2011+2015, 130 S.

Kevin Clarke: »Wir machen Musik, da geht uns der Hut hoch«. Zur Filmoperette und Operette im Film der NS-Zeit. In: Christoph Henzel (Hg.): Musik im Unterhaltungskino des Dritten Reichs. Würzburg: Königshausen & Neumann 2011, S. 181–210.

Christoph Dompke: Unterhaltungsmusik und NS-Verfolgung. Neumünster: von Bockel 2011, 393 S.

Frank Mehring: Transatlantische Anachronismen. Ursprünge deutscher Amerikanismen in der Operette, Revue, Zeitoper und im Film. + Michael Wedel: Musikfilm und Musiktheater. Zur Intermedialität der Tonfilm-Operette am Beispiel von »Die Drei von der Tankstelle«. In: Thomas Steiert, Paul Op de Coul (Hg.): Blickpunkt Bühne. Musiktheater in Deutschland von 1900 bis 1950. Köln: Dohr 2014, S. 173–196 + S. 197–238.

Martin Sollfrank: **Richard Tauber.** Musik war sein Leben. Weltstar des 20. Jahrhunderts. Ausführliche biografische Dokumentation. Dresden, Sargans: Weltbuch 2014, 528 S.

Kevin Clarke: Gefährliches Gift. Die ›authentische‹ Operette – und was aus ihr nach 1933 wurde. In: Albrecht Dümling (Hg.): Das verdächtige Saxophon. »Entartete Musik« im NS-Staat. Dokumentation und Kommentar. Regensburg: ConBrio 2015, S. 53–70.

Josef Niesen: Gib mir den letzten Abschiedskuss. Die Lebensgeschichte des Schlagertexters **Charles Amberg** (1894–1946) zwischen Aufstieg und KZ-Haft. Bonn: BonnBuch 2018, 160 S.

Christian Walther: Ein Freund, ein guter Freund. **Robert Gilbert** – Liedichter zwischen Schlager und Weltrevolution. Eine Biographie. Berlin: Ch. Links 2019, 366 S.

Hans Jürgen Wulff, Michael Fischer (Hg.): Musik gehört dazu. Der österreichisch-deutsche Schlagerfilm 1950–1965. Münster, New York: Waxmann 2019, 239 S.

Bel Ami (Willi Forst)

Janine Basinger: The Movie Musical! New York: Knopf 2019, 637 S.

Klaus Waller: **Paul Abraham.** Der tragische König der Jazz-Operette. Hg. V. Manfred Rothenberger. Fürth: starfruit publications 2021, 384 S.

Ingeborg Zechner: Operette trifft Tonfilm. Mediale Perspektiven auf die transnationale Tonfilmoperette Anfang der 1930er Jahre. In: Jernej Weiss (Hg.): Operetta Between the Two World Wars. Ljubljana 2021 (= Studia Musicologica Labacensia 5), S. 103–126.

Albrecht Dümling: Mein Gorilla hat 'ne Villa im Zoo. Die **Weintraubs Syncopators** zwischen Berlin und Australien. Regensburg: ConBrio 2022, 232 S.

Wolfgang Thiel: »Als ich einst Prinz war in Arkadien«. Opern- und Operettenverfilmungen der DEFA. + Hans J. Wulff: »Mit der Liebe – das haben wir noch nicht in der Hand!«. Die Revue- und Schlagerfilme der 1960er-Jahre. In: Stefanie Mathilde Frank, Ralf Schenk (Hg.): Publikumspiraten. Das Genrekino der DEFA und seine Regisseure (1946–1990). Berlin: Bertz + Fischer 2022 (Schriftenreihe der DEFA-Stiftung), S. 265–290 + 291–322.

Dreharbeiten zu »Bomben auf Monte Carlo«

»Musik wird zum Agens und, wo die traditionelle Unlogik des Operetten-Librettos einsetzt, zur Überbrückung«

Hans Feld über »Bomben auf Monte Carlo«
(Film-Kurier, 1931)

EINE NACHT IN MONTE CARLO

ANHANG

36. INTERNATIONALER FILMHISTORISCHER KONGRESS

23.–25.11.2023, Hamburg
Kommunales Kino Metropolis
Kleine Theaterstr. 10, 20354 Hamburg

In den Vorträgen und Diskussionen beim 36. Internationalen Filmhistorischen Kongress werden die Schwerpunkte des Festivals in thematisch abgestimmten Panels vertieft.

Jan-Christopher Horak und Heike Klapdor geben als Einstieg einen Abriss über die Geschichte des Musikfilms in Deutschland, insbesondere mit Blick auf die Exilgeschichte vieler beteiligter Filmschaffender. Wolfgang Trautwein untersucht Werner Richard Heymanns Tonfilmoperetten und die Möglichkeiten, Musikfilme zu beschreiben. Im Panel »Regie« stehen die Regisseure Wilhelm Thiele und Hanns Schwarz im Mittelpunkt, die die Musikfilmtradition der Ufa in der frühen Tonfilmzeit maßgeblich geprägt haben. Andreas-Benjamin Seyfert untersucht Max Reichmanns Filme mit dem Tenor Richard Tauber, während Jonathan Schilling Rollenmustern und Topoi in Filmen mit Tenören als Hauptdarstellern nachgeht. Karl Griep und Daniel Otto betrachten die Interessen der deutschen Filmindustrie und deren Sog- und Schubwirkung auf ausländische Künstlerinnen und Künstler. Marie-Theres Arnbom referiert über den Sänger und Schauspieler Max Hansen, der nach der Machtübernahme der Nazis nach Schweden emigrierte. Tobias Haupts blickt auf den Schauspieler Paul Hörbiger und dessen Mitwirken in Musikfilmen in besonderer Konzentration auf die Filme in der Zeit des Nationalsozialismus. Das Panel »Komposition« beschäftigt sich mit heute zum Teil vergessenen (Film-)Komponisten, die aber ihrerzeit große Bekanntheit hatten. Geoff Brown spricht über die Exilerfahrungen von Hans May, während Réka Gulyás den ungarischen Komponisten Mihály/Michael Eisemann vorstellt.

Ergänzt wird der Kongress von Präsentationen zum Stand der Digitalisierung im Bundesarchiv.

Der Kongress wird am Abend des 22.11.2023 im Metropolis-Kino eröffnet. Während der Veranstaltung werden auch die Willy Haas-Preise für je eine bedeutende internationale Publikation in der Kategorie Buch und DVD/Blu-ray verliehen. Die Vorträge des Kongresses finden von 23.–25.11.2023, jeweils von 09.30–16.00 Uhr, im Gästehaus der Universität Hamburg sowie parallel als Online-Stream statt. Ab 17.00 Uhr laufen im Metropolis-Kino die Filmvorführungen, die die Vorträge ergänzen. Zusätzlich wird von Samstag, 12.11.2023, 00:00 Uhr bis Sonntag, 27.11.2023, 23:59 Uhr ein ausgewähltes Streaming-Programm auf Metropolis+ präsentiert. Für die Teilnahme am Kongress ist eine vorherige Akkreditierung erforderlich. Die Vorträge des Kongresses werden in überarbeiteter Form in einem CineGraph Buch bei der edition text+kritik veröffentlicht.

PANEL 1 / MUSIK UND MIGRATION

Jan-Christopher Horak, Los Angeles: *Ufa grüßt Lubitsch: Frühe Tonfilmoperetten* | **Heike Klapdor,** Berlin: *La La Land. Filmmusikalische Phantasien über transatlantische Migration*

PANEL 2 / MUSIKFILM DEFINIEREN

Wolfgang Trautwein, Salzburg / Berlin: *Über Werner Richard Heymanns Tonfilmoperetten und Möglichkeiten, Musikfilme zu beschreiben*

BUNDESARCHIV DIGITAL

Petra Rauschenbach, Abteilungsleiterin Filmarchiv: *Eigenständige und umfassende Online-Filmrecherchen – der neue Digitale Lesesaal* | **Christian Hänger,** Abteilungsleiter Archivtechnik: *Von der Filmrolle zur Datei. Die Postproduktionswerkstatt in Hoppegarten*

PANEL 3 / REGIE

Christian Rogowski, Amherst, MA: *Ranküne und Reue – Wilhelm Thieles deutsch-französische Tonfilmkomödien* Der Ball *und* Madame hat Ausgang | **Michael Wedel,** Potsdam: *Temperament und Atmosphäre. Der Musikfilm-Regisseur Hanns Schwarz*

PANEL 4 / GESANG

Karl Griep, Berlin / **Daniel Otto,** Berlin: *Imperio, Estrellita und Rosita: Kastagnetten-Kino aus Deutschland* | **Jonathan Schilling,** Münster: *Tenöre als Hauptdarsteller. Rollenmuster und Topoi in Filmen mit Richard Tauber, Joseph Schmidt, Jan Kiepura und Rudolf Schock* | **Andreas-Benjamin Seyfert,** Los Angeles: *Max Reichmanns Richard Tauber-Filme*

PANEL 5 / SCHAUSPIEL

Marie-Theres Arnbom, Wien: *Max Hansen. Der singende Schauspieler, der in Schweden bis heute unvergessen ist* | **Tobias Haupts,** Berlin: *Für euch gespielt. Paul Hörbiger, das Fiakerlied und die Darstellung des Musikers im nationalsozialistischen Spielfilm*

PANEL 6 / KOMPOSITION

Geoff Brown, London: *My Song Goes Round the World – Or Does It? The Exile Experience of Hans May* | **Réka Gulyás,** Budapest / Berlin: *Stimmung durch Stil: Der Komponist Mihály/Michael Eisemann*

CINE-FORUM

18.11.2023, 14:00–16:00 Uhr
Kommunales Kino Metropolis
Kleine Theaterstr. 10, 20354 Hamburg

Entsprechend seiner multimedialen Ausrichtung bietet das Festival in Zusammenarbeit mit Fachverbänden und Medienvertretern Diskussions-Foren zu technischen, kulturellen, wirtschaftlichen, juristischen sowie archivarischen und filmhistorischen Themen an.

»VERBOTENES FILMERBE«? – DIGITALISIERTE NS-FILME AUS DEM BESTAND DES BUNDESARCHIVS

Filme aus der NS-Zeit sind ein Teil der deutschen Filmgeschichte und in deutschen (Film-)Archiven umfangreich überliefert. Auch diese Filmwerke sollen gesichert und für spätere Generationen zugänglich sein. Das Bundesarchiv hat im Rahmen der FFE-Förderung mehrere Filme aus dieser Zeit zur Förderung eingereicht und auch fertiggestellt. Wir diskutieren auf dem Panel die Strategie des Bundesarchivs zur Zugänglichmachung und darüber hinaus die Präsentation des NS-Filmerbes insgesamt.

PODIUM

Petra Rauschenbach, Abteilungsleiterin Filmarchiv im Bundesarchiv
Christiane von Wahlert, Vorstand Friedrich-Wilhelm-Murnau-Stiftung, Wiesbaden
Paul Klimpel, iRights.Law Rechtsanwälte, Berlin
Martin Loiperdinger, Universität Trier
Moderation: **Fabian Tietke,** Filmhistoriker und Autor, Berlin

Langenfelder Damm 2 · 20257 Hamburg · www.duebaristi.de

RÜCKBLICK: CINEFEST-PREISTRÄGER 2022

REINHOLD SCHÜNZEL-PREIS 2022

Im Rahmen des XIX. Internationalen Festivals des deutschen Film-Erbes in Hamburg wurde am 11.11.2022 der **Reinhold Schünzel-Preis** vergeben: Ehrenpreis für langjährige Verdienste um die Pflege, Bewahrung und Verbreitung des europäischen Film-Erbes.

Preisträgerin: **Prof. Dr. Sabine Hake**
Kultur/Film-Historikerin, Freiburg / Austin, Texas

Sabine Hake, Hans-Michael Bock

Sabine Hake studierte Germanistik und Soziologie in Hannover. 1984 verfasste sie ihre Dissertation »Ernst Lubitsch, eine deutsche Aufsteigergeschichte« und wanderte in die USA aus, wo sie 16 Jahre lang an der University of Pittsburgh lehrte. 2004 wechselte sie nach Austin an die University of Texas als Professorin und Texas Chair of German Literature and Culture. Als Kultur- und Filmhistorikerin befasst sie sich mit den Schwerpunkten Deutsche Filmgeschichte und Kultur der Weimarer Republik. Ihr Spezialgebiet liegt neben der klassischen Filmtheorie in der Beziehung zwischen kulturellen Praktiken und ästhetischen Empfindungen wie Modernismus und faschistische Ästhetik sowie in der Massen-, Populär-, Urban- und Arbeiterkultur.

1992 publizierte sie ihr erstes Buch »Passions and Deceptions: The Early Films of Ernst Lubitsch«, in dem sie Lubitschs frühe deutsche Filme untersuchte. »Was mich damals beeindruckte und auch heute noch beeindruckt, ist die Art und Weise, wie sie konkurrierende Denkschulen beiseiteschob, um einen umfassenderen Ansatz zu verfolgen, der weit über das hinausging, was gerade in Mode war. Von Beginn ihrer akademischen Laufbahn an respektierte sie die Filme und ihre Macher, anstatt ihnen durch wechselnde Ideologie- und Theoriewellen zu begegnen.« (Weissberg). Ihr zweites Buch »The Cinema's Third Machine: Writing on Film in Germany, 1907–1933« (1993) behandelt nicht das sogenannte »expressionistische Kino«, sondern beschreibt das publizistische und theoretische Umfeld, in dem die Filmkultur damals entstand. »Der Band präsentierte den englischsprachigen Lesern wichtige Texte, die zuvor schwer zugänglich waren, und demonstrierte damit ihren umfassenden Ansatz der Filmgeschichte, der auf der Integration von Film, Rezeption und Analyse beruhte.« (Jury). 2001 erschien ihr Buch mit ihrer Einführung in das Thema »Filmpublizistik der Weimarer Jahre« (1997), und wurde 2007 in der Reihe des »German National Cinema« erweitert. Im folgenden Jahrzehnt untersuchte sie die Formen der Unterhaltungs-Genres innerhalb des »Dritten Reichs«, und befasste sich ausführlich in zwei Büchern mit dem »Popular Cinema of the Third Reich«. »Sie ging über simplifizierende Vorstellungen von Propaganda und deren Macht hinaus, um die Bildsprache und die Wirkung des Vergnügens fundierter zu diskutieren.« (Jury). In den Folgejahren forschte sie intensiv zum Thema Arbeiterkultur, wie auch 2008 in »Topographies of Class: Modern Architecture and Mass Society in Weimar Berlin«. Ihr bislang letztes Werk »The Nazi Worker« (2023) ist der zweite Teil eines dreibändigen Projekts über die Figur des Arbeiters und im weiteren Sinne auch über Klassenfragen in der deutschen Kultur des 19. und 20. Jahrhunderts.

2005–16 war sie gemeinsam mit Hans-Michael Bock (CineGraph, Hamburg) und Tim Bergfelder (University of Southampton) Herausgeberin der Serie »Film Europa. German Cinema in an International Context« bei Berghahn Books in New York und Oxford. 2011–21 fungierte sie außerdem als Herausgeberin von »German Studies Review«, der Zeitschrift der einflussreichen German Studies Association.

Jury:
Heike Klapdor, Filmhistorikerin, Berlin, Reinhold Schünzel-Preisträgerin 2016
Christiane von Wahlert, Vorstand der Friedrich-Wilhelm-Murnau-Stiftung, Wiesbaden
Jay Weissberg, Künstlerischer Direktor von Le Giornate del Cinema Muto, Pordenone

WILLY HAAS-PREISE 2022

Im Rahmen des XIX. Festivals des deutschen Film-Erbes in Hamburg wurden am 17.11.2022 die Willy Haas-Preise vergeben: Auszeichnung je einer bedeutenden internationalen Publikation zum deutschsprachigen Film bzw. zum Film in Deutschland in den Kategorien Buch und DVD/Blu-ray-Edition, zuvor Nominierung von fünf Büchern und DVD/Blu-ray-Editionen, verliehen durch eine unabhängige Jury.

Peter Zimmermann (Preisträger Buch)

Stefan Drößler (Preisträger DVD)

Preisträger Kategorie Buch
Peter Zimmermann: Dokumentarfilm in Deutschland.
Von den Anfängen bis zur Gegenwart
Bonn: bpb 2022, 398 S.

Begründung der Jury:
Peter Zimmermann gilt als einer der besten Kenner des Dokumentarfilms in Deutschland. Diese Gesamtdarstellung stellt so etwas wie die Summe seiner langjährigen publizistischen Arbeiten zum Themengebiet dar: Kenntnisreich, profunde in den Schlussfolgerungen und in konziser Darlegung führt der Autor durch die Entwicklung der Gattung von ihren Anfängen im Kaiserreich über die Weimarer Republik mit der Etablierung des Kulturfilms, das Dritte Reich und der propagandistischen Indienstnahme, die beiden deutschen Staaten, denen der Dokumentarfilm zur gegenseitigen Denunziation dient, aber auch als gesellschaftskritisches Medium profiliert wird, bis in die Gegenwart und den neuen hybriden digitalen Formaten. Die Geschichtsschreibung orientiert sich an den Wandlungsprozessen von dokumentarischen Formen, der Produktion, Aufführung und Rezeption, an den Medien- und Technologiewechseln der Gattung wie den sich verschiebenden gesellschaftlichen Machtverhältnissen und Diskursen. Schon jetzt ein Standardwerk, das in der Reihe Zeitbilder bei der Bundeszentrale für politische Bildung angeboten wird.

Preisträger Kategorie DVD-/Blu-ray-Edition
Anders als die andern & Gesetze der Liebe & Geschlecht in Fesseln
Regie: Richard Oswald / Magnus Hirschfeld / Wilhelm Dieterle (DE 1919 / DE 1927 / DE 1928).
Filmmuseum München, Goethe-Institut München 2022

Begründung der Jury:
In der Zeit zwischen dem Zusammenbruch des Kaiserreichs und der Implementierung des Weimarer Reichsfilmgesetz 1920 war die Vorzensur für Filme ausgesetzt. Richard Oswald, zu dieser Zeit bereits ein weitgehend bekannter Regisseur und Produzent, nutzte die Gelegenheit, eine Reihe sog. »Aufklärungsfilme« zu realisieren, die sich mit gesellschaftlich marginalisierten Themen – Prostitution, Homosexualität – beschäftigten. ANDERS ALS DIE ANDERN, für den er sich die Unterstützung des Pioniers der Sexualforschung Magnus Hirschfeld sicherte, ist bis heute das umstrittenste, zugleich aber selten zu sehende Beispiel. Er wurde am 16. Oktober 1920 unter der neuen Gesetzgebung für das gesamte Reichsgebiet verboten. Die Doppel-DVD der Edition Filmmuseum macht nicht nur Oswalds Film für den privaten Gebrauch zugänglich, sondern auch Hirschfelds Dokumentarfilm GESETZE DER LIEBE (1927) und Wilhelm Dieterles Spielfilm GESCHLECHT IN FESSELN (1928) wieder zugänglich. Ein 20-seitiges Booklet sowie ein ROM-Teil bieten eine filmgeschichtliche Einordnung aller Filme und zusätzliche Original-Dokumente aus dem Zusammenhang der Filme, unter anderem auch – überraschend, aber auch vielsagend – einen Briefwechsel zwischen Oswald und Veit Harlan, der 1958 seinen die Homosexualität sehr negativ konnotierenden Film ANDERS ALS DU UND ICH (§ 175) in die Kinos brachte. Eine umsichtig gestaltete und vorbildliche Edition.

Jury:
Christiane Habich, Kronberg
Britta Hartmann, Berlin
Anne Jespersen, Kopenhagen
Uli Jung, Trier
Günter Krenn, Wien

SHORTLISTS

Die Preisträger in den Kategorien Buch und DVD-/Blu-ray-Edition wurden aus Shortlists mit jeweils sechs Nominierten gewählt. Alle Nominierten erhielten eine Urkunde, die Sieger zusätzlich eine Originalgrafik des Filmmachers Franz Winzentsen.

Neben den Preisträgern waren noch folgende Publikationen nominiert:

BÜCHER

- **Renate Berger: Die Schauspielerin Elisabeth Bergner. Ein Leben zwischen Selbstbehauptung und MeToo.** Marburg: Schüren 2022, 332 S.

- **Rada Bieberstein: Beyond Prince Achmed. New Perspectives on Animation Pioneer Lotte Reiniger.** Marburg: Schüren 2020, 350 S.

- **Thomas Brandlmeier: Douglas Sirk und das ironisierte Melodram.** München: edition text + kritik 2022, 222 S.

- **Christoph Menardi: Der Traum vom großen Kino. Die Unternehmensgeschichte der Bavaria Film GmbH von 1945 bis 1994.** München: edition text + kritik 2022, 549 S.

- **Betty Schiel, Maxa Zoller (Hg.): Was wir filmten. Filme von ostdeutschen Regisseurinnen nach 1990.** Berlin: Bertz + Fischer 2021, 208 S.

DVD/BLU-RAY-EDITIONEN

- **Amerasia & Việt Nam!** Regie: Wolf-Eckart Bühler. BRD 1985 / DE 1994. DVD. Bonusmaterial. Edition Filmmuseum 2022.

- **Das Cabinet des Dr. Caligari.** Regie: Robert Wiene. DE 1919. Blu-ray. Bonusmaterial, restaurierte Fassung. Studio Hamburg Enterprises 2022.

- **Ekstase.** Regie: Gustav Machatý. DE 1931/32. DVD. Booklet, neu rekonstruierte Fassung, digital restauriert. Filmarchiv Austria 2021.

- **Georg Stefan Troller.** Jubiläums DVD-Box mit 27 Filmen. Booklet, Bonusmaterial. Filmarchiv Austria 2021.

- **Roman einer jungen Ehe & Frauenschicksale.** Regie: Kurt Maetzig, Slatan Dudow. DDR 1952. DVD. Booklet, Bonusmaterial. Edition Filmmuseum 2021.

Wir danken
Thomas Sessler Verlag, *Wien, für die freundliche Erlaubnis, den Namen Reinhold Schünzel zur Benennung des Preises zu benutzen.*

Dr. Herta Haas (†), *Hamburg, für die freundliche Erlaubnis, den Namen Willy Haas zur Benennung der Preise zu benutzen.*

Franz Winzentsen, *der die Logos der Preise entwarf und Originalgrafiken für die Gewinner zur Verfügung stellte.*

MEHR ALS TELL UND HEIDI
DEUTSCH-SCHWEIZERISCHE FILMBEZIEHUNGEN

WWW.CINEFEST.DE

Die Zürcher Verlobung (BRD 1956/57, Helmut Käutner) DFF – Deutsches Filminstitut & Filmmuseum

cinefest 2024 wird den diversen Beziehungen zwischen dem schweizerischen und deutschen Film nachgehen: von den Verfilmungen der aus der Schullektüre bekannten Literaturklassiker über die politische Positionierung gegen Nazi-Deutschland bei zugleich undurchsichtigen Kooperationen bis hin zur Aufarbeitung dieser düsteren Verbindungen und der engen Zusammenarbeit zwischen deutschen TV-Anstalten und der deutsch-schweizerischen Neuen Welle.

XXI. CINEFEST – INTERNATIONALES FESTIVAL DES DEUTSCHEN FILM-ERBES
HAMBURG, 15.–24. NOVEMBER 2024

Anschließend werden Teile des Filmprogramms
in Berlin, Koblenz, Prag, Wiesbaden und weiteren Städten gezeigt.

ADRESSEN

CineGraph – Hamburgisches Centrum für Filmforschung e.V.
Schillerstraße 43, 22767 Hamburg
Tel. +49.40.352194 · Fax +49.40.345864
E-Mail: desk@cinegraph.de
www.cinegraph.de

Bundesarchiv
Finckensteinallee 63, 12205 Berlin
Tel. +49.30.187770–1151
E-Mail: filmarchiv@bundesarchiv.de
www.bundesarchiv.de

Kinemathek Hamburg e.V. – Kommunales Kino Metropolis
Kleine Theaterstr. 10, 20354 Hamburg
Tel. +49.40.342353 · Fax +49.40.354090
E-Mail: info@kinemathek-hamburg.de
www.metropolis-hamburg.de

Zeughauskino im Deutschen Historischen Museum
Unter den Linden 2, 10117 Berlin
Tel. +49.30.20304–420 · Fax +49.30.20304–424
E-Mail: zeughauskino@dhm.de
www.dhm.de

Národní filmový archiv
Malešická 12, CZ-13000 Praha 3
Tel. +42.778.522 729
E-Mail: e-podatelna@nfa.cz
www.nfa.cz

Kino Ponrepo
Bartolomejská 11, CZ-11000 Praha 1
Tel. +42.778.522 708
nfa.cz/cs/kino-ponrepo

Filmforum
Università degli studi di Udine
Palazzo Caiselli, vicolo Florio 2, I – 33100 Udine
Tel. + 39.432.556648 · Fax + 39.432.556644
E-Mail (Conference): udineconference@gmail.com
E-Mail (School): gospringschool@gmail.com
http://filmforum.uniud.it

Friedrich-Wilhelm-Murnau-Stiftung
Murnaustr. 6, 65189 Wiesbaden
Tel. +49.611.977080 · Fax +49.611.9770829
E-Mail: info@murnau-stiftung.de
www.murnau-stiftung.de

Odeon-Apollo-Kinocenter
Löhrstraße 88
56068 Koblenz
Tel. +49.261.31188
www.odeon-apollo-kino.de

Cinémàtheque Suisse
Casino de Montbenon
Postfach 5556, CH - 1002 Lausanne
Tel. +41.258 800 02 00
E-Mail: lausanne@cinematheque.ch
www.cinematheque.ch

Filmpodium der Stadt Zürich
Stadthaus
Stadthausquai 17, Postfach, CH-8022 Zürich
Tel. +41.44 412 31 28 · Fax +41.1.2121377
E-Mail: info@filmpodium.ch
www.filmpodium.ch

Österreichisches Filmmuseum
Augustinerstraße 1, AT – 1010 Wien
Tel. +43 .1.5337054
E-Mail: kontakt@filmmuseum.at
www.filmmuseum.at

Ein blonder Traum

Willy Fritsch — Lilian Harvey — Willi Forst

Deutsche Kinemathek

DANKE!

Behörde für Kultur und Medien der Freien und Hansestadt Hamburg
Carsten Brosda, Jana Schiedek, Romaine Becker, Hanna Schneider

Bundesarchiv
Michael Hollmann, Petra Rauschenbach und ihren
Mitarbeiterinnen und Mitarbeitern

Kinemathek Hamburg – Kino Metropolis
Martin Aust, Felix Sonntag, Manja Malz, Nils Daniel Peiler,
Thomas Pfeiffer, Michael Reckert

Zeughauskino / Deutsches Historisches Museum, Berlin
Jörg Frieß, Cathrin Schupke

Friedrich-Wilhelm-Murnau-Stiftung, Wiesbaden
Christiane von Wahlert, Patricia Heckert, Luciano Palumbo,
Fabio Quade, Sebastian Schnurr, Anne Siegmayer, Marcel Steinlein

Filmforum Udine/Gorizia
Simone Venturini

Filmpodium Zürich
Nicole Reinhard, Hannes Brühwiler

Cinémathèque Suisse, Lausanne
Frédéric Maire, Regina Bölsterli

Národní filmový archiv, Prag
Michal Bregant, Michal Brezovský, David Havas, Milan Klepikov,
Nikola Krutilová, Juraj Machálek, Lenka Marxová,
Anna Mohaplová, Petra Nejezchlebová, Zuzana Štefunková

Abaton Kino, Hamburg
Felix Grassmann, Werner Grassmann (†)

Alabama Kino, Hamburg
Michael Conrad, Christian Mattern

arabesques-hamburg e.V.
Barbara Barberon-Zimmermann

Bertron & Schwarz Gruppe für Gestaltung, Berlin
Aurelia Bertron, Ulli Schwarz

Berufsverband Kinematografie - BVK, München
Michael Neubauer

Creative Europe Desks Deutschland, Hamburg
Christiane Siemen

DEFA-Stiftung, Berlin
Stefanie Eckert, Sabine Söhner

Deutsche Kinemathek – Museum für Film und Fernsehen, Berlin
Rainer Rother, Florian Bolenius, Connie Betz, Ricardo Brunn,
Cordula Döhrer, Felix Endruweit, Anke Hahn, Jürgen Keiper,
Diana Kluge, Peter Mänz, Anett Sawall, Michael Skowronski,
Birgit Umathum, Mirko Wiermann

Deutsch-Tschechischer Zukunftsfonds, Prag
Stefan Gehrke

Deutsches Kulturforum östliches Europa, Potsdam
Tanja Krombach

DFF – Deutsches Filminstitut & Filmmuseum, Frankfurt
Ellen M. Harrington, Isabelle Bastian, André Mieles,
Michael Schurig, Markus Wessolowski, Thomas Worschech

Due Baristi Espressobar, Hamburg
Dirk-Eckart Meyer, Zacaria Sarris

edition text + kritik, München
Natalie Lettenewitsch, Jerome Schäfer

Filmarchiv Austria, Wien
Ernst Kieninger, Larissa Bainschab, Armin Loacker,
Susanne Rocca, Nikolaus Wostry

Filmmuseum München
Claudia Engelhardt, Stefan Drößler,
Stephanie Hausmann, Wolfgang Woehl

Gästehaus der Universität Hamburg
Anna Maria Karl, Sonja Lorenzen-Sapori, Meike Frank-Richter

Institut für die Geschichte der Juden, Hamburg
Andreas Brämer

Lichtmess-Kino, Hamburg
Carsten Knoop

Österreichisches Filmmuseum, Wien
Michael Loebenstein, Paolo Caneppele, Günter Krenn

Thomas Sessler Verlag, Wien
Maria Teuchmann

UCM.ONE GmbH, Berlin
Joachim Keil, Sadi Kantürk, Robert Zimmermann

Universität Hamburg
Thomas Weber

sowie
Brenda Benthien, Hamburg
Maike Bitter, Hamburg
Ginny G. von Bülow, Berlin
Dagmar Cohnen, Hamburg
Christoph Fuchs, Hamburg
Louisa Grossmann, Hamburg
Paul Klimpel, Berlin
Martin Loiperdinger, Trier
Jan Minck, Hamburg
Peer Moritz, Hamburg
Jan Nehlsen, Hamburg
Karin Orbanz, Hamburg
Ulrike Pfeiffer, Hamburg
Melanie Richter, Hamburg
Lillian Robinson, Hamburg
Swenja Schiemann, Pinneberg
Lina Schönbeck, Hamburg
Stephanie Schönbeck, Hamburg
Alexia Stephan, Hamburg
Fabian Tietke, Berlin
Elisabeth Trautwein-Heymann, Salzburg / Berlin
Franz Winzentsen, Kutenholz
Karl Witte, Halstenbek

und
Herta Haas (†), Hamburg

Brigitte Corleis (†), Hamburg
Markku Salmi (†), London
Ralf Schenk (†), Berlin

Ein besonderer Dank geht an
alle früheren und heutigen
Mitarbeiterinnen und Mitarbeiter von
CineGraph – Hamburgisches Centrum für Filmforschung e.V.

WIR MACHEN MUSIK – EIN INDEX DER FESTIVALFILME

100 Men and a Girl 106
Andalusische Nächte 110
And Nelson plays *siehe* Und Nelson spielt
Bál a Savoyban *siehe* Ball im Savoy
Ball im Savoy 98
Bel Ami 120
Ein blonder Traum 88
Bomben auf Monte Carlo 66
Capriccio 114
Fünf von der Jazzband 84
Die große Liebe 132

Die große Sehnsucht 52
Heidelberger Romanze 138
Der Herr auf Bestellung 56
Ich glaub' nie mehr an eine Frau 32
Ich tanz' mich in dein Herz hinein *siehe* Top Hat
Ihre Hoheit befiehlt 64
Kabarett-Programm Nr. 1 41
Die keusche Susanne 20
Liebesparade *siehe* The Love Parade
Ein Lied geht um die Welt 92
The Love Parade 26

Love Waltz 36
Madame hat Ausgang 74
Meine Frau macht Musik 144
Die Privatsekretärin 60
Die schwebende Jungfrau 72
Syncopation 128
Top Hat 100
Und Nelson spielt 41
Die verliebte Firma 78
Wien, du Stadt der Lieder 46

Meine Frau macht Musik